新编法语教程

NOUVEAU MANUEL DE FRANÇAIS

下册

陈伯祥　编著

图书在版编目（CIP）数据

新编法语教程（下册）/陈伯祥编著．—北京：北京大学出版社，2009.6
ISBN 978-7-301-15394-9

Ⅰ．新… Ⅱ．陈… Ⅲ．法语—高等教育—自学考试—教材 Ⅳ．H32

中国版本图书馆 CIP 数据核字（2009）第 101435 号

书　　　　名：	新编法语教程（下册）
著作责任者：	陈伯祥　编著
责 任 编 辑：	初艳红　黄君艳
标 准 书 号：	ISBN 978-7-301-15394-9/H · 2271
出 版 发 行：	北京大学出版社
地　　　　址：	北京市海淀区成府路 205 号　100871
网　　　　址：	http://www.pup.cn
电　　　　话：	邮购部 62752015　发行部 62750672　编辑部 62759634　出版部 62754962
电 子 邮 箱：	alice1979pku@pku.edu.org
印　刷　者：	北京飞达印刷有限责任公司
经　销　者：	新华书店
	787 毫米 ×980 毫米　16 开本　16.25 印张　360 千字
	2009 年 6 月第 1 版　2018 年 4 月第 3 次印刷
定　　　　价：	37.00 元（配有光盘）

未经许可，不得以任何方式复制或抄袭本书之部分或全部内容。
版权所有，侵权必究　举报电话：010-62752024
　　　　　　　　　　电子邮箱：fd@pup.pku.edu.cn

前　言

　　《新编法语教程》（上、下册）是北京市高等教育自学考试日语专业二外法语的指定教材，也可作为高等院校非法语专业本科生、研究生的第二外语或公共外语的教材使用。

　　本教材根据《大学法语（第二外语）教学大纲》原则，借鉴当代法语教学的最新成果，并结合第二外语教学的经验编写，注重语言的科学性、实用性，兼顾思想性和知识性，并充分考虑到学生自学法语的需要和特点，以基础法语的主要语法现象为主线，将日常社会文化生活融入对话形式中，语言由浅入深，自然生动活泼，以期学习者在较短的时间内，掌握听、说、读、写、译诸方面的基本知识和技能，为进一步学习法语打下坚实的语言基础。

　　本书共32课，分上、下两册，其中语音阶段6课（1~6），基础阶段20课（7~26），提高阶段6课（27~32）。按语音每课2学时、其余每课6学时计算，再加上复习考试时间，总共需要教学时数约为180学时，即一学年。

　　语音阶段全面介绍法语音素的发音方法和拼读规则，通过简短的对话和多种练习，培养学生正确发音和认读拼写的能力。语音、语调的训练也应贯穿在以后的教学过程中，因此7~20课仍安排语音训练项目。

　　基础阶段和提高阶段各课基本框架如下：

1. Texte（课文）。1~26课均以对话形式出现，题材广泛新颖，贴近现实，贴近生活，适当结合中国国情，使学生有身临其境的感觉，在极其自然的语境中学习法语。27~32课为原著。
2. Vocabulaire（生词表）。每课课后附有汉语注释的生词表，书后附有词汇总表。
3. Notes（注释）。为帮助学生解决学习中遇到的困难，每课都有较为详尽的注释。
4. Phrases et expressions utiles（常用表达法）。第9课起至26课，作为课文的一种

补充，为丰富学生的表达手段，安排"常用表达法"专栏，所立内容均属日常生活中遇到的词、句和套语。本栏目不在课堂授课范围之内。

5. Mots et expressions（词语浅析）。在课文中出现的常用动词或其他词类的常用用法在这一栏目中得到恰当的解释。释语配有较多的例句。

6. Grammaire（语法讲解）。法语的主要语法现象经科学归类，按照由易及难的原则，分别安排在各课中，解释浅明、准确。

7. Exercices（练习）。每课都安排形式多样、内容丰富、实用新颖的循环练习，举一反三，以期学生加深对语法以及基本词汇的熟练运用。

自第9课起，为提高学生的阅读能力，每课练习中均安排阅读短文（Lecture）。此栏目供学生课外自学用，亦不在课堂教学范围之内。

为便于学生自学，每课课文以及语法和词语浅析中的例句，均有中文译文；练习和例句较多，教师在授课过程中视情况可作适当取舍。附录中的部分练习答案，仅供参考。

编著者在教学实践中，多年使用北京语言大学出版的《法语速成》教材，深知该教材的语音部分列表讲解，科学易懂，一目了然，故在编写本《新编法语教程》中的语音部分时，参考了部分表格；在本书编写过程中，北京大学任友谅教授提出了很好的建议；北京大学出版社的责编付出了辛勤的劳动。值此《新编法语教程》出版之际，谨向《法语速成》的编者、任友谅教授以及北京大学出版社责编致以诚挚的谢意。

因编者水平有限，本书中肯定有疏漏或谬误之处，恳请读者和各位老师不吝匡正。

陈伯祥

2009年3月于北京

TABLE DES MATIERES

Leçon 20 ·· 1
　Texte　La demande d'emploi ··· 1
　Grammaire ·· 9
　　I. 简单将来时
　　II. 怎样写法文信

Leçon 21 ·· 18
　Texte　Un costume qui coûte cher ··· 18
　Grammaire ·· 25
　　I. 指示代词
　　II. 泛指形容词 tout
　　III. 泛指代词 tout

Leçon 22 ·· 34
　Texte　A propos du travail ·· 34
　Grammaire ·· 40
　　I. 条件式现在时
　　II. 过去将来时

Leçon 23 ·· 48
　Texte　Une émission sur la qualité de la vie ································· 48
　Grammaire ·· 55
　　I. 直陈式愈过去时
　　II. 直接引语和间接引语

Leçon 24 ·· 63
　Texte　La vie urbaine ··· 63
　Grammaire ·· 70
　　I. 关系代词 qui
　　II. 关系代词 que
　　III. ce qui, ce que 的用法
　　IV. 泛指人称代词 on

Leçon 25 — 77
Texte　Conflits de génération — 77
Grammaire — 84
　I. 虚拟式现在时(1)
　II. 主有代词

Leçon 26 — 94
Texte　Au cybercafé — 94
Grammaire — 102
　I. 关系代词 dont
　II. 虚拟式现在时 (2)

Leçon 27 — 109
Texte　J'ai une nouvelle amie — 109
Grammaire — 113
　I. 动词不定式
　II. 现在分词
　III. 副动词
　IV. 现在分词与副动词的区别

Leçon 28 — 121
Texte　Une querelle entre un père et sa fille — 121
Grammaire — 125
　I. 先将来时
　II. 过去最近将来时

Leçon 29 — 130
Texte　Rêve de gloire — 130
Grammaire — 135
　I. 条件式过去时
　II. 过去最近过去时
　III. 复合过去分词

Leçon 30 — 142
Texte　Le Prix Zola — 142
Grammaire — 147
　I. 虚拟式过去时
　II. 复合疑问代词 lequel

TABLE DES MATIERES

Leçon 31 ·· **152**
    Texte　L'enfant prodige ·· 152
    Grammaire ·· 157
        I.　简单过去时
        II.　复合关系代词 lequel

Leçon 32 ·· **164**
    Texte　Une mauvaise nouvelle ·· 164
    Grammaire ·· 168
        I.　先过去时
        II.　绝对分词从句
        III.　过去先将来时

参考答案 ··· **175**

词汇总表 ··· **214**

LEÇON 20

Texte

La demande d'emploi

1

Jean-Luc Wang
12, rue de la Lune
75002 Paris

Paris, le 22 octobre 2006

Secrétariat de la Société Française
Communication & Médias
11, rue Ernestine
75018 Paris

Monsieur le Directeur[1],

J'ai lu votre annonce parue[2] dans *Le Figaro* du 19 courant et j'ai l'honneur de vous écrire pour solliciter un poste vacant dans votre entreprise. J'ose espérer que vous voudrez bien prendre ma demande en considération.

J'ai une licence en Lettres Moderne[3] et un mastère en communication. J'ai de très bonnes connaissances en langues étrangères : je suis parfaitement bilingue chinois-français. Je parle également très bien anglais comme première langue étrangère.

Après avoir terminé[4] mes études universitaires, j'ai travaillé à la Société Frantexport pendant deux ans comme chef adjoint de la publicité. Mes premières expériences professionnelles ont montré que je m'adapte facilement à de nouvelles conditions de travail et que je suis efficace, responsable, plein d'initiative. Mon C.V. vous permettra de mieux évaluer mes compétences.

En raison d'un changement de résidence, je compte quitter notre Société et me placer dans votre entreprise.

Si vous voulez obtenir quelques renseignements à mon sujet, vous pouvez vous adresser à Monsieur Verdier, Président-directeur général de la Société Frantexport sous

les ordres de qui j'ai travaillé pendant deux ans.

Dans l'espoir d'une réponse favorable de votre part, je vous prie d'agréer, Monsieur le Directeur, l'expression de mes sentiments respectueux.

(Signature) Jean-Luc Wang

2

A: Allô ! C'est bien le service administratif ?

B: Oui, Monsieur. Vous êtes... ?

A: Jean-Luc Wang. Je voudrais savoir si vous avez déjà étudié le dossier que je vous avais soumis.

B: Oui, nous avons étudié votre dossier.

A: Pourriez-vous me dire votre décision ?

B: Vous savez, Monsieur, il y a une centaine de[5] candidats, je dois étudier leur curriculum vitae l'un après l'autre[6], et cela demande beaucoup de temps. Attendez avec patience notre réponse.

3

B: Monsieur, parmi une centaine de candidats, votre C.V. a retenu mon attention, ainsi, je vous ai convoqué pour une entrevue, sans aucun engagement de la part de l'entreprise, bien entendu.

A: C'est bien comme cela que je le comprends.

B: Puis-je vous demander pourquoi vous aimeriez travailler dans notre entreprise ?

A: Je suis très attiré par une carrière commerciale. J'aimerais avoir des responsabilités, des contacts avec les gens[7] et, si possible[8], voyager. La commercialisation et la vente m'intéressent. Je n'ai qu'un désir, c'est exercer un métier dans le domaine des médias[9].

B: Je vois, Monsieur, vous ne manquez pas d'ambition, mais vous manquez d'expériences dans le domaine des médias.

A: C'est ce que j'espère acquérir ici.

B: Quelles sont vos plus grandes qualités et vos plus grands défauts ?

A: Je crois que je suis un homme qui a plus de qualités que de défauts. Je connais très bien les relations commerciales sino-européennes et je suis rompu aux formalités commerciales extérieures de la Chine. Je pense que je réussirai parce que je suis trilingue.

B: Si votre demande est refusée, qu'est-ce que vous allez faire ?

Leçon 20

A: J'ai reçu une bonne éducation, j'ai déjà acquis des expériences nécessaires pour mon travail et j'ai un caractère facile. Je suis optimiste. Je ne pense pas que ma demande soit refusée[10]. Si vous m'acceptiez, je vous serais infiniment reconnaissant.

CURRICULUM VITAE

Jean-Luc Wang
30, rue de la Lune
75002 Paris
Né à Lille le 1 juin 1980
Nationalité: française
Etudes:
Etudes secondaires au Lycée Saint-Louis (Lille)
Bacalauréat : mention « bien »
Etudes supérieures : H.E.C., promotion 19 ...
1999—2000: Licence des Lettres Modernes
2001—2002: Mastère en communication (Institut supérieur de communication et de publicité, Lille)
Expériences professionnelles :
Juillet 2002—août 2003 : stage aux Etats-Unis au sein de l'entreprise Image Ink
Septembre 2003—octobre 2005 : chef adjoint de la publicité de la Société Frantexport

VOCABULAIRE

demande *n. f.* 要求，请求
emploi *n. m.* 职位，雇用
lune *n. f.* 月亮
société *n. f.* 公司；社会
communication *n. f.* 联络，通信，交流
médias *n. m. pl.* 宣传工具，大众传媒
annonce *n. f.* 告示，布告，启示
paru *a.* 已发表的，已刊登的
courant, -te *a.* 当前的，现时的
  le 19 courant 本月19日
Figaro (le) 《费加罗报》
solliciter *v. t.* 恳求，央求，申请

poste *n. m.* 岗位，哨所；职位
vacant, -e *a.* （职位）空缺的，空的
entreprise *n. f.* 企业
oser *v. t.* 敢，敢于，胆敢
considération *n. f.* 考虑，尊重
  prendre en considération *loc. verb.* 加以考虑
mastère *n. m.* 硕士学位，硕士学位证书
connaissance *n. f.* 认识，了解；知识
parfaitement *adv.* 完善地，极好地
bilingue *a. et n.* 双语的；会讲两种语言的人
après *prép.* 在……之后，在……后面
terminer *v. t.* 结束，完成

d'abord *loc. adv.* 首先
chef *n. m.* 首脑，首领，长官，主任
　chef adjoint de la publicité 广告部副主任
expérience *n. f.* 经历，经验
montrer *v. t.* 出示；表明，证明
adapter (s') à *v. pr.* 适应，适合
facilement *adv.* 容易地，轻易地
condition *n. f.* 条件
efficace *a.* 有效的，能胜任的，有能力的
responsable *a.* et *n.* 负责任的，有责任的；负责人
initiative *n. f.* 首创，首创精神，主动性
CV（curriculum vitae的缩写）*n. m.* 履历
permettre *v. t.* 允许，准许
évaluer *v. t.* （准确地）估价，估算，评价
compétence *n. f.* 权限，管辖权；能力
en raison de *loc. prép.* 由于，因为
changement *n. m.* 变化
résidence *n. f.* 寓所，公寓
placer (se) *v. pr.* 就坐，就业，就职
maison *n. f.* 商行，商店
obtenir *v. t.* 获得，获取
sujet *n. m.* 题目，主题，问题
　renseignements à mon sujet 有关我的情况
sous *prép.* 在……下面
ordre *n. m.* 命令，吩咐；秩序，次序；等级，种类
espoir *n. m.* 希望，期望，指望
réponse *n. f.* 回答，答复
favorable *a.* 好意的，有利的，适时的
prier *v. t.* 请求，恳求
agréer *v. t.* 赞成，接受
expression *n. f.* （用语言）表达、表示
Je vous prie d'agréer, Monsieur le Directeur, l'expression de mes sentiments respectueux. 主任先生，请接受我崇高的敬意。（信末用语）
sentiment *n. m.* 感情
respectueux, -se *a.* 恭敬的，尊敬的
administratif, ve *a.* 行政的
soumettre *v.t.* 提交，呈报；使服从，制服
candidat, e *n.* 候选人，谋求者
patience *n.f.* 耐心
retenir *v.t.* 引起（注意），吸引
ainsi *adv.* 这样，如此
convoquer *v.t.* 召唤，召见，召集
entrevue *n.f.* 会见，会晤；面试
engagement *n.m.* 承诺；抵押
bien entendu *loc. adv.* 一定，当然
commercialisation *n.f.* 商业化，商品化
vente *n.f.* 卖，出售，销售
désir *n.m.* 愿望，欲望
exercer *v.t.* 练习，训练，锻炼
métier *n.m.* 手艺，工艺；职业
ambition *n.f.* 野心；抱负，雄心
acquérir *v.t.* 获得，得到
qualité *n.f.* 优点
défaut *n.m.* 缺点
relation *n.f.* 关系；联系
rompu, e *a.* 折断的，打破的
　rompu(e) à 对……熟悉的，精通
refusé, e *a.* 被拒绝的
éducation *n.f.* 教育
nécessaire *a.* 必要的
caractère *n.m.* 性格，特征
accepter *v.t.* 接受，领受
infiniment *adv.* 无限地，非常
reconnaissant, e *a.* 感激的，感恩的

Leçon 20

中文译文

求职信

1

让-吕克·王　　　　　　　　　　　法兰西传媒公司秘书处

巴黎月亮街12号

　　　　　　　　　　　　　　　　　巴黎艾赫奈斯丁街11号

75002　　　　　　　　　　　　　　75018

经理先生：

　　贵公司刊登在本月19日《费加罗报》上的广告已经拜读，为此，我荣幸地写信给你们，想在贵公司谋求空缺的职位，并且冒昧地认为，你们会认真考虑我的请求。

　　我拥有现代文学学士学位和大众传媒硕士学位，并有扎实的外语功底：会讲中、法两种语言，我也能十分流利地讲第一外语英语。

　　大学毕业后，我去法兰西出口公司工作两年，任广告部副主任。我的工作经验证明，我能很快适应新的工作环境，工作效率高，责任心强，富有创意。我的简历可以使您对我的工作能力作出正确的评价。

　　由于住地变动的原因，我打算离开现在任职的公司，想到贵公司工作。

　　假如您想进一步了解我的情况，您可以向法兰西出口公司总经理威尔迪埃先生打听，我在他手下曾工作过两年。

　　盼复。顺致崇高的敬意。

　　　　　　　　　　　　　　　　　　　　　让-吕克·王（签名）
　　　　　　　　　　　　　　　　　　　　　2006年10月22日于巴黎

2

A：喂，是行政处吗？
B：是的，先生，请问贵姓？
A：我是让-吕克·王，我想知道，你们研究过我呈上的材料了吗？
B：是的，看过了。
A：您能把决定告诉我吗？
B：您要知道，有一百多位应聘者，你们的简历我得一份一份地看，这很费时，请耐心等一等吧。

3

B：先生，在一百多位应聘者中，您的简历引起了我的注意，因此，我找您来面谈，当然我们只是谈谈，公司不做任何承诺。

A：我也是这样理解的。

B：您为何要到我们公司来工作？

A：经商对我有很大的吸引力，我喜欢担负一定的责任，喜欢和各种各样的人打交道，如有可能，我也喜欢旅行，我对营销感兴趣，我只有一个愿望，希望在大众传媒领域施展我的才能。

B：我明白，您有雄心壮志，但您缺乏传媒领域的工作经验。

A：这正是我希望在贵公司获得的。

B：您的主要优缺点是什么？

A：我认为我的优点多于缺点。我十分了解中欧贸易关系，对中国的贸易程序十分熟悉，我懂三种语言，我相信我会成功的。

B：假如您的要求被拒绝，您将怎么办？

A：我受过良好的教育，我有做好工作的必要的经验，性格随和、乐观，我不相信我的要求会遭到拒绝。假如你们能接纳我，我将感激不尽。

NOTES

1. Monsieur le Directeur 主任（经理）先生。在monsieur / madame 后加对方职务或身份的名词时，名词前须加定冠词，这是一种尊称的表达法。
   Monsieur le Premier ministre 总理/首相先生
   Monsieur le Maire 市长先生
   Monsieur l'Ambassadeur 大使先生

2. J'ai lu votre annonce parue...
   parue 是 paraître 的过去分词，在句中等于 qui est parue。paraître 在复合时态中用 être 作助动词。
   Ce roman est paru il y a une semaine. 这部小说出版有一周了。

3. ... licence en Lettres Modernes... en, 介词，表示"在某一方面"，"在某一学科领域内"。
   Etudiant en médecine 医科大学生
   docteur en droit 法学博士

4. Après avoir terminé... 不定式过去形式，由助动词 avoir或 être 的不定式＋动词的过去分词构成，表示在主句之前已经完成的动作。
   Excusez-moi de vous avoir dérangé. 打扰您了，请原谅。

5. une centaine de ... , 以 -taine 结尾的数量名词均为阴性，意思是"多少个左右"，后跟名词时，用介词 de 引导。

Leçon 20

  une dizaine de livres 十多本书
  une vingtaine d'ouvriers 二十几个工人
  une trentaine de paysans 三十几个农民
  une soixantaine d'années 六十多岁
  Il faut une dizaine de jours. 需要十几天工夫。

6. ... je dois étudier leur curriculum vitae l'un après l'autre, ... l'un après l'autre, 一个接一个地。这里的 l'un, l'autre 都是代词。

7. ... des contacts avec les gens ... les gens, 复数名词，作"人们"解，一般为阳性复数，但少数形容词置于该词前面时形容词为阴性，de bonnes gens 一些好人，les vieilles gens 老人。

8. si possible, 如有可能，省文句，全句是 si c'est possible。

9. les média 源自英语 mass media，"大众传媒"。les médias 是法语拼写形式。法国重视语言正字法，借用外来语时，一般须法语化，使之符合法语拼写规则。

10. Je ne pense pas que ... penser *v.t.* 认为，主句为否定式或疑问式时，从句动词用虚拟式。详见第25课。

Phrases et expressions utiles   常用表达法

Pour demander un poste de travail 找工作

Offres d'emploi / demandes d'emploi 招聘 / 求职（广告）

Chercher un emploi, chercher du travail, trouver / obtenir un emploi 找工作，找到工作

Trouver un travail régulier 找到正规的工作

Travailler de jour / de nuit 白天工作，白班/夜班

Toucher son salaire 领取工资

Avoir un entretien / une entrevue avec qn 面谈，面试

Je me permets de me présenter : Luc Wang, diplômé de l'Université de Paris III, en Gestion et Sciences économiques.
请允许我自我介绍一下，我叫吕克·王，巴黎第三大学管理和经济学毕业生。

Qu'est-ce que vous allez faire après vos études ? 毕业后您准备干什么？

Je voudrais devenir médecin / entrer dans l'enseignement / travailler dans une entreprise étrangère / faire du commerce.
我想当医生 / 我想从事教育事业 / 我想在外企工作 / 我想经商。

Quel est votre principal atout ? 您的主要优势是什么？

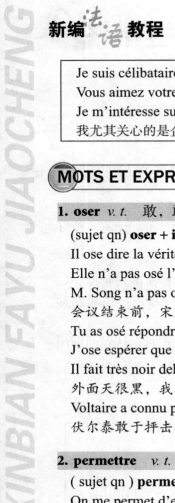

> Je suis célibataire. 我还没结婚。
> Vous aimez votre métier ? 您喜欢您的职业吗?
> Je m'intéresse surtout au développement de l'entreprise.
> 我尤其关心的是企业的发展。

MOTS ET EXPRESSIONS

1. oser *v. t.* 敢，敢于

(sujet qn) **oser + inf.**
Il ose dire la vérité. 他敢于说真话。
Elle n'a pas osé l'appeler. 她没敢叫他。
M. Song n'a pas osé partir avant la fin de la réunion.
会议结束前，宋先生不敢离开。
Tu as osé répondre comme ça ? 你敢这样回答?
J'ose espérer que vous m'accceptrez. 我斗胆希望您能接纳我。
Il fait très noir dehors, je n'ose pas sortir tout seul.
外面天很黑，我不敢一个人出去。
Voltaire a connu plusieurs fois la prison parce qu'il a osé critiquer la monarchie absolue.
伏尔泰敢于抨击集权的君主政体，因此他几次进监狱。

2. permettre *v. t.* 允许，准许，许可

(sujet qn) **permettre à qn de + inf.** 允许某人做某事
On me permet d'entrer. 他们允许我进去。
Le père ne permet pas aux enfants de regarder la télévision le soir.
父亲不允许孩子们晚上看电视。
Qui te permet de toucher ainsi mes affaires ? 谁允许你动我的东西了?
Vous nous permettez de prendre des photos ? 您允许我们拍照吗?
Maman ne me permet pas d'aller jouer au football, c'est vraiment agaçant.
我母亲不许我去踢足球，真气人。
Permettez-moi de vous présenter M. Dubois, qui visite notre société.
请允许我向你们介绍来我公司访问的迪博先生。
Vous nous permettez de nous baigner ? 您允许我们在这儿游泳吗?
Vous pouvez entrer. C'est permis. 您可以进去。进去是允许的。

3. comme *conj.* et *adv.*

[*conj.*] **comme + n.** 好像，如同

C'est comme l'an dernier. 和去年一样。
Si tu travaillais comme ton père, tu réussirais peut-être.
如果像你父亲那样工作，你就能成功。
Faites comme moi ! 像我那样做！
Il est comme moi, il aime (manger) les raviolis. 他像我，喜欢吃饺子。
Parlez à haute voix comme le professeur. 像老师那样大声说话。
Didier sera fonctionnaire comme son père. 迪迪埃像他父亲一样将是公务员。

[*conj.*] **comme + n. sans article**　当作，作为，身为
Qu'est-ce que vous avez comme desserts ? 有什么甜点？
Je parle très bien l'anglais comme première langue étrangère.
第一外语英语我讲得非常流利。
Que choisissez-vous comme entrée ? 头道菜你们选了什么？
Qu'est-ce que vous avez comme cigarettes ? 有什么牌子的香烟？
Elle travaille à la télévision comme présentatrice. 她在电视台当新闻节目主持人。
Qu'est-ce que vous avez comme boissons sans alcool ? 有什么不含酒精的饮料吗？

[*conj.*] **comme** + phrase　因为，由于
Comme j'étais malade hier, je suis resté à la maison. 昨天我病了，所以我待在家里。
Comme je n'ai pas le temps d'aller déjeuner, j'ai apporté du pain au bureau.
因为我没有时间到外面去吃中饭，所以我把面包拿到办公室来了。
Comme ma voiture est en panne, je suis allé à pied au travail.
因为我的汽车坏了，所以我是步行去上班的。

[*adv.*] **comme**　多么
Comme le temps passe vite ! 时间过得真快！
Comme c'est beau, le paysage ! 风景多美呀！
Comme il fait noir dans la vallée ! 山谷里天多黑呀！

GRAMMAIRE

I. 简单将来时 (Le futur simple)

  1. 构成：

      在动词不定式后面分别加上下列词尾即构成简单将来时：-ai, -as, -a, -ons, -ez, ont。

      以 -re 结尾的动词须先去掉词尾字母 e。

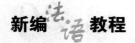

Parler	Finir	Lire
je parlerai	je finirai	je lirai
tu parleras	tu finiras	tu liras
il parlera	il finira	il lira
elle parlera	elle finira	elle lira
nous parlerons	nous finirons	nous lirons
vous parlerez	vous finirez	vous lirez
ils parleront	ils finiront	ils liront
elles parleront	elles finiront	elles liront

请注意下列动词简单将来时的拼写。

acheter → j'achèterai   appeler → j'appellerai
se lever → je me lèverai   payer → je payerai ou je paierai
répéter → je répéterai

请注意下列不规则动词简单将来时词根的变化。

aller → j'irai   pouvoir → je pourrai
avoir → j'aurai   recevoir → je recevrai
devoir → je devrai   savoir → je saurai
être → je serai   venir → je viendrai
faire → je ferai   voir → je verrai
falloir → il faudra   vouloir → je voudrai
faire → je ferai   pleuvoir → il pleuvra

2. 用法：
(1) 简单将来时表示将来发生的动作或状况，发生的时间离现在可近可远。
   Demain, nous irons au Palais d'été. 明天我们去颐和园。
   Ils partiront pour l'Angleterre dans une semaine. 他们一周后去英国。
   En l'an 2050, on pourra passer le week-end sur la Lune.
   到2050年，人们将可以到月球上度周末。
   Demain matin à huit heures, je t'attendrai à l'entrée de l'école.
   明天早上8点我在学校门口等你。
   A l'occasion de la Fête du Printemps, le Centre Culturel Chinois sera fermé du 18 au 21 février. Réouverture le jeudi 22.
   值此新春佳节之际，中国文化中心于2月18日至21日闭馆，22号星期四重新开馆。

(2) 用来代替命令式，语气显得婉转。
　　Vous rentrerez avant minuit. 您午夜前须回来。
　　Tu finiras tes devoirs avant le dîner. 晚饭前你要把作业做完。
(3) 与用连词 si 引出的条件从句配合，表示很可能实现的事，从句动词用直陈式现在时，主句动词用简单将来时。
　　Demain, s'il fait beau, nous irons à la Grande Muraille.
　　明天如果天好，我们去长城。
　　Si vous venez la voir, elle sera contente. 假如您来看望她，她会很高兴的。

● 在上述用法中，主句动词也可以用直陈式现在时或命令式，但从句动词不能用简单将来时。
　　Si j'ai le temps, je veux faire un voyage au Yunnan.
　　如果我有时间，我想去云南旅游。
　　Si vous rencontrez Marie, rendez-lui le livre. 如果您能见到玛丽，请把书还给她。

Ⅱ. 怎样写法文信 (Comment écrire une lettre en français)
1. 信函格式 (la présentation de la lettre)。
   信函格式有法式（la présentation à la française）和美式（la présentation à l'américaine）两种。法式信函正文每段起首缩进4个字母；美式信函正文起首均顶格，每行取齐，成一垂直线。

2. 正式信函，如行政公函或商业信函，应在信纸的左上方写上写信人的姓名、地址，右上方写上收信人的姓名、地址以及发信地和日期。正文中上方用几个字写明事由，如求职（objet : demande d'emploi）、寄送毕业证书等（envoi de diplôme）。

3. 抬头称呼 (la formule d'appel)
   注意称呼要写全，Monsieur / Madame / Mademoiselle 切勿用缩写 M. / Mme/Mll。
   如系行政公函、商业信函或致函重要人物，应写上收信人的头衔，如：Monsieur le Ministre / Monsieur l'Ambassadeur / Monsieur le Secrétaire général / Monsieur le Directeur。
   对一般不太熟悉的人，可称呼 Monsieur / Madame。
   对熟悉的人可称呼 Cher Monsieur / Chère Madame / Cher Ami / Chers Amis / Cher Collègue / Cher Collègue et Ami...
   如给亲朋好友、同伴或家人写信，可称呼Cher Paul / Chère Catherine / Ma Chère Nicole / Mon cher père / Mon cher papa / Bien chers parents / Mon cher oncle / Ma chère tante...

4. 结尾 (les formules finales)。

结尾应单独成行。如果是给重要人物写信，抬头称呼须在结尾中重复，前后用逗号分开，结尾可写：

Veuillez agréer, Monsieur l'Ambassadeur, l'assurance de ma haute considération.

Je vous prie d'agréer, Monsieur le Directeur, l'expression de mes sentiments distingués.

Avec mes remerciements, je vous prie d'agréer, Madame la Directrice, l'expression de mes sentiments respectueux.

Dans l'attente de vous lire, je vous prie d'agéer, Monsieur le Président, l'expression de mes sentiments respectueux.

对熟悉的朋友，结尾可写：

Veuillez croire, Cher Monsieur / Cher Ami, à mes sentiments les meilleurs / à mes sentiments très cordiaux.

对家人或亲密的同伴，结尾可写：

Je vous / t'embrasse. Bons baisers.

Je t'embrasse fort / bien affectueusement.

(Tout) Amicalement (à toi). Cordialement. Bien à toi / vous. Affectueusement à toi.

Amitiés. Toute mon affection à toi.

正式信函式样

（寄信人）姓名、地址 电话	
	（收信人）姓名、地址 （寄信）地点、日期

写信事由
(Objet de demande)
信函正文
(Le corp de la lettre)

称呼

_____

_____

_____

署　名
(Signature)

Leçon 20

TABLEAUX DE CONJUGAISON

Découvrir　打开，发现

je découvre	nous découvrons
tu découvres	vous découvrez
il découvre	ils découvrent
elle découvre	elles découvrent
Participe passé : découvert, e	

couvrir 遮盖 recouvrir 重新覆盖

Valoir　值

je vaux	nous valons
tu vaux	vous valez
il vaut	ils valent
elle vaut	elles valent
Participe passé : valu, e	

prévaloir 占上风，占优势

Pleuvoir　下雨

présent de l'indicatif	futur simple
il pleut	il pleuvra
Participe passé : plu	

Falloir　应该

présent de l'indicatif	futur simple
il faut	il faudra
Participe passé : fallu	

EXERCICES

1 Phonétique.

Les sons [m] [n] [ɲ]	enchaînement
La mère de ma mère est ma grand-mère.	Il a faim.
Monique aime la musique chinoise.	Elle a peur.
Nous nous aimons.	Cet enfant est intelligent.
Il ne fait ni froid ni chaud.	Quelle aventure !
Tu aimes la montagne ou la campagne ?	C'était un bel été.
On boit du champagne en Champagne.	Elle est toujour très aimable.
	C'est une femme sympathique.

2 Répondez aux questions sur le texte.
1. A qui est-ce que Wang a écrit une lettre ?
2. Quel est le sujet de cette lettre ?
3. Qui est Jean-Luc Wang ?
4. Pour quelle société Wang a-t-il travaillé après ses études universitaires ?
5. Il est compétent ?
6. Pourquoi Wang veut-il quitter la Société Frantexport ?
7. Est-qu'on a étudié son CV ?
8. Est-qu'il a eu un entretien avec le directeur de la Société Française de la Communication et Médias?
9. Quelles sont les qualités de Wang ?
10. Sa demande a-t-elle été acceptée ?

3 Madame Bardet se sent un peu seule et cherche quelqu'un avec qui se promener et parler anglais ou espagnol. Carlos Johson a lu son annonce dans un magazine et lui écrit. Corrigez les erreurs de la lettre de Carlos.

> A Marseille, 20 de mai 2007
>
> chère Mme,
>
> J'ai lu ton annonce dans le magazine « femmes actuelles » du 30 avril précédent. Je comprends ton problème et je propose à toi mon aide. Moi aussi, je n'ai pas beaucoup d'amis ici. Comme j'ai une voiture, je veux bien aller promener et parler avec toi à la maison deux ou trois fois par la semaine.

Leçon 20

> J'étudie le français en l'université et je suis besoins parler beaucoup en français. Alors, si tu veux, nous pouvons parler ensemble : toi en anglais ou espagnol et je en français. Ma mère est Espagnol et mon père Anglais et je parle très bien ces deux langages.
>
> J'attends votre réponse.
>
> Je vous embrasse Chère Mme affectueusement.
>
> Carlos Johson

4 Mettez les verbes entre parenthèses au futur simple.

a.
1. Mon père (rentrer) _____ demain.
2. Nous (être) _____ huit à table.
3. Nous (partir) _____ dans quinze jours.
4. Nous (voyager) _____ dans la nuit.
5. On (aller) _____ au cinéma, à 19h00 avant d'aller au restaurant.
6. Je (acheter) _____ des fraises au marché pour les invités.
7. Tu (essayer) _____ d'arriver à l'heure.
8. On (visiter) _____ la Mosquée de Lamas cet après-midi.
9. Vous (apporter) _____ du champagne, n'est-ce pas ?
10. Vous (pouvoir) _____ partir dans dix minutes.

b.
1. Elles (être) _____ certainement très fatiguées quand elles (arriver) _____.
2. Demain, nous (partir) _____ et nous (voyager) _____ toute la journée.
3. Après-demain, il ne (faire) _____ pas beau.
4. _____ (être) -vous libre le week-end prochain ? On (aller) _____ au bord de la mer.
5. Nous (recevoir) _____ des amis français venus à Beijing il y a trois jours.
6. Mon mari vous (expliquer) _____ pourquoi nous ne pouvons pas venir.
7. Tu (prendre) _____ une tranche de jambon aussi.
8. Les mangues (coûter) _____ moins cher le mois prochain.
9. L'autocar (quitter) _____ l'université à huit heures précises.
10. Je te (téléphoner) _____ à mon arrivée.

5 Même exercice.

a.

« Le président de la République Française (venir) _____ en visite officielle en République Populaire de Chine, la semaine procahine. Voici le programme de sa visite dans notre pays. Le président français (arriver) _____ à Beijing le 10 novembre. Il (aller) _____ au Grand Palais du Peuple et (rencontrer) _____ le président chinois. Le 12 novembre, le président français (commencer) _____ sa journée par une visite du Musée de l'Ancien Palais impérial. Il (faire) _____ une conférence à l'Université de Pékin et (déjeuner) _____ ensuite avec le président chinois.

Le président français (regagner) _____ son pays le 14 novembre. »

b.
Météorologie:

« Il (faire) _____ beau demain sur l'ouest de la France. Il y (avoir) _____ quelques pluies sur l'est. Ces pluies (passer) _____ rapidement mais elles (pouvoir) _____ être très fortes... Le vent (souffler) _____ avec violence sur les côtes du nord.

Le sud de la France (être) _____ chaud mais nuageux.

Les températures (augmenter) _____ l'après-midi dans le sud mais elles (rester) _____ stables dans le nord.

Après-demain, la chaleur (gagner) _____ la région au nord de la France et vous (pouvoir) _____ laisser votre parapluie à la maison. »

6 Mettez les verbes à la forme qui convient.

On nous dit qu'au XXIe siècle, nous (vivre) _____ jusqu'à cent ans, que les écoles (disparaître) _____ , que l'ordinateur (être) _____ le roi, que je (pouvoir) _____ rester chez moi, à la campagne, pour travailler, qu'on (retrouver) _____ le plaisir de rouler à vélo, que le niveau des océans (monter) _____ , que nous (devenir) _____ tous pareils et (parler) _____ la même langue. C'(être) _____ vrai ?

7 Complétez avec les verbes de la liste.

préparer   demander   se passer
permettre   regretter   être

— Monsieur le Directeur, je _____ réalisateur de cinéma. Je _____ actuellement un film. L'histoire _____ au Palais impérial. Je vous _____ de me _____ de tourner certaines scènes.

— Non, je _____. Normalement, ce n'est pas permis.

8 Mettez les verbes entre parenthèses au temps futur.

Une amie de Claire vient faire ses études à Paris. Elle demande à Claire si elle peut habiter chez elle. Claire lui répond.

Pas de problème. Tu (pouvoir) _____ habiter chez moi. Je te (donner) _____ la petite chambre. Tu (être) _____ très bien. A midi, tu (manger) _____ au restaurant

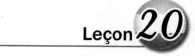

universitaire. Mais le soir, nous (faire) _____ de petits repas ensemble, ici, à la maison. Je te (présenter) _____ mes amis. Tu (rencontrer) _____ Roland. Tu (voir) _____. C'est un garçon sympathique. Je suis sûre qu'il te (plaire) _____.

9 Thème.
1. 根据气象预报，明天天气和今天一样，又是一个大晴天。
2. 今天早上我跑步时间太长，所以现在腿疼。
3. —— 您允许我们在这儿露营吗？
   —— 一般来说是不允许的。
4. 昨天是圣诞节，我允许孩子们半夜回家。
5. —— 我们班上的女大学生们都下乡去了吗？
   —— 是的，她们全下乡去了。
6. 联合收割机可以在两天之内把麦子都收完。
7. 会议在7点半之前不会结束，请耐心点吧。
8. 我们的处长会向您解释为什么我们没有参加上周的会议。
9. 明天有野餐会，你带香槟酒来是吗？
10. 您要什么饮料？可乐、啤酒还是矿泉水？

10 Lecture.

Maupassant et la Tour Eiffel

L'ingénieur Eiffel a terminé la Tour Eiffel en 1889 ; au premier étage de ce monument, il y avait et il y a encore un restaurant ; aux yeux de Maupassant et de beaucoup de personnes de son temps, la Tour Eiffel était quelque chose de très laid. Voilà ce que disait Maupassant :

« J'ai quitté Paris et même la France parce que la Tour Eiffel m'ennuyait trop ; non seulement on la voyait de partout mais on la trouve partout, faite de toutes les matières, placée dans toutes les vitrines.

Quand on invitait un ami à dîner, il acceptait, à condition de manger sur la Tour Eiffel ; c'était plus gai. Tout le monde vous invitait là tous les jours de la semaine pour déjeuner ou pour dîner !

Comment tous les journaux ont-ils osé nous parler d'architecture nouvelle à propos de cette échelle de fer géante? Elle est haute et maigre comme une cheminée d'usine ; l'architecture est aujourd'hui l'art le moins compris et le plus oublié.

Quelques églises, quelques palais du temps passé expriment à nos yeux toute la grâce et toute la grandeur des époques d'autrefois. Mais que pensera-t-on de nortre temps ? »

11 Dictée.

LEÇON 21

Texte

Un costume qui coûte cher

1.

A = la vendeuse, B = M. Daudet, C = Mme Daudet

A: Bonjour, vous désirez?[1]

B: Nous voudrions un costume.

C: Dis donc![2] Regarde ce costume : il est superbe, non?

B: Quel costume ? Ce truc vert ? Il est horrible!

C: Mais non ! Celui-là, le costume bleu, là!

B: Ah oui ! Il est joli, très joli, c'est vrai ! Combien coûte-t-il?

500 euros ! Oh là là ! Un costune qui coûte cher ! Vraiment cher!

C: Mademoiselle, nous voudrions essayer des costumes. Ceux-là ne sont pas mal.

A: Oui, en voilà un marron. Est-ce qu'il vous plaît ? Essayez-le! C'est un peu cher, mais vous savez, c'est un costume anglais, la coupe est impeccable, la qualité est garantie... Essayez ! Regardez-vous, Monsieur ! Le costume vous va parfaitement.[3] On dirait qu'il a été spécialement fait pour vous. C'est la mode anglaise, très appréciée des cols blancs.

B: Qu'est-ce que tu en penses, chérie?

C: Je préfère ce costume-là, de couleur bleu foncé.[4] Il est moins cher, et puis, le bleu foncé , c'est toujours très élégant...

B: C'est vrai. Je prends plutôt ce costume bleu foncé.

A: Et vous, Madame, regardez ces pantalons, ils sont jolis, choisissez.

C: Euh non... Je suis trop grosse. C'est difficile de trouver des pantalons qui me conviennent.[5]

A: Mais ces robes sont ravissantes.

C: Elles sont en quelle matière?

Leçon 21

A: Toutes mes robes sont en soie.[6] En voici une ; celle-ci doit aller : essayez-la !
C: Pourquoi pas ?

2.

Madame Boulogne (B) désire un tailleur classique. Elle va au magasin avec son amie Martine (C).

A: Mesdames, je peux vous aider ?
B: Je cherche un tailleur classique, gris peut-être.
A: Gris, c'est la couleur à la mode. Vous faites quelle taille ?[7]
B: Du quarante.
A: Les quarantes sont là. Je vous laisse regarder.
B: Tiens, voilà une très jolie coupe, sévère mais très féminine quand même. Je peux l'essayer, Mademoiselle ?
A: Mais bien sûr, Madame. Les cabines d'essayage sont là, derrière.
B: (sortant de la cabine d'essayage) A ton avis, ça va ?
C: Très bien ! C'est parfait.
B: Je le prends alors. Je peux payer avec une carte de crédit ?[8] par chèque ?
A: Comme vous voulez.

VOCABULAIRE

désirer *v. t.* 希望，想，要
dis (dites) donc 喂！（嗳！哟！）
costume *n. m.* 服装，男式西服
superbe *a.* 美好的，绝妙的，漂亮的
truc *n. m.* （俗）窍门；东西，玩意儿
vert, -e *a.* 绿色的
horrible *a.* 可怕的，极坏的，丑的
celui (celle, ceux, celles) *pron. dém.* 那个（那些）
vendeur, -se *n.* 售货员
marron *n. m.* 栗子；栗色
　a. inv. 栗色的
plaire (à) *v. t. ind.* 使喜欢，使高兴
coupe *n. f.* 高脚酒杯；奖杯；锦标赛；裁剪，式样
impeccable *a.* 无缺点的，完美无缺的

qualité *n. f.* 质量，品质
garanti, -e *a.* 确保的，保用的
regarder *v. t.* 瞧，看
　regarder (se) *v. pr.* 看自己，照镜子
convenir (à) *v. t. ind.* 合适，适宜
spécialement *adv.* 专门，特地
mode *n. f.* 时髦，时兴，时装式样
apprécié, -e *a.* 受好评的，受器重的，欣赏的
col *n. m.* 衣领
　col blanc 白领阶层
penser *v. t. ind. et v. t. dir.* 想念，想着；认为，想
chéri, -e *a. et n.* 心爱的，珍爱的；心爱的人，亲爱的人
couleur *n. f.* 颜色
bleu *n. m.* 蓝色

foncé, -e *a.* 深色的
  bleu foncé 深蓝色的
élégant, -e *a.* 优雅的，优美的
pantalon *n. m.* 长裤
Euh ! *interj.* 噢，嗯
gros, se *a.* 大的，粗的；重要的
aller *v. i.* 合适，相配，合意
pas du tout *loc. adv.* 一点儿也不
robe *n. f.* 长袍，连衣裙
ravissant, -e *a.* 迷人的，极可爱的
pourquoi pas *loc. adv. interr.* 为什么不

tailleur *n. m.* 男裁缝；女式套装
classique *a.* 古典的，经典的，传统的
gris, -se *a.* 灰色的
taille *n. f.* 身高，身材，腰身；（成衣）号码
sévère *a.* 严厉的，严格的，朴素的
féminin, -e *a.* 女性的，富有女人味的
cabine *n. f.* 室，房，小间
  cabine d'essayage 试衣间
derrière *prép.* 在……后面，在……背后
  adv. 在后面，在背后

中文译文

一件昂贵的西服

1

售 货 员：你们好！你们需要什么？
都德先生：我们想买一件西装。
都德太太：呦，你瞧瞧这件西装，多好看，是吧？
都德先生：哪一件西装？那件绿色的？真难看！
都德太太：不是那件，是那一件，蓝色的，那儿。
都德先生：是，是挺漂亮的，非常漂亮。多少钱？500欧元！哎呀呀！这件西装够贵的，真贵！
都德太太：小姐，我们想试试西装，那几件西装都挺不错。
售 货 员：对，这是栗色的，你们喜欢吗？试试看，衣服稍微贵了点，不过，你们要知道，这是英国西装，做工精美，质量上乘……试试看！先生，请照镜子看看。这件西装很合身，简直是为您量身定做的，这是英国款式，很受白领阶层的喜爱。
都德先生：亲爱的，你觉得怎么样？
都德太太：我更喜欢那一件，藏蓝色的，便宜些，再说藏蓝色向来高雅。
都德先生：这倒是真的，那就还是买藏蓝色的那一件吧！
售 货 员：您呢，夫人，您瞧这些西裤也很漂亮，您不选一条？
都德太太：嗯，不行……我太胖，很难买到适合我穿的长裤。
售 货 员：这些连衣裙也挺漂亮。

Leçon 21

都德太太：什么材料的？
售货员：都是真丝的。这儿有一件，准保合身，试试看。
都德太太：好，试试。

2

售　货　员：夫人们，有什么需要我帮忙的吗？
布洛涅太太：我要一件传统的女式套装，灰色的。
售　货　员：灰色是今年的流行色，您穿多大号的？
布洛涅太太：40号。
售　货　员：40号的都在那儿，你们随便看吧！
布洛涅太太：您瞧，这一件很漂亮，庄重，又不失女性美。小姐，我能试试吗？
售　货　员：当然可以，夫人，试衣室在后面，在那儿。
布洛涅太太：（从试衣室走出）你看呢，行吗？
马　蒂　娜：很好，好极了！
布洛涅太太：那我就买下了。我用信用卡还是支票付款？
售　货　员：都可以。

NOTES

1. Bonjour, vous désirez？商业界用语，"您好，您需要什么？"也可以说：
   Bonjour, Madame / Monsieur, qu'est-ce que vous désirez?
   夫人/先生，你们需要什么？
   Puis-je vous être utile？我能为您做些什么？
   Je peux vous aider？/ Je peux vous renseigner？我可以帮您忙吗？

2. Dis (Dites) donc！喂（哟、嗨），口语中常用来表示疑问、赞叹、惊喜等语气的短语，donc是连词，用于加强语气，这里的c不发音。

3. Le costume vous va parfaitement. aller à quelqu'un 适合，合身，般配；方便。
   La robe te va très bien. 这件连衣裙你穿很合适。
   On dit que le vert et le bleu ne vont pas ensemble.
   有人说，绿色和蓝色不能搭配在一起。

4. Je préfère ce costume-là, de couleur bleu foncé. 表示颜色的形容词也须与它修饰的名词性、数一致，但是由名词演变成的形容词无性、数变化，如：une chemise marron 一件栗色衬衫；表示颜色的复合形容词也无性、数变化，例如：une veste jaune clair 一件浅黄色上装，des pantalons bleu foncé 几条深蓝色长裤；表示颜色的阳性形容词也可作阳性名词用，如：le rouge 红色，le blanc 白色，le vert 绿色，le brun 褐色。

5. C'est difficile de trouver des pantalons qui me conviennent. 由动词不定式构成的

21

形容词补语，如果动词宾语前置，动词则由介词 à 引导；如果宾语置于动词后，则由介词 de 引导。

C'est une question facile à comprendre. 这是一个容易理解的问题。

C'est difficile de répondre à cette question. 很难回答这个问题。

6. Toutes mes robes sont en soie. en + 名词（不用冠词），表示"用……材料做成"。

Une chemise en coton 一件纯棉衬衫， une table en (de) bois 一张木桌，un blouson en (de) cuir 一件皮夹克

7. Vous faites quelle taille ? 也可以说 Quelle est votre taille ? / Quelle taille portez-vous ? / Du combien portez (faites)-vous ? la taille 指衣服的尺寸，回答可以说 Je fais du 40 (或省文句 du quarante)。du 40是 la taille 40 的省略形式

Cette robe, vous en avez en 42 ? 这样的连衣裙有42号的吗？

如指鞋子，则应该用la pointure。

Quelle est votre pointure ? / Quelle pointure chaussez-vous ? / Combien / Du combien chaussez-vous ? 您穿多大号鞋？

Je chausse du 26. Il me faut du 26. 我穿26号鞋。

8. Je peux payer avec une carte de crédit... payer avec une carte de crédit 用信用卡支付；payer par chèque 用支票支付；payer en espèces / liquide 用现金支付。

与carte 组成的词还有：carte d'embarquement 登机卡；carte téléphonique 电话卡；carte d'identité 身份证；carte postale 明信片；carte d'étudiant 学生证；carte de visite 名片等等。

Phrases et expressions utiles　　常用表达法

Au magasin　　在商店

Bonjour, Madame / Monsieur, vous désirez ? / Puis-je vous être utile ?
您好，夫人/先生，您需要什么/我能为您做些什么？
Je voudrais un tailleur / un complet. 我要一件女式套装/我要一套西装。
Quelle est votre taille ? / Vous faites quelle taille ? / Vous faites du combien ?
您穿多大尺码（多少号）的？
Je fais du 40. 我穿40号。
Avez-vous la taille au-dessus (en dessous)? 有大（小）一号的吗？
Je voudrais une paire de chaussures. 我要一双鞋子。
Quelle est votre pointure ? / Quelle pointure chaussez-vous ? 您穿多大号的鞋？
Je chausse du 26. 我穿26号鞋。

Leçon 21

Quelle couleur désirez / aimez / préférez-vous ? / Qu'est-ce que vous aimeriez comme couleurs ? 您喜欢什么颜色的?

Je voudrais un chandail (en) rouge / marron / violet / jaune / brun foncé / bleu ciel / gris. 我要一件红色/栗色/紫色/黄/深褐色/天蓝色/灰色粗毛绒衫。

Cette robe vous convient (va) très bien. 这件连衣裙您穿很合适。

Ce costume n'est pas à ma taille, il est un peu trop juste (serré) / court / grand / petit. 这件西装我穿不合身，太紧/太短/太大/太小。

Merci pour votre aide mais je vais réfléchir.
麻烦您啦（谢谢您的帮助），我再考虑一下。

Mettre / porter un T-shirt / un jean / un maillot de bain 穿T恤衫/牛仔裤/泳装

Pouvez-vous me faire une réduction / Pourrais-je avoir une réduction ? 能打折吗?

MOTS ET EXPRESSIONS

1. désirer *v. t.*

(sujet qn) **désirer qch** 想，想要，愿意要

Il y avait longtemps qu'ils désiraient un plus grand appartement.
很久以来他们就想买一套更大的房子。
Elle désire une belle voiture. 她想买一辆漂亮的汽车。
Ma mère désirait une maison à la campagne. 我母亲想在乡下买一幢房子。
Que désirez-vous, Madame ? 夫人您想买什么?
Vous désirez un café ? J'ai du café. 我有咖啡，您想喝一杯咖啡吗?

(sujet qn) **désirer + inf.** 希望，愿意

Vous désirez prendre quelque chose avant le repas? 饭前你想吃点儿什么东西吗?
Nous désirons retourner au pays natal. 我们想回故乡去。
Est-ce que tu désires t'inscrire au cours de français ? 你是不是想报名学法文?
J'aime beaucoup Beijing. Je désire vraiment y retourner quand j'en aurai l'occasion.
我很喜欢北京，有机会的话我真想再去。

2. plaire (à) *v. t. ind.*

(sujet qn, qch) **plaire à qn** 使喜欢，使高兴，使中意

Tu es allée au rendez-vous ? L'homme te plaît ? 你赴约了吗? 那个男子你喜欢吗?
Cette femme ne me plaît pas du tout, je la trouve désagréable.
我一点儿都不喜欢这个女人，我觉得她很讨厌。
Tu me plais énormément. 我非常喜欢你。

Cette peinture chinoise plaît beaucoup à Jacquerine. 雅克琳娜很喜欢这幅中国画。
Les pièces de Molière plaisent aux étudiants. 大学生们喜欢莫里哀的戏剧。
Cette robe chinoise lui plaît. 她喜欢这件中国旗袍。
Ça vous plaît ? 这你喜欢吗？
— Vous avez aimé le spectacle ? 戏（演出）您喜欢吗？
— Non, ce spectacle ne m'a pas plu. 不喜欢，这戏我不喜欢。
Nous avons enfin trouvé deux appartements qui nous plaisent.
我们终于找到了我们喜欢的两套房子。
Marseille vous a plu, alors Lyon vous plaira aussi.
您喜欢马赛，那您也会喜欢里昂的。

3. convenir (à) *v. t. ind.*

(sujet qn, qch) **convenir à qn**   合适，适宜，中意
Ce costume vous convient admirablement. 这件西装您穿非常合适。
Voilà une veste qui doit me convenir. 这件上装我穿应该合适。
—Essayez celui-là, il doit vous convenir. 试试那件，您穿准保合适。
—Mais non, la couleur ne me convient pas. 不，颜色对我来说不合适。
Cette chambre me convient à peu près, je la loue. 这个房间还可以，我租下了。
Quelle est l'heure qui vous convient ? 几点对您合适？
Cela me convient parfaitement. 这对我来说非常合适。
Le sol et le climat de cette région ne conviennent pas à la culture des orangers.
这个地区的土壤和气候不适宜种橘子。

4. penser *v. t. ind.* et *v. t.*

[*v. t. ind.*] (sujet qn) **penser à qn, qch**   想，想念，考虑
— J'ai invité des amis à dîner samedi soir. 我邀请了一些朋友星期六吃晚饭。
— Tu as pensé à Pauline ? 你没有忘了波利娜吧?
— Tu penses à tes parents âgés ? 你想念你年迈的父母吗?
— Oui, je pense beaucoup à eux. 是的，我非常想念他们。
Nous pensons à vous. 我们想念你们。
A qui pensez-vous ? 你在想谁呢?
— Tu penses à tes études ? 你在想你的学习？
— Oui, j'y pense aussi. 是的，我也在想我的学习。
Vous pensez à mon projet ? 您在考虑我的计划了吗?
A quoi pensez-vous ? 您在想什么？

[*v. t.*] (sujet qn) **penser que + ind., ne pas penser que + subj.**   认为，以为，想

Je pense que vous avez raison. 我认为你有道理。
Nous pensons que le projet de la municipalité est tout à fait réalisable.
我们认为市政府的计划完全可以实现。
Je ne pense pas que ce soit un travail très difficile à faire.
我不认为这项工作难做。

(sujet qn) penser qch de qn, qch   对……有什么看法（想法）
— Que penses-tu de Paul ? 你对保尔有什么看法？
— C'est un garçon très intelligent. 这个男孩儿很聪明。
— Que pensez-vous de la situation économique en Chine ?
    您对中国经济形势有什么看法？
— Je pense qu'elle est bonne. 我认为中国经济形势是好的。
Que pensez-vous de ce contrat ? 您对这份合同是怎么看的？
On pourrait se voir samedi après-midi, qu'en penses-tu? 我们星期六下午见，可以吗？

GRAMMAIRE

I. 指示代词 (Le pronom démonstratif)

1. 词形：

指示代词用来代替已提及过的名词（人或物），以避免重复，其形式如下：

性数\词形	singulier 单数			pluriel 复数	
	masculin 阳性	féminin 阴性	neutre 中性	masculin 阳性	féminin 阴性
简单形式	celui	celle	ce (c')	ceux	celles
复合形式	celui-ci	celle-ci	ceci	ceux-ci	celles-ci
	celui-là	celle-là	cela (ça)	ceux-là	celles-là

2. 简单指示代词的用法：

简单指示代词celui, celle, ceux, celles 的性、数须与它代替的名词的性、数一致，后面一般由介词 de 引导的补语或由关系代词 qui, que, où, dont 等引导的关系从句加以限定。
L'ascenseur de gauche est en panne. Prenez celui de droite.
左边的电梯出现了故障，请乘右边的电梯。
Je t'ai demandé le journal d'aujourd'hui, et tu m'as apporté celui d'hier.
我向你要的是今天的报纸，你却把昨天的报纸拿来了。
— Ce sont vos parents ? 这是您父母吗？
— Non, ce sont ceux du camarade Zheng. 不是，他们是郑同学的父母。

Les raviolis que nous avons faits aujourd'hui sont meilleurs que ceux de la dernière fois. 我们今天包的饺子比上一次的好。
Mes enfants jouent souvent avec ceux de mes voisins. 我的孩子常和邻居的孩子玩耍。
Vous voulez des livres français ? Prenez ceux qui sont sur la table.
您想要几本法文书？那你就把桌子上的几本拿走吧！

● 如指示代词 celui, celle, ceux, celles 没有它所代替的名词，则它们具有泛指意义，指"……的人"、"任何人"。
Celui qui ne lit rien ne sait rien. 不读书的什么都不懂。
Ceux qui vivent sont ceux qui luttent. (Victor Hugo)
活着的人们是战斗着的人们。（雨果语）
Celui qui travaille est heureux. 工作着的人是幸福的。

3. 复合指示代词的用法：
复合指示代词 celui-ci, celle-ci, ceux-ci, celles-ci 指离说话较近的人或事物，指'后者'，而celui-là, celle-là, ceux-là, celles-là 指离说话较远的人或事物，指"前者"。
Ici à gauche, il y a deux chambres, celle-ci est plus grande, celle-là est plus éclairée.
右侧有两间卧室，这一间更大些，那一间更亮堂些。
Sophie et Anne sont deux sœurs, celle-ci (指Anne) est architecte, celle-là (指 Sophie) est comptable. 索菲和安娜是姐妹俩，安娜是建筑师，索菲是会计。
Tu veux écouter quel disque ? celui-ci ou celui-là ? celui de Céline Dion ou celui qui est sur l'étagère?
你要听哪一张碟？是这一张？还是那一张？是听席琳·迪翁的还是听书架上的那一张？
Quelles spécialités voulez-vous goûter ? celles-ci ou celles-là ? celles de votre région ou celles que nous avons déjà goûtées?
您要品尝什么风味菜肴？是这几款还是那几款？是你们家乡的特色菜还是我们上次已经吃过的那几个菜？

4. 中性指示代词 ce (c'), ceci, cela (ça) 的用法：
(1) ce 作主语，动词用第三人称单数或复数，只存在于主语 + 系词 + 表语结构中。
C'est une carte d'identité. 这是一张身份证。
Ce sont mes amis. 这些人是我的朋友。
(2) ce 与关系代词 qui或que连用，ce 作先行词，起泛指事物的作用。
Vous savez ce qui s'est passé ce matin ? 您知道今天早上发生的事情吗？
Ce que vous proposez est très intéressant. 您的建议很有意思。
C'est ce qu'il me faut. 这正是我所需要的。

(3) 中性指示代词 ceci, cela 用来区分两个事物，ceci 指较近的事物，cela 指较远的事物。
Ceci est à moi, cela est à lui. 这是我的，那是他的。

- 如果只有一个事物，则用 cela。
Cela me plaît beaucoup. 这个我很喜欢。
Qui t'a dit cela ? 这件事谁跟你说的？

- 中性指示代词 ça 是 cela 的缩略形式，常用于口语中。
Ça te plaît ? 这你喜欢吗？
Ça m'étonne. 这使我感到惊讶。
Ça sent bon. 这东西很香。

Ⅱ. 泛指形容词 tout (L'adjectif indéfini *tout*)

1. 词形：tout, toute, tous, toutes。

2. 用法：
(1) 泛指形容词 tout 与定冠词或其他名词限定词并用，限定名词或代词，置于定冠词或其他限定词前，单数词形 tout, toute 作"全部的"、"整个的"解，复数词形 tous, toutes 表示"所有的"、"每一个"的意思。
Bonjour, tout le monde ! 大家好！
Toute sa famille est là. 他全家人都在这儿。
Demain, elle travaillera toute la journée. 明天她一整天都工作。
Prolétaires de tous les pays, unissez-vous ! 全世界无产者，联合起来！（《共产党宣言》）
Il vient ici tous les samedis. 他每周六都来这里。
J'ai rangé tous les vêtements d'hiver. 我把冬天所有的衣服都收起来了。
Tous les membres de la famille se réunissent pour prendre ensemble le repas du réveillon.
全家人围坐在一起吃年夜饭。

(2) 泛指形容词 tout 也可不与冠词或其他限定词并用而直接修饰名词，表示"每一个"、"任何一个"等意思。
Toute question a sa réponse. 任何问题都有答案。

Ⅲ. 泛指代词 tout (Le pronom indéfini *tout*)

1. 词形：tout, tous [tus], toutes。

2. 用法：
　　(1) 泛指代词单数形式 tout 的意思是"一切"、"一切事物"、"所有的东西"。
　　　　Tout est beau là-bas. 那里一切都是美的。
　　　　Tout a changé. 一切都变样了。
　　　　Tout va bien. 一切尚好。
　　　　Ma grand-mère s'occupe de tout à la maison. 我奶奶在家什么都管。

　　(2) 泛指代词复数形式 tous [tus] 可以指物，也可以指人，意思是"大家"、"所有的人"、"所有的东西"。
　　　　J'ai invité des amis. Tous sont venus. 我邀请了几个朋友，他们全来了。
　　　　— Les enfants du village vont tous à l'école ? 村里的孩子全都上学吗？
　　　　— Oui, tous vont à l'école. 是的，他们全都上学。

EXERCICES

1　Répondez aux questions sur le texte.
　1. Qu'est-ce que M. Daudet désire ?
　2. Combien coûte le costume bleu ?
　3. Est-ce que le costume marron coûte cher ?
　4. Pourquoi M. Daudet préfère-t-il le costume bleu foncé ?
　5. Pourquoi Mme Daudet n'achète-t-elle pas de pantalon ?
　6. Qu'est-ce que Mme Boulogne veut acheter ?
　7. Quelle est sa taille ?
　8. Le tailleur gris lui va bien ?

2　Mettez les phrases au pluriel ou au singulier.
　1. Je déteste ce disque, j'aime mieux celui-là.
　2. Cet homme-ci est Français ; celui-là est Allemand.
　3. Cette idée-ci est bonne, celle-là est mauvaise.
　4. Je n'aime pas ce roman de Sartre ; je préfère celui de Camus.
　5. Ces voix sont aiguës, celles-là sont graves.
　6. Ces montres sont à l'heure exacte ; celles-là retardent.
　7. Ces enfants ? Ce sont ceux de ma voisine.
　8. Ces valises ? Ce sont celles du jeune homme.

Leçon 21

3 Complétez avec le pronom démonstratif qui convient.
1. — Il est à toi, ce beau foulard ?
   — _____ -ci ? Non, c'est _____ de Julie.
2. La sœur de Nathalie est jolie, _____ de Paul aussi.
3. — Quelle route faut-il prendre ?
   — _____ de droite.
4. Les enfants de Pauline sont turbulents mais _____ de son frère sont très calmes.
5. — A qui sont ces bouteilles ?
   — Ne les touche pas, ce sont _____ du client suivant.
6. — Quelle pièce avez-vous vue hier soir ?
   — _____ de Molière.
7. Mes voisins de palier sont très courtois, en revanche, _____ du deuxième étage sont un peu grinceux.
8. J'aime les romans de Hugo; j'aime aussi _____ de Balzac.
9. Attention, ce n'est pas ta guitare, c'est _____ de Jean.
10. — Et ce pantalon, c'est à toi ?
    — Non, c'est _____ de François.

4 Soulignez le pronom démonstratif correct.
1. — Tu aimes les pulls en coton, toi?
   — Non, je préfère ceux / celles en laine.
2. — Tu mets des chaussures en toile, toi?
   — Non, je préfère celles / celui en cuir!
3. — Tu as des bracelets en plastique, toi?
   — Non, j'aime mieux celles / ceux en or!
4. — Tu prends ce foulard en nylon?
   — Non, j'aime mieux celles / celui en soie.
5. — Tu veux la chemise à fleurs?
   — Non, je préfère celui / celle à rayures!

5 Complétez avec un pronom démonstratif.
1. Ce livre est justement _____ que je cherchais.
2. — C'est votre oncle ?
   — Non, c'est _____ de Jules.
3. — Ce sont tes sœurs ?
   — Non, ce sont _____ de Claire.

4. Voilà mes amis. Où sont _____ de Paul?
5. Voilà deux trains qui arrivent en même temps, _____ vient de Shanghai, _____ de Xi'an.
6. _____ qui lit le journal est mon cousin.
7. _____ qui ont de la chance continuent leurs études en France.
8. Je viens d'acheter deux bicyclettes, _____ est noire, _____ est rouge.
9. La récolte de cette année est meilleure que _____ de l'année dernière.
10. — Dis-moi, à ton avis, quel est le monument le plus visité à Beijing ?
    — _____ qui est le plus visité, je ne sais pas, je dirai le Musée de l'Ancien Palais impérial ou la Grande Muraille.
11. — Et la langue la plus parlée dans le monde?
    — A mon avis, _____ qui est la plus parlée, c'est le chinois, non?
12. — La boisson la plus connue?
    — La boisson la plus connue ? C'est difficile à dire, mais _____ qu'on consomme le plus, c'est peut-être l'eau.
13. — Le site Internet le plus consulté?
    — _____ qui est le plus consulté? Je n'en ai aucune idée. Et toi, tu sais?
14. — Les vêtements les plus portés?
    — Je ne sais pas _____ qui sont les plus portés, aujourd'hui, les jeans probablement.

6 Complétez les phrases suivantes.

1. Nous pensons beaucoup _____ vous.
2. Je pense _____ elle va venir d'instant à l'autre.
3. Qu'est-ce que vous pensez _____ lui?
4. Je vais le repeindre en jaune. Qu'est-ce que tu _____ penses?
5. Aller vivre à la campagne ? J'_____ pense très souvent.
6. Je pense _____ il faut rentrer. Il va pleuvoir.

7 Complétez par l'adjectif indéfini *tout, toute, tous, toutes*.

1. Je travaille _____ la journée et rentrre _____ les soirs à huit heures.
2. _____ les samedis, je vais chez mes parents.
3. Vous êtes _____ les matins chez vous?
4. _____ la ville parle du voyage spacial de Yang Liwei.
5. _____ les employés ont une augmentation de salaire, _____ le monde est content.
6. _____ les étudiants sont inscrits ?
7. _____ la page est claire.

Leçon 21

8. _____ vos idées et _____ vos propositions sont intéressantes.
9. _____ nos clients sont satisfaits ?
10. Tu connais _____ mes défauts et je découvre _____ tes qualités.
11. _____ cet immeuble est à vendre.
12. _____ ces dessins animés plaisent aux enfants.

8 Complétez avec un des pronoms indéfinis *tout, tous, toutes*.

a.
1. Est-ce que _____ est à refaire dans cette maison?
2. _____ est possible.
3. Nous parlons de _____
4. A Tokyo, on dit souvent : « _____ est cher ici. »
5. _____ est prêt depuis une semaine.
6. _____ a changé.

b.
✦ — Est-ce que tous vos camarades sont allés voir le match de football ?
— Oui, ils sont tous allés voir le match de football./ Oui, tous sont allés voir le match de football.

1. — Est-ce que tous les enfants du village vont à l'école?
— Oui, ils vont _____ à l'école. / Oui, _____ vont à l'école.
2. — Est-ce que toutes ces lettres sont timbrées?
— Oui, elles sont _____ timbrées. /Oui, _____ sont timbrées.
3. — Est-ce que tous les invités viendront ?
— Oui, ils viendront _____ . / Oui, _____ viendront.
4. — Est-ce que toutes les étudiantes partiront à la campagne?
— Oui, elles partiront _____ à la campagne./ Oui, _____ partiront à la campagne.
5. — Est-ce que tous ses amis sont partis?
— Oui, ils sont _____ partis. Oui, _____ sont partis.

9 Complétez le texte.

Au magasin
La vendeuse: Bonjour, Monsieur, qu'est-ce que vous _____ ?
Un monsieur: Je _____ un costume.
La vendeuse: _____ est votre taille?
Le monsieur: Je _____ 1m80.
La vendeuse: Quelle couleur _____ -vous?
Le monsieur: Le bleu.

La vendeuse: En voilà un bleu. Est-ce qu'il vous _____ ? _____ -le!
Le monsieur: Hum ! Il doit _____ cher.
La vendeuse: Non, pas du tout ! Il _____ seulement 100 euros.
Le monsieur: (sortant du salon d'essayage): Très bien ! C'est parfait ! Le costume me _____ parfaitement.
La vendeuse: Alors, vous le _____ ?
Le monsieur: Oui, je le prends.

10 Thème.
1. 我们的法国朋友很喜欢京剧《霸王别姬》。
2. 我把我的钥匙丢了，幸亏还有我姐姐的钥匙。
3. 我非常想念中学时代的同学。
4. 他希望这些玫瑰花会使他太太喜欢。
5. 这件旗袍很漂亮，也合身，我买下了。
6. 您对国际形势是怎么看的？
7. 他的电话号码我知道，但房间号忘了。
8. ——晚会上你穿哪一件旗袍？
   ——我穿前天买的那件。
9. 我可以肯定，这是我的上衣，保尔的上衣比我的长。
10. ——这是你的卧室吗？
    ——不是，这是我父母的卧室。

11 Lecture.

Gabrielle CHANEL

«Mademoiselle Chanel» a eu une enfance et une jeunesse difficiles. Orpheline très jeune, elle a passé de nombreuses années dans un couvent à Moulins, une petite ville du centre de la France. En fait, elle n'a connu Paris qu'à vingt-cinq ans, en 1908! A partir de 1911, elle a commencé à créer des chapeaux pour les vendre à ses amies. En 1912, elle a ouvert sa première maison de couture à Deauville, la grande plage mondaine.

En 1919, elle a pu enfin ouvrir une autre maison de couture à Paris, rue Cambon. Pendant vingt ans, jusqu'en 1939, elle a été une des célébrités du Tout-Paris, l'amie des artistes, et des grands personnages de ce monde. C'est alors que «Coco Chanel» a créé un style nouveau pour les femmes, un style inspiré des vêtements d'homme, et a contribué par exemple à l'émancipation des femmes.

A l'âge de soixante et onze ans, elle a réussi à imposer la fameuse silhouette, devenue classique : tailleur de tweed, longs colliers de fausses perles, chaînes dorées, souliers de

deux couleurs, beige et noir. Ce style reste celui de la simplicité dans le luxe et beaucoup de femmes veulent encore maintenant porter un "Chanel".

Grâce à son célèbre parfum, le N° 5, créé en 1921, et à ses tailleurs, Coco Chanel n'est pas vraiment morte en 1971. Elle est toujours la première dame de la haute couture.

12 Dictée.

LEÇON 22

Texte

A propos du[1] travail

J = journaliste, B = balayeur

J : Bonjour, je suis journaliste du *Quotidien de Paris*. Je voudrais vous poser une question à propos de votre travail.

B : Posez-la, s'il vous plaît !

J : Vous avez choisi d'être balayeur. Pourquoi ce choix ?

B : Pour plusieurs raisons. C'est un choix délibéré. J'aurais pu faire autre chose[2], mais...j'aime bien être dehors, regarder ce qui se passe autour de moi...

J : Mais il n'y a pas d'autres métiers plus intéressants où l'on peut être dehors ?

B : Je n'en suis pas sûr. D'abord, il n'y a aucune formation[3] d'apprentissage pour devenir balayeur, on sait balayer avant de commencer. C'est un travail authentique. Tout le monde peut le faire, il suffit d'avoir un balai.

J : Et[4]...

B : Bon, j'aime rencontrer des gens. Il y a ceux qu'on ne voit qu'une fois, les touristes qui me demandent leur chemin, et ceux avec qui je discute, des commerçants, des personnes âgées. Celles-ci sont souvent seules ... Et puis j'aime bien Paris.

J : Quand même « balayeur »... Vous sortez avec des copains et vous faites connaissance d'une fille. Qu'est-ce-que vous lui dites quand elle vous demande ce que vous faites dans la vie ?

B : La vérité. Je lui dis que je suis balayeur.

J : Pas que[5] vous êtes employé de la ville ou que vous êtes jardinier ? Et comment les gens réagissent ?

B : Ça dépend. La plupart du temps, bien. Je dis ce que je fais et normalement, on juge quelqu'un sur ce qu'il dit, sa manière d'être, la sympathie... la profession, c'est autre chose.

Leçon 22

J: Il y a des fois où ça se passe moins bien ?

B: Evidemment, il arrive que[6] celui ou celle qui m'a posé la question change immédiatement d'attitude. Il est clair qu'une telle personne n'est pas intéressante, et finalement elle est plus à plaindre que moi[7].

J: Vous avez choisi d'être balayeur pour gagner votre vie, pas par vocation, je suppose...

B: Je suis comme les autres[8], j'ai besoin d'argent. Je travaille maintenant dans un quartier que j'aime, j'ai des horaires réguliers qui me conviennent parfaitement, je suis employé de la ville de Paris, avec un salaire honnête.

J: Vous êtes heureux ?

B: Je suis satisfait de mon travail, qui me permet de vivre, et de me consacrer à ce que j'aime.

J: Vous êtes donc un balayeur heureux. Je vous souhaite bonne chance et vous remercie de m'avoir accordé un peu de votre temps.

VOCABULAIRE

à propos de *loc. prép.* 关于，对于
balayeur, se *n.* 马路清洁工，环卫工人
journaliste *n.* 记者
plusieurs *a. indéf. pl.* 几个，好几个
délibéré, -e *a.* 坚定的，深思熟虑的
autre *a.* 其他的，别的
autre chose *pron.indéf.* 其他的东西，其他的事情
　pron. indéf. 另外一个人；其他事物
dehors *adv.* 在外面，在外边
passer (se) *v. pr.* （时间）流逝，过去；发生
autour de *loc. prép.* 在……周围
métier *n. m.* 手艺；职业，行业
sûr, -e *a.* 肯定的，有把握的
formation *n. f.* 培养，培训，训练
apprentissage *n. m.* 学手艺，当学徒；学习
devenir *v. i.* 变成，成为
balayer *v. t.* 打扫，扫地；清除
avant de *loc. prép.* 在……以前

authentique *a.* 真正的，真实的；真本的
suffire *v. i* 只需要
　il suffit de *loc. impers.* 只要
balai *n. m.* 扫帚
bon *interj.* 对啦！好吧！（表示赞成、不满、厌恶等）
gens *n. m. pl.* et *n. f. pl.* 人，人们
chemin *n. m.* 道路，小道
commerçant, -e *n.* 商人
âgé, -e *a.* 年龄为……的，上了年纪的
　personne âgée 老年人
vérité *n. f.* 真理，真话
employé, -e *n.* 职员，雇员
jardinier, -ère *n.* 花工，园林工人
réagir (à) *v. t. ind.* 对……起反应；反应
dépendre (de) *v. t. ind.* 从属于，依附于
　cela (ça) dépend 这要看情况
plupart *n. f.* 大多数，大部分
　la plupart de 大多数的，大部分的

juger *v. t.* 识别，评价，判断
manière *n. f.* 方式，方法
  manière d'être 作风，习惯
sympathie *n. f.* 同情，好感
profession *n. f.* 职业
évidemment *adv.* 显然，肯定地
il arrive que 有时发生，有时会有
immédiatement *adv.* 紧接地，立即
attitude *n. f.* 姿势；态度
finalement *adv.* 最后，最终，终于
plaindre *v. t.* 同情，怜悯
  être à plaindre *loc.verb.* 值得同情

vocation *n. f.* 天职，使命；志向
supposer *v. t.* 假设，猜想
argent *n. m.* 钱；银，银子
horaire *a.et n. m.* 时间的；时刻表，作息时间表
régulier, -ère *a.* 有规律的，固定的
salaire *n. m.* 工资
honnête *a.* 诚实的
satisfait, -e *a.* 满意的，高兴的
consacrer (se) (à) *v. pr.* 致力于，献身于
accorder *v. t.* 给予
peu *adv.* 少，不多

中文译文

关于工作

记　　者：我是《巴黎日报》的记者，我想问您一个关于工作的问题。
环卫工人：请问吧！
记　　者：您当环卫工人，请问为什么要做作出这样的选择？
环卫工人：这是经过认真考虑的选择，有好几个原因。我本可以干别的工作，可是……我喜欢在户外干活，观察我周围发生的事……
记　　者：难道没有既可以待在户外又有趣的职业吗？
环卫工人：这个我不清楚。说到原因，首先，当一名环卫工人不需要接受任何学习培训，人在开始扫地之前已经会扫地了。这是一份真正意义上的活儿。只要有一把笤帚，人人都可以扫地。
记　　者：可是……
环卫工人：对啦，我喜欢见人。有些人一生只能见到他们一次，那是些向我问路的游客；还有的人，我和他们说话，他们是些做小买卖的商人；还有的是老人，老年人很孤独；再说，我很喜欢巴黎。
记　　者：不过，"环卫工人"这个词儿……假如您和朋友一起外出，您遇到一位姑娘，她问您干什么工作时，您怎么对她说？
环卫工人：说真话，我告诉她，我是扫地的。
记　　者：您不说您是市里的雇员，或者说，您是花工，别人听您说了后反应如何？
环卫工人：这要看情况，大多数情况还不错，我实话实说，一般情况下，人们判断一个人，总是根据他说的和做的，而同情，职业……这是另外一回事。

Leçon 22

记　　者：有没有发生过一些不愉快的事情？

环卫工人：当然有。有时候，某位先生或女士问我的职业后，他（她）立即改变态度。很显然，这样的人太没劲了，到头来，可怜的应该是他（她），而不是我。

记　　者：我猜想，您选择当环卫工人，是为了谋生，而不是出于某种使命吧……

环卫工人：我和其他人一样，也需要钱。现在我在一个我所喜欢的区里干活，我有固定的工作时间，对我挺合适的。我是巴黎市政府的一名雇员，有一份体面的薪水。

记　　者：您感到幸福吗？

环卫工人：我对我的工作感到满意，这份工作足可以让我生活，并且从事我喜欢的活动。

记　　者：您真是一个幸福的环卫工人，我祝您好运，感谢您抽出时间接受我的采访。

NOTES

1. à propos de... *loc. prép.* 关于，对于，为了

   à propos de le médecine / de la littérature / des beaux-arts

   关于医学/文学/美术

   Nous ne savons rien à propos de cette affaire. 我们对这件事情一无所知。

   Ils se querellent à propos de rien. 他们无缘无故地吵架。

2. J'aurais pu faire autre chose... aurais pu, 条件式过去时形式，详见第29课。短语 autre chose 无词形变化，不用冠词，意思是"别的事"、"别的东西"、"另一回事"、"另一样东西"，也可以说 d'autres choses。

   Il n'a pas dit autre chose dans sa lettre? 他在信中没说别的事吗？

   C'est (tout) autre chose. 这（完全）是另外一回事。

   Je cherche autre chose. 我找别的东西。

3. ...il n'y a aucune formation... aucun 的阴性形式为aucune, 泛指形容词，与 ne 或 sans 一起用，表示完全的否定，意思是"没有任何一个……"。

   Elle n'a aucun charme. 她没有任何魅力。

   Aucun film de ce réalisateur ne me plaît.

   这位导演拍的电影没有一部使我喜欢。

4. Et *conj.* 然而，不过，但是，而，表示疑问，置于句首时，起强调作用。

5. Pas que... 省文句，整句为 Vous ne dites pas que vous êtes employé...

6. Il arrive que... 无人称句，作"有时发生……"、"有时会有……"、"偶然

会有……"解，表示事实时从句动词用直陈式，表示可能时从句动词用用虚拟式。

Il arrive que je ne prends pas le petit déjeuner. 我有时不吃早饭。

7. ... et finalement c'est elle qui est plus à plaindre que moi. être + à + inf. 表示"应该"、"要"、"必须"。

C'est à voir. 这要看看。

C'est à refaire. 这要重做。

8. Je suis comme les autres... autre, *pron. indéf.* 泛指代词，与冠词连用，作"其他的人"解。

Tu veux partir ? Et les autres ? 你想走？那其他人呢？

Phrases et expressions utiles 常用表达法

Les professions 职业

Quelle est votre profession ? / Que faites-vous comme travail /dans la vie ?
请问您的职业？

Je suis ouvrier / agriculteur/employé / fonctionnaire / commerçant / enseignant / médecin / infirmière / cuisinier / hôtesse de l'air / chauffeur / ingénieur / comptable / vendeur / secrétaire / architecte / acteur / écrivain / peintre / chanteur/ journaliste / facteur / diplomate / sportif / avocat.
我是工人/农民/职员/公务员/商人/教师/医生/护士/厨师/空姐/司机/工程师/会计/售货员/秘书/建筑师/演员/作家/画家/歌唱家/记者/邮递员/外交官/运动员 /律师。

Vous travaillez ? Vous travaillez dans quoi ? 您工作吗？您做什么工作？

Quelles sont vos fonctions ? 您担任什么职务？

Je suis directeur de la société. 我是公司经理。

Ma fille est dans l'enseignement /dans les assurances.
我女儿在教育部门/保险公司工作。

Mon fils travaille comme maître d'hôtel dans un restaurant.
我儿子是一家饭店的领班。

Il aime son métier ? 他喜欢他的工作吗？

Bien sûr, il aime beaucoup son travail. Il est déjà devenu directeur du département commercial. 当然，他非常喜欢他的工作，他已经是商业部门的经理。

Je m'occupe de la promotion des nouveaux produits. 我负责新产品营销。

Mes parents sont en retraite. Ils reçoivent une pension.
我父母已经退休，他们有退休金。

Leçon 22

> Mon vieux, que deviens-tu ? 老兄（弟），你现在干什么？
> Je suis conducteur de poids lourd. 我是卡车司机。
> C'est un bon métier ? 这是一个好职业吗？
> Je gagne bien, mais je roule nuit et jour. C'est fatigant et sale.
> 赚得倒不少，可是白天黑夜都要开车，很累，而且很脏。
>
> Il n'est point de sot métier. 职业不分贵贱。（谚语）
> Chacun son métier, les vaches seront bien gardées. 各司其职，万事顺畅。（谚语）

MOTS ET EXPRESSIONS

1. la plupart *n. f.* 大多数，大部分

la plupart de + nom

En France, la plupart des magasins sont fermés le dimache.
星期天法国大部分商店不开门。
A cause du brouillard, la plupart des avions ne décollent pas à l'heure.
因为有雾，大部分航班都不能准时起飞。
La plupart des matchs de football ont lieu le samedi.
大部分足球比赛都在星期六举行。
La plupart des livres que j'ai achetés hier sont des romans.
我昨天买的大部分书是小说。
La plupart des voitures que nous voyons ont été fabriquées en Chine.
我们看到的大部分汽车都是中国制造的。
On trouve la plupart des grands journaux internationaux dans les hôtels de luxe.
大部分国际性的报纸在高级酒店里都有。

2. plusieurs *a. indéf. pl.* et *pron indéf. pl.* 几个，好几个

[*a.*] Mireille Mathieu a chanté plusieurs chansons chinoises.
米海伊·马蒂约唱了好几首中国歌曲。
Ça fait plusieurs mois que je n'ai pas de nouvelle de Robert.
已经好几个月没有罗贝尔的消息了。
Le directeur lit plusieurs journaux par jour. 司长每天要看好几份报纸。
Je rentre au village natal plusieurs fois par an. 我每年要回家乡好几次。
Le journaliste américain a posé plusieurs questions à propos des relations américano-chinoises. 美国记者就中美关系提了好几个问题。

[*pron.*] **plusieurs de** 几个，好几个

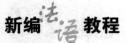

Plusieurs d'entre eux sont Allemands. 他们中好几个人是德国人。
Plusieurs d'entre nous ont déjà été en France. 我们中好几个人以前去过法国。
— Alors, tu as choisi ton costume ? 那么，你选好西装了吗？
— Non, pas encore. Il y en a plusieurs qui me plaisent. 还没有，有好几件我都喜欢。

3. choisir *v. t.*

(sujet qn) choisir qn, qch 选择，挑选
On a choisi un bon avocat. 我们选择了一个好律师。
A leur place, je n'aurais jamais choisi ces gens-là pour faire ce travail.
要是我呀，我才不会挑选这些人做这项工作呢。
Elle a choisi trois paires de chaussettes 100 % coton. 她挑了三双纯棉袜子。
Je suis en train de choisir des cartes postales pour mon professeur.
我正在给老师挑选几张明信片。
Vous choisissez des vêtements pour enfants ? 您是在挑选儿童服装吗？
La date du mariage a été choisie? 结婚日期定了没有？
— Qu'est-ce que vous avez choisi comme entrée ? 头道菜您选了什么？
— Nous n'avons pas encore choisi. 我们还没有选好。
— Qu'est-ce que vous avez choisi comme discipline ? 你报考什么志愿？
— J'ai choisi la Faculté de la Langue et Littérature chinoise de l'Université de Pékin.
我报考北京大学中文系。
Mesdames et Messieurs, venez, regardez et choisissez !
女士们，先生们！快来瞧一瞧，看一看，快来选购呀！

choisir de + inf. 选定，决定
Ce sont eux qui ont choisi de partir un dimanche. 是他们要星期天走的。
— Quel métier avez-vous choisi ? 您选择了什么职业？
— J'ai choisi d'être guide. 当导游。
Après de longues réflexions , j'ai choisi d'aller travailler à l'Ouest du pays.
经过长时间的考虑后，我选择到中国西部去工作。

GRAMMAIRE

I. 条件式现在时 (Le conditionnel présent)
条件式现在时表示在一定条件下可能发生的动作。
1. 构成：
条件式现在时由动词简单将来时的词根分别加上下列词尾构成：-ais, ais, -ait,

Leçon 22

-ions, -iez, -aient。

条件式现在时的词尾与直陈式未完成过去时的词尾相同，没有例外。

aimer	finir	dire
j'aimerais	je finirais	je dirais
tu aimerais	tu finirais	tu dirais
il aimerait	il finirait	il dirait
elle aimerait	elle finirait	elle dirait
nous aimerions	Nous finirions	nous dirions
vous aimeriez	Vous finiriez	vous diriez
ils aimeraient	Ils finiraient	ils diraient
elles aimeraient	elles finiraient	elles diraient

avoir	être	aller
j'aurais	je serais	j'irais
tu aurais	tu serais	tu irais
il aurait	il serait	il irait
elle aurait	elle serait	elle irait
nous aurions	nous serions	nous irions
vous auriez	vous seriez	vous iriez
ils auraient	ils seraient	ils iraient
elles auraient	elles seraient	elles iraient

2. 用法：

(1) 用在独立句中，表达委婉的愿望、请求、建议或推测。

Je voudrais vous demander un service. 我想请您帮个忙。

Il voudrais parler au directeur. 他想跟主任谈谈。

Pourriez-vous m'indiquer le service des renseignements ? 请问问讯处在哪儿？

Pourriez-vous me faire de la monnaie ? 您能给我换点零钱吗？

Auriez-vous un mouchoir en papier ? 您有纸巾吗？

Tu devrais voir le médecin. 你应当去看医生。

La conférence aurait lieu en octobre à Beijing. 大会可能于10月在北京举行。

Elle n'a pas bonne mine, serait-elle malade ? 她脸色不好，是不是病了？

(2) 常用于复合句的主句中，从句用 si 引导，动词用直陈式未完成过去时。表示与目前事实相反的情况。

S'il n'était pas malade, il serait là. 假如他不生病的话，他早来了。

S'il ne pleuvait pas, je partirais. 如果（现在）天不下雨，我就走了。
Si j'avais de l'argent, j'achèterais une Mercedes.
假如我真的有钱，我会买一辆奔驰。

● 表示将来也许能实现的动作。
S'il faisait beau demain, nous irions à la Grande Muraille.
假如明天天气好，我们去长城。

● 一般来说，条件式现在时所表示的动作实现的可能性虽然有，但不大。如动作实现的可能性较大，主句则用直陈式简单将来时，从句 si 后用直陈式现在时。
S'il vient, je lui parlerai. 假如他来，我要跟他谈谈。
Si je mange trop, je grossirai. 如果吃得太多，我会发胖的。

II. 过去将来时 (Le futur dans le passé)

1. 构成：

过去将来时的构成方法与条件式现在时相同，即由动词的直陈式简单将来时词根分别加上下列词尾构成：-ais, -ais, -ait, ions, iez, aient。

parler	finir	pouvoir
(je parlerai)	(je finirai)	(je pourrai)
je parlerais	je finirais	je pourrais
tu parlerais	tu finirais	tu pourrais
il parlerait	il finirait	il pourrait
elle parlerait	elle finirait	elle pourrait
nous parlerions	nous finirions	nous pourrions
vous parleriez	vous finiriez	vous pourriez
ils parleraient	ils finiraient	ils pourraient
elles parleraient	elles finiraient	elles pourraient

avoir	être
(j'aurai)	(je serai)
j'aurais	je serais
tu aurais	tu serais
il aurait	il serait
elle aurait	elle serait

nous aur**ions**	nous ser**ions**
vous aur**iez**	vous ser**iez**
ils aur**aient**	ils ser**aient**
elles aur**aient**	elles ser**aient**

2. 用法:

　　过去将来时表示过去某一时间或过去某一动作之前将要发生的事情，多用于宾语从句中，主句中动词的时态一般用过去时。请比较:

Mon mari me dit qu'il ne rentrera pas dîner ce soir.
我丈夫对我说，他今晚不回来吃晚饭。
Mon mari m'a dit qu'il ne rentrerait pas dîner ce soir.
我丈夫跟我说了，他今晚不回来吃晚饭。
La météorlogie prévoit que l'orage éclatera dans la soirée.
气象预报报今晚将有雷阵雨。
La météorlogie a prévu que l'orage éclaterait dans la soirée.
气象预报今晚有雷阵雨。

EXERCICES

1. Répondez aux questions sur le texte.
   1. Quelle question le journaliste a-t-il posée au balayeur ?
   2. Pourquoi le balayeur a-t-il choisi ce métier ?
   3. Est-ce qu'il aurait pu faire autre chose ?
   4. Quels gens le balayeur rencontre-t-il ?
   5. Qu'est-ce qu'il répond quand on lui demande ce qu'il fait dans la vie ?
   6. Comment les gens réagissent-ils ?
   7. Est-ce que le balayeur aime son travail ?
   8. Que pensez-vous de son travail ? Est-ce que c'est un bon travailleur ?

2. Transformez les phrases comme dans l'exemple.
   ✦ Maman, je veux un gâteau. → Maman, je voudrais un gâteau.
   1. Nous <u>souhaitons</u> connaître le prix d'un billet Paris-Beijing.
   2. Bonjour, Madame, je <u>veux</u> deux kilos de pomme de terre, s'il vous plaît.
   3. <u>As</u>-tu un dictionnaire français-chinois ?
   4. <u>Pouvez</u>-vous me dire où sont les toilettes ?
   5. Vous <u>pouvez</u> me passer le sucre, s'il vous plaît ?

6. Prends-tu un café avec moi ?
7. Peux-tu me laisser les clés chez la concierge ?
8. Je veux savoir quelle est la date limite des inscriptions universitaires.
9. Nous aimons vous recevoir chez nous pendant les vacances.
10. Voulez-vous nous accompagner à la gare jeudi prochain ?
11. Tu peux m'aider à déménager samedi ?
12. Savez-vous qui a pris le dictionnaire ?

3 Ecrivez les verbes entre parenthèses au conditionnel présent.

1. (pouvoir) _____ -vous m'aider ?
2. (connaître) _____ -tu un bon restaurant chinois à Paris ?
3. (aimer) _____ -vous visiter Hangzhou ?
4. (savoir) _____ -vous me dire où est la place d'Italie ?
5. On (préférer) _____ partir avant midi.
6. Cela me (intéresser) _____ beaucoup d'aller dans la province du Yunnan.
7. Vous (préférer) _____ visiter une centrale nucléaire ou un château ?
8. Est-ce que vous (pouvoir) _____ éteindre votre cigarette, s'il vous plaît ?
9. (vouloir) _____ -vous que je vous appelle un taxi ?
10. Pardon, Madame, vous (ne pas avoir) _____ un peu de temps pour répondre à une question ?
11. (pouvoir) _____ -vous essayer d'arriver à l'heure la prochaine fois ?
12. Vous (ne pas pouvoir) _____ faire attention ?

4 Complétez les phrases suivantes (l'hypothèse réalisable avec *si*).

✦ (prendre / arriver) Si vous prenez le métro, vous arriverez à l'heure.
1. (apprendre / suivre) Tu _____ à conduire si tu _____ des cours réguliérement.
2. (repeindre / avoir) Les peintres _____ la grille s'ils _____ le temps.
3. (passer / faire) On _____ le week-end à Bruxelles s'il _____ beau.
4. (être / louer) Si le loyer n'_____ pas trop élevé, nous _____ cet appartement.
5. (acheter / avoir) J'_____ le journal ce soir si tu n'_____ pas le programme des spectacles.
6. (être / sortir) Si vous _____ libre ce soir, on _____ voir un film.
7. (connaître /rendre visite) Si on _____ l'adresse de Didier, on lui _____ demain.
8. (neiger / aller) S'il _____ la semaine prochaine, mes sœurs _____ faire du ski.
9. (rentrer / appeler) Si Jean ne _____ pas trop tard, il vous _____.
10. (jouer / permettre) Il _____ au tennis si le temps le _____.

Leçon 22

5 Mettez les verbes entre parenthèses au conditionnel présent.
Les informations non vérifiées ; opinion de la rue
1. Le ministre de la Défense (être) _____ gravement malade.
2. Les ministres de l'agriculture européens (se rencontrer) _____ à Strasbourg le mois prochain.
3. Aux Etats-Unis, il y (avoir) _____ des élections législatives avant la fin de l'année.
4. A Bagdad, attentat de bombe : il y (avoir) _____ plus de 40 victimes.
5. On (devoir) _____ interdire aux jeunes de faire de la moto !
6. On ne (devoir) _____ pas laisser les chiens salir les rues !
7. On (pouvoir) _____ créer plus de jardins publics !
8. A ma place, j'(acheter) _____ une voiture japonaise, c'est moins chère !

6 Choisissez l'un des deux verbes et mettez-le à la forme qui convient. Terminez les phrases en utilisant les verbes suivants.
1. — (partir / retourner) Il paraît que Paul _____ pour les Etats-Unis le mois prochain ?
   — (envoyer / renvoyer) Oui, c'est le patron qui le _____ là-bas.
2. (réveiller / se réveiller) Alain est rentré sans nous _____.
3. (avoir / prendre) Je suis venu pour _____ une discussion avec vous.
4. (prendre / partir) Elle a envie de _____ des vacances en juillet.
5. (brûler / faire) Ma mère est en train de _____ la cuisine.
6. (aller / marcher) Ne pas _____ sur les pelouses !
7. (parler / comprendre) Cet article n'est pas facile à _____.
8. (vendre / acheter) Oscar vient de _____ une nouvelle cravate.
9. (ouvrir / fermer) N'oubliez pas de _____ la porte derrière vous.
10. (payer / nettoyer) Nous devons _____ ces vêtements sales.

7 Imitez le modèle suivant (futur dans le passé).
✦ Elle dit qu'elle t'aimera toujours.→ Elle a dit qu'elle t'aimerait toujours.
1. Tu dis que tu n'iras plus dans ce restaurant.
2. Je suis certain qu'il réussira.
3. Je dis qu'il fera beau demain.
4. Je pense que ce projet est tout à fait réalisable.
5. Il est évident qu'ils divorceront.
6. Mes parents me disent qu'ils achèteront une maison à la campagne.
7. Je vous promets que je viendrai sûrement participer à la réunion.
8. Ils croient que je ne comprendrai jamais rien.

8 Complétez les phrases en utilisant autre précédé de l'article ou de la préposition qui convient.

1. Aujourd'hui, je ne me sens pas bien, on ira au Palais d'été _____ jour.
2. Donnez-moi _____ stylo, celui-là ne marche pas.
3. —J'ai perdu mes clés. Comment faire ?
   —Essayez d'entrer par la fenêtre, je ne vois pas _____ moyens.
4. _____ jour, j'étais à la pharmacie et j'ai vu un ami d'enfance.
5. Ne t'occupe pas de ce que disent _____, fais ce que tu penses être bien.
6. Vous n'êtes pas libre cet après-midi ? Alors, venez _____ fois.
7. Tu as bien mangé ? Tu ne veux pas _____ chose ?
8. Est-ce que vous avez _____ maisons à nous proposer ?

9 Complétez les phrases suivantes par des mots et expressions du texte.

– Je _____ vous poser une question ?
+ _____ -la, s'il vous plaît.
– Pourquoi avez-vous _____ d'être balayeur ?
+ J'aime bien _____ dehors, _____ ce qui se passe autour de moi. Et puis, il n'y a aucune formation pour _____ balayeur, on _____ balayer avant de commencer ; j' _____ aussi rencontrer des gens...
– Qu'est-ce que vous lui dites quand on vous _____ ce que vous faites ?
+ Je _____ la vérité, rien que la vérité, c'est-à-dire, je suis balayeur.
– Vous _____ satisfait de votre travail ?
+ Oui, je _____ très content de mon travail qui me _____ de vivre, de _____ à ce que j'aime.

10 Thème.

1. 因为下雨，大部分比赛都取消了。
2. 玛格丽特·杜拉斯的好几部小说都已译成了中文。
3. 导演正在为拍摄电影《红楼梦》挑选演员。
4. 这位外国游客刚到，他需要一张中国地图。
5. 教练已经宣布刘翔将不参加这次比赛。
6. 他们当时认为将需要两年才能建成"鸟巢"。
7. 假如有人建议您去国外工作，您会接受吗？
8. 孩子们喜欢在户外玩耍。
9. 我有点冷，您能不能把窗户关上？
10. 我从来没见过您的女朋友玛丽，我很想认识认识。

Leçon 22

11 Lecture.

En Normandie

Si vous aviez l'occasion d'aller en France, je vous proposerais d'aller visiter la Normandie ; vous pourriez vous promener dans une campagne calme, mais où l'agriculture est très développée : vous y trouveriez presque toutes les cultures : blé, maïs, fourrage..., mais vous vous rendriez compte que c'est le pommier qui est le roi du paysage, cet arbre, vous le verriez partout, le long des routes, au bord des rivières, dans les vergers et dans les jardins.

Si vous aviez le temps de parcourir la région, vous remarqueriez aussi l'abondance des cultures maraîchères aux abords des villes : pommes de terre, navets, petits pois, épinards, tous ces légumes poussent très bien dans cette terre.

Si vous vouliez séjourner en Normandie, vous aimeriez peut-être vous installer dans un village, vous auriez alors le choix entre un village au bord de la mer et un village en pleine campagne, vous y loueriez une chambre dans une vieille maison, vous mangeriez du fromage, vous boiriez du cidre et vous seriez alors très heureux.

12 Dictée.

LEÇON 23

Une émission sur la qualité de la vie

A : J'ai un article sur le réchauffement planétaire, un article assez intéressant. Je voulais[1] vous demander si on ne pourrait pas faire quelque chose pour l'émission sur la qualité de la vie...

B : A toi de décider.[2] Mais n'oublie pas que l'émission passe à 19 heures et que notre public est un public jeune et que le sujet me semble trop technique.

A : Justement... Les jeunes s'intéressent beaucoup à ces questions. Depuis ces dernières années[3], les inondations, tempêtes, ouragans, cyclones, tsunamis se multiplient. Les jeunes sont curieux d'en connaître la cause. Hier, mon fils et ma fille m'ont dit qu'ils voulaient savoir comment serait leur avenir.

C : Non seulement les jeunes, mais aussi les adultes s'y sont intéressés. Moi, je suis un peu inquiet pour l'avenir. Je pense que les développements technologiques ne nous apportent qu'une illusion de confort. Mais est-ce que la qualité de la vie sera meilleure ? Est-ce que les grands problèmes seront résolus ? J'en doute. Je crois qu'il y aura de plus en plus de chômage.

D : Je pense que beaucoup de choses seront plus faciles dans 20 ans. Par exemple, avec le développement des communications et des télécommunications, on aura moins besoin de se déplacer et on pourra gagner beaucoup plus de temps. Au lieu de passer des heures dans les embouteillages, on circulera sur les autoroutes de l'information ! J'espère qu'on diminuera le temps de travail et qu'on aura plus de loisirs.

E : J'ai étudié la biologie. C'est un domaine qui progresse énormément. J'espère qu'on saura bientôt soigner les grandes maladies comme le sida, le cancer. Je crois qu'on vivra dans un monde plus propre et qu'on respirera un air plus pur ! Je suis plutôt optimiste.

Leçon 23

A: Daniel, tu peux me rendre un petit service ? Tu vas faire une photocopie, d'accord ?
B: Oui, bien sûr, mais lequel de ces deux articles dois-je photocopier ?
A: Celui-ci. Fais-moi, s'il te plaît, une dizaine d'exemplaires de ce document, je vais le relire[4] et on en discutera encore une fois ensemble.

VOCABULAIRE

la qualité de (la) vie 生活质量
article *n. m.* 文章；条文；冠词
sur *prép.* 关于
réchauffement *n. m.* 重新变暖，回暖
planétaire *a.* 行星的，全球的
si *adv. interr.* 是否
à *prép.* （表示归属）属于
public *n. m* 公众，民众，大众
sembler *v. i.* 好像，似乎，看起来
technique *a.* 技术的，技巧的
   n. f. 技术；技巧；工艺
jeune *a. et n.* 年轻的；青年人
intéresser (s') *v. pr.* 关心，对……感兴趣
inondation *n. f.* 水灾
tempête *n. f.* 风暴，暴风雨
ouragan *n. m.* 飓风，暴风雨
cyclone *n. m.* 旋风，飓风，龙卷风
tsunami *n. m.* （日）（太平洋）海啸
multiplier *v. t.* 增多，增加
   multiplier (se) *v. pr.* 增多，增加
cause *n. m.* 起因，原因
avenir *n. m.* 将来，未来，前途
non seulement... mais aussi *loc. conj.* 不仅……而且
intéressé, -e *a.* 有关的；当事的；对……感兴趣
inquiet, -ète *a.* 担心的，不安的
développement *n. m.* 摊开；发展
technologique *a.* 工艺学的，科技的
illusion *n. f* 幻觉，错觉
confort *n. m* 舒适，安逸

faux, -sse *a.* 假的，虚假的
prospérité *n. f.* 繁荣，兴旺发达
résolu, -e *a.* 果断的，坚决的
douter *v. t. dir.* et *v. t. ind.* 怀疑，不相信
de plus en plus de *loc. adv.* 越来越(多)，日益
chômage *n. m.* 失业
beaucoup de *loc. adv.* 很多，许多
facile *a.* 容易的；易懂的；随和的
exemple *n. m.* 榜样，典范
   par exemple *loc. adv* 例如，比如
télécommunication *n. f.* 电信
déplacer (se) *v. pr.* 移动，挪动，走动
gagner *v. t.* 赢，赢得；挣（钱）
au lieu de *loc. prép.* 不……而……
embouteillage *n. m.* 装瓶；拥堵，堵塞
circuler *v. i.* 循环，流动；往来，通行
autoroute *n. f.* 高速公路
   autoroute de l'information 信息高速公路
diminuer *v. t.* et *v. i.* 减少，缩小，降低
loisir *n. m.* 空闲时间，闲暇；*pl.* 消遣，休闲时的活动
biologie *n. f.* 生物学
domaine *n. m.* 领域，范围
progresser *v. i.* 前进，推进；进步，进展
soigner *v. t.* 照料，照顾；治疗
maladie *n. f.* 疾病
sida (syndrome immunodéficitaire acquis的缩写) *n. m.* 艾滋病
cancer *n. m.* 巨蟹（星）座；癌症
vivre *v. t.* et *v. i* 度过，经历；生活，生存
propre *a.* 自身的，自己的；干净整洁的

respirer *v. t. et v. i.* 吸（气）；呼吸
air *n. m.* 空气
pur, -e *a.* 纯净的，洁净的
plutôt *adv.* 宁可，与其……倒不如
optimiste *a. et n.* 乐观的；乐观者
photocopie *n. f.* 照相复制，复印件，影印
rendre *v. t.* 还，归还，退还

rendre un service *loc. verb.* 帮某人忙
photocopier *v. t.* 照相复制，影印，复印
dizaine *n. f.* 十，十来个
document *n. m.* 资料，文件
relire *v. t.* 再读，重读；审校
discuter *v. t. et v. i.* 讨论

中文译文

生活质量栏目

A：这儿有一篇关于全球变暖的文章，挺有意思，我想问问你们，是不是可以拍摄一些有关生活质量的节目。

B：这由你来定夺，不过别忘了，这个节目是19点播出，我们的观众是青少年，我觉得主题太专业了一点。

A：是比较专业……不过青少年对这些问题也很感兴趣。这几年来，水灾、暴风雨、风暴、飓风、海啸接连不断，青少年很想知道其中的原因。昨天，我儿子和我女儿对我讲，他们很想知道他们未来的前途。

C：不但青少年，而且成年人对这类问题也感兴趣，就说我吧，我对未来就有点担心。我认为，科技的发展只给我们带来舒适的幻影。生活质量将会提高吗？一些重大问题将会解决吗？我表示怀疑。我认为，今后将有越来越多的人失业。

D：我觉得20年后，很多事情做起来更容易，比如说，随着电信、通讯的发展，人们出行的次数会减少，我们会有更多自由支配的时间，我们不会因为路上拥堵而耽误很多功夫，我们可以行驶在信息高速路上！我希望减少工作时数，有更多的时间去从事娱乐活动。

E：我是学生物的，生物学这个领域在飞速发展，但愿人类能很快医治艾滋病和癌症等重大疑难病。我认为，人类将生活在一个更加洁净的世界，将呼吸到更加纯洁的空气！我是乐天派。

A：达尼埃尔，你帮我一个忙，去复印一下资料，好不好？

B：行，当然可以，不过我应当复印两篇文章中的那一篇？

A：这一篇，把这份资料复印十来份，我再看看，然后我们在一起再讨论一次。

NOTES

1. Je voulais... 这里的 voulais 是动词 vouloir 的未完成过去时，这种用法常见于

Leçon 23

口语中，代替现在时，使语气变得更加婉转，多用于 avoir, venir, vouloir 等动词，后接一个主要动词。

Je voulais vous demander si vous viendrez participer à notre séminaire.
我想问问您是否来参加我们的研讨会。

J'avais encore quelque chose à vous demander. 我还有一些事想问您。

2. A toi de décider. 省文句，完整的句子应该是 C'est à toi de décider.
   c'est à qn de + inf. 应该由某人做某事

3. Depuis ces dernières années, ... dernier, ère, 形容词，"最后的，最近的；最新的。"
   les derniers jours du septembre 9月的最后几天，au dernier moment 最后一刻，l'année dernière 去年，la nouvelle de la dernière heure 最新消息。

4. Je vais le relire... 动词加前缀 re-, ré-, r-, 表示动作重复，意思是"再"、"重新"。

   lire 读 → relire 再读   faire 做 → refaire 再做
   commencer 开始 → recommencer 重新开始   dire 说 → redire 再说

Phrases et expressions utiles   常用表达法

Les médias en France et en Chine   法国/中国大众传媒

La radio, la télévision et la presse constituent les médias.
大众传媒是指广播、电视和报刊。
A.F.P. (Agence France Presse) 法新社
L'auditeur/le lecteur 听众/读者
La presse : les journaux/le journal (le quotidien)/le journal du soir ; les périodiques : la revue/le magazine (la revue illustrée).
报纸：报纸/日报/晚报；期刊：杂志/画报。
Le Monde/Le Figaro/France-Soir/Libération
《世界报》/《费加罗报》/《法兰西晚报》/《解放报》
Le Nouvel Observateur/Le Point/La Vie/L'Express
《新观察家》/《观点》/《生活》/《快报》
Agence Xinhua (Agence Chine Nouvelle) 新华社
Renmin Ribao (le *Quotidien du Peuple*) 《人民日报》
Beijing Information 《北京周报》
Votre article est publié à la une ! 您的文章刊登在头版!
Les informations/le journal télévisé/une nouvelle/des faits divers/les petites annonces

新闻/电视新闻/消息/社会新闻/小广告
Quoi de nouveau dans le journal d'aujourd'hui ? 今天报纸上有什么新消息？
Rien de nouveau. 什么新消息也没有。
Je me suis abonné au *Journal des Jeunes de Beijing*. 我订了《北京青年报》。
Vous avez entendu la nouvelle ? Toute la presse en parle.
您听到这条消息了吗？所有的报刊都在谈论这条消息。
L'attaché de presse/le porte-parole a répondu aux questions des journalistes.
新闻专员/发言人回答了记者的提问。

MOTS ET EXPRESSIONS

1. **décider de + inf.** *v. t. ind.*   决定，决定做……

Ils ont décidé de créer un restaurant chinois dans le Quartier latin.
他们决定在拉丁区开一家中国餐馆。
Les Daudet ont décidé de prendre leurs vacances en aôut. 都德一家决定在八月份度假。
Il décide d'apprendre le français au lieu de l'allemand. 他决定学法文，不学德文。
Le gouvernement a décidé d'augmenter le salaire des ouvriers.
政府决定增加工人的工资。
La municipalité de Beijing a décidé de construire un nouvel aéroport.
北京市政府决定建一个新机场。
Pourquoi l'instituteur a-t-il décidé d'aller voir le père de Nathalie ?
小学老师为什么决定去见纳塔利的家长？
En 1981, le président de la République Française a décidé de transformer le Louvre.
1981年，法兰西共和国总统决定改建卢浮宫。

2. **intéresser** *v. t.*

(sujet qch) **intéresser qn**   使……感兴趣；引起注意
La conférence intéresse tout le monde. 大家对报告会很感兴趣。
Est-ce que ce contrat les intéresse ? 这份合同他们感兴趣吗？
Le téléfilm *Pélerinage à l'Ouest* intéresse non seulement les enfants mais aussi les adultes.
电视剧《西游记》不但孩子们喜欢看，大人们也感兴趣。
Ce séminaire ne nous intéresse pas du tout. 这个研讨会我们一点儿也不感兴趣。
Le dialogue comique intéresse non seulemnt les citadins, mais aussi les paysans.
不但城里人喜欢相声，农民也喜欢。

Leçon 23

L'informatique, ça ne m'intéresse pas du tout. 信息技术这东西，我一点儿都不感兴趣。

(sujet qn) **s'intéresser à qn, qch**　　*v. pr.*　　对……感兴趣

Tu t'intéresses à cette fille maintenant ? 你现在对这个姑娘感兴趣啦？
Vous savez que je m'intéressent particulièrement au théâtre.
你们知道我对戏剧特别感兴趣。
Beaucoup de jeunes s'intéressent aux films policiers. 很多青少年喜欢侦探片。
Mon père s'intéresse au Journal télévisé. 我父亲对新闻联播感兴趣。
Pas mal de diplomates étrangers à Beijing s'intéressent à la calligraphie chinoise.
不少在京的外交官对中国书法感兴趣。
Nous nous intéressons aux problèmes sociaux. 我们对社会问题很感兴趣。
On se demande à quoi tu t'intéresses ! Tu n'aimes ni le sport, ni la musique, ni le cinéma.
你不喜欢体育，不喜欢音乐，也不喜欢电影，我真不知道你对什么感兴趣。
Ça m'intéresse. 这我感兴趣。

3. **non seulement... mais aussi (encore) ...**　　*loc. conj.*　　不但……而且……

Elle est non seulement mariée, mais aussi mère de deux enfants.
她不仅已经结婚，而且已是两个孩子的妈妈。
Il est fort non seulement en français, mais aussi en chinois. 他不但法文好，中文也好。
Je ne suis pas allé voir le spectacle, non seulement je n'avais pas le temps, mais aussi le programme ne me plaisait pas.
我没去看演出，一是我没时间，二是节目我也不喜欢。
Les raviolis de ce restaurant sont non seulement chers, mais aussi mauvais.
这家饭店的饺子不但贵，而且也不好吃。
Le sketch est une nouvelle forme de spectacle. Les acteurs doivent non seulement savoir parler, mais aussi jouer la comédie.
小品是一种新的演出形式，演员不但要会说，还要会演。

4. **beaucoup de (+ n.)**　　*loc. adv.*　　很多，许多

Beaucoup de Français mangent du pain à tous les repas, mais en petite quantité.
很多法国人每顿都吃面包，但量很少。
Le père Vincent élève beaucoup de moutons. 樊尚老爹养了很多羊。
C'est grâce à vous que j'ai fait beaucoup de progrès dans mes études.
多亏了您，我的学习才有了很大进步。
Beaucoup d'habitants innocents de ce quartier ont été tués en mai 1938 par les soldats japonais.
1938年5月，这个区里很多无辜的居民惨遭日本鬼子杀害。

Pendant la réception, beaucoup d'amis sont venus le saluer.
招待会上，很多朋友过来和他打招呼。
Quand on habite à la campagne, il y a beaucoup d'avantages, mais aussi des inconvénients.
住在乡下有很多好处，但也有诸多不便。

beaucoup *n.* 许多人，许多东西，许多事情
Il a invité cent personnes, mais je pense que beaucoup ne viendront pas.
他邀请了一百位客人，但是我认为很多人不会来。
Beaucoup sont sensibles à cette augmenation du prix. 很多人对这次提价很敏感。
Beaucoup ne sont pas d'accord avec eux. 很多人和他们的意见不一致。
Nous avons beaucoup à apprendre. 我们有很多东西要学习。

5. sembler *v. i.*

(sujet qn, qch) **sembler + adj.** 好像，似乎，看样子
Elle semble très fatiguée / triste / heureuse / mécontente.
她好像很疲倦/伤心/幸福/不高兴。
C'est drôle, quand j'ai rencontré M.Dupont chez vous, il semblait tout à fait surpris de me voir.
很怪，我在你们家见到杜邦先生时，他好像用十分惊奇的眼光看着我。
Je suis retourné au petit restaurant de la rue de la Paix, mais la nourriture m'a semblé moins bonne que la dernière fois.
和平街的小饭馆我又去了一次，但是我觉得饭菜没上次好。
Ce melon semble mûr. 这个甜瓜好像熟了。

Il (me, te, etc.) semble que + ind. ou il (me, te, etc.) semble + inf.
在某人看来，好像，觉得，认为
Il me semble qu'elle a grossi ces dernières années. 我觉得她这几年发福了。
Il me semble que M.Martin a déménagé. 我认为马丁先生已经搬家了。
Il me semble que c'est Marie qui a offert ces raisins. 这些葡萄好像是玛丽送的。
Il semble qu'il va neiger. 好像快要下雪了。
— Il m'a semblé voir M. Song dans la rue. 我好像在街上看到宋先生了。
— Mais non, ça ne peut pas être lui, il est en mission à l'étranger en ce moment.
不对，不可能是他，他目前在国外出差。

Il ne (me, te, etc) semble pas que + subj.
Il ne me semble pas que Paul puisse partir avant le 10 novembre.
我并不认为保尔11月10号之前能走得了。

Leçon 23

Il ne nous semble pas qu'il puisse trouver un bon travail d'ici quelques mois.
我们并不认为他能在几个月之内找到好工作。

GRAMMAIRE

I. 直陈式愈过去时 (Le plus-que-parfait)

1. 构成：

助动词 avoir 或 être 的未完成过去时 + 动词的过去分词 = 愈过去时

parler	aller	se lever
j'avais parlé	j'étais allé(e)	je m'étais levé(e)
tu avais parlé	tu étais allé(e)	tu t'était levé(e)
il avait parlé	il était allé	il s'était levé
elle avait parlé	elle était allée	elle s'était levée
nous avions parlé	nous étions allés(es)	nous nous étions levé(e)s
vous aviez parlé	vous étiez allés(e)(s)(es)	vous vous étiez levé(e)(s)(es)
ils avaient parlé	ils étaient allés	ils s'étaient levés
elles avaient parlé	elles étaient allées	elles s'étaient levées

2. 用法

(1) 与复合过去时或未完成过去时配合使用，表示在另一动作之前已经发生或完成的动作。

Quand je suis arrivé, elle était déjà partie. 我到达时，她早就走了。
Il m'a montré les photos qu'il avait prises l'année dernière en Afrique.
他让我看他去年在非洲拍摄的照片。
Elle s'était déjà endormie quand nous sommes montés la voir.
我们上楼去看望她的时候，她已经睡着了。
Marie Curie a eu le prix Nobel de physique en 1903. Elle avait consacré cinq ans à cette recherche.
玛丽·居里1903年荣获诺贝尔物理奖，此前她在这方面从事过5年的研究。
Quand Pierre Curie a rencontré Marie, elle n'avait pas encore fait sa thèse.
当皮埃尔·居里遇见玛丽的时候，她还没有作论文。

(2) 用于 si 引导的条件从句，或以 si 引导的感叹句中，表示过去没有实现而事后设想的动作。详见第29课条件式过去时。

Si vous étiez venu hier, vous l'auriez rencontrée.

假如您昨天来的话，您就会见到她了。
Ah, si tu avais suivi mes conseils ! 你要是早听我的忠告就好了！

Ⅱ．直接引语和间接引语 (Le discours direct et le discours indirect)

1. 直接引语

   引用他人原话，称为直接引语。

   Elle dit :« Il fait beau aujourd'hui. » 她说："今天天气很好。"
   Elle me demande :« Où est le directeur ? » 她问我："主任在哪儿？"

2. 间接引语

   以转述的方式间接转达他人的话，叫作间接引语。

   Elle dit qu'il fait beau aujourd'hui. 她说今天天气很好。

3. 直接引语变为间接引语的几种情况：

(1) 直接引语如果是陈述句，变为间接引语时用连词 que 引导。

   Elle dit :« Le professeur est Français. » → Elle dit que le professeur est Français.
   她说："老师是法国人。"→ 她说老师是法国人。

(2) 如果直接引语是以 oui, non 回答的一般疑问句，变为间接引语时，用连词 si 引导。

   Anne demande : « Est-ce que Paul est malade ? »→ Anne demande si Paul est malade.
   安娜问："保尔是否病了？"→ 安娜问保尔是否病了。

(3) 如果直接引语是特殊疑问句，变为间接引语时，仍由原来的疑问词引导。

   Je lui demande : « Quand partirez-vous ? »→ Je lui demande quand il (elle) partira.
   我问他（她）："您什么时候出发？"→ 我问他（她）什么时候出发。

   Il me demande : « Qui êtes-vous ? »→ Il me demande qui je suis.
   他问我："您是谁？"→ 他问我是谁。

   Je lui demande : « Où allez-vous ? »→ Je lui demande où il (elle) va.
   我问他（她）："您到哪儿去？"→ 我问他（她）去哪儿。

   Je lui demande : « Comment partirez-vous ? »→ Je lui demande comment il (elle) partira.
   我问他（她）："您怎么走？"→ 我问他（她）怎么走。

   Je lui demande : « Combien de jours resterez-vous à Shanghai ? » → Je lui demande combien de jours il (elle) restera à Shanghai.
   我问他（她）："您将在上海待多少天？"→ 我问他（她）将在上海待多少天。

   Je lui demande : « Pourquoi voulez-vous partir »→ Je lui demande pourquoi il (elle)

veut partir.

我问他（她）："您为什么要走？"→ 我问他（她）为什么要走。

Il me demande : « Quelle est votre profession ? »→ Il me demande quelle est ma profession.

他问我："您从事何种职业？"→ 他问我从事何种职业。

Il me demande : «A qui dois-je m'adresser ? » → Il me demande à qui il doit s'adresser.

他问我："我应当找谁呀？" → 他问我应当找谁。

(4) 如果直接引语是用疑问词 que 或 qu'est-ce que 提问的疑问句，变为间接引语时用 ce que 引导。

Il me demande : « Que faites-vous ? » → Il me demande ce que je fais.

他问我："您在干什么？" → 他问我在干什么。

(5) 如果直接引语是用 qu'est-ce qui 提问的疑问句，变为间接引语时用 ce qui 引导。

Il me demande : « Qu'est-ce qui vous intéresse ? » → Il me demande ce qui m'intéresse.

他问我："什么东西使您感兴趣？" → 他问我什么东西使我感兴趣。

间接问句的主谓语不倒装，但如果疑问形容词在间接引语中作表语，其名词主语要置于动词后面。

Il me demande quels sont mes loisirs. 他问我有哪些业余爱好。

4. 直接引语变为间接引语时应注意以下几种情况：

(1) 人称的变化

Paul me demande : « Pourquoi n'as-tu pas répondu à ma question ? »

→ Paul me demande pourquoi je n'ai pas répondu à sa question.

保尔问我："你为什么没有回答我的问题？"

→ 保尔问我为什么没有回答他的问题。

(2) 时态的配合

如果主句动词用现在时，间接引语的时态与直接引语的时态相同。

Elle dit : « Je suis heureuse. » 她说："我很幸福。"

Elle dit qu'elle est heureuse. 她说她很幸福。

如果主句动词用过去时，直接引语变成间接引语时，其时态应作如下变动：

直接引语　　　　　　　　　　　　间接引语

le présent 现在时　→　l'imparfait 未完成过去时

le passé composé 复合过去时 →le plus-que-parfait 愈过去时

le futur proche 最近将来时　→　 aller (未完成过去时) + infinitif 过去最近将来时

le passé récent 最近过去时 → venir (未完成过去时) + de +infinitf过去最近过去时

le futur simple 简单将来时 → le futur dans le passé 过去将来时

le futur antérieur 先将来时 → le futur antérieur dans le passé 过去先将来时

le plus-que-parfait 愈过去时 → le plus-que-parfait 愈过去时

Il m'a demandé : « vous faites du sport tous les jours ? »

→ Il m'a demandé si je faisais du sport tous les jours.

他问我："您是不是每天都锻炼？"→ 他问我是不是每天都锻炼。

Il m'a demandé : « Où avez-vous acheté ce chapeau » ?

→ Il m'a demandé où j'avais acheté ce chapeau.

他问我："这顶帽子您是在哪儿买的？"

→ 他问我这顶帽子是在哪儿买的。

Il m'a dit : « J'irai travailler en Afrique.» → Il m'a dit qu'il irait travailler en Afrique.

他对我说："我将去非洲工作。" → 他对我说他将去非洲工作。

5. 时间副词的变化

Il a dit : «Je partirai demain. » → Il a dit qu'il partirait le lendemain.

他说："我明天走。"他说他第二天走。

这类时间副词有：

直接引语	间接引语
maintenant, en ce moment 现在，此刻 →	alors, à ce moment-là 那时，当时
aujourd'hui 今天 →	le jour même , ce jour-là 当天，那一天
ce matin 今天上午 →	ce matin-là 那一天上午
ce soir 今晚 →	ce soir-là 那一天晚上
cette année 今年 →	cette année-là 那年
hier 昨天 →	la veille 前一天
demain 明天 →	le lendemain 第二天
après-demain 后天 →	dans deux jours 两天后
il y a deux semaines 两周前 →	deux semaines plutôt / avant（过去）两周前
dans dix jours 10天后 →	dix jours après（过去）10天后
le mois prochain 下月 →	le mois suivant 下一个月
le mois dernier 上个月 →	le mois précédent 前一个月

EXERCICES

1 Répondez aux questions sur le texte.

1. Quel est le sujet de cet article ?

Leçon 23

2. Est-ce que les jeunes s'intéressent à ce genre de sujets ?
3. Est-ce que les calamités naturelles augmentent depuis ces dernières années ?
4. Est-ce que les adultes s'intéressent aussi à ce genre de sujets ?
5. Les développements technologiques ne nous ont apporté que l'illusion de confort. C'est vrai ou faux ?
6. Quels sont les grands problèmes actuels ?
7. Est-ce que la vie sera meilleure ?
8. Est-ce qu'on a obtenu de grands progrès dans le domaine de la biologie depuis ces dernières années ?

2 Remplacez le discours direct par le discours indirect.

1. Catherine me dit : « Je me sens un peu souffrante.»
2. Paul me dit :« J'ai fait un voyage en Chine.»
3. Caroline m'a dit : «Je suis allée en Afrique avec ma cousine le mois dernier.»
4. La secrétaire m'a demandé : « Est-ce que vous avez fait l'inscription ? »
5. Elle me demande : « Pourquoi voulez-vous partir si tôt ? »
6. Philippe me demande : « Qui t'accompagnera à l'aéroport ? »
7. Alice m'a demandé : « Qu'est-ce que tu feras demain ? »
8. Elle nous a demandé : « Qu'est-ce qui s'est passé hier ? »
9. Le professeur nous demande : «Est-ce que vous endendez bien ? »
10. Ma mère me demande : « Combien de temps tu resteras à Paris ? »
11. Mon père entre dans ma chambre et me demande : « Qu'est-ce que tu fais ? »
12. Le médecin demande au malade : « Quel âge avez-vous ? »
13. Ma sœur m'a demandé : « Où iras-tu ensuite ? »
14. Il me demande : « Qui est-ce qui est venu ? »
15. Mon voisin me demande : « Tu parles avec qui? »

3 Trouvez les questions.

✦ *Aimez-vous le français* ? → Il demande si vous aimez le français.

1. _____ ? Elle vous demande si vous aimez Manet.
2. _____ ? Il me demande quelle est ma profession.
3. _____ ? Je lui demande ce qu'il fera ce soir.
4. _____ ? Il nous demande si nous voulons du café.
5. _____ ? Elle me demande où je travaille.
6. _____ ? Il me demande qui je suis.
7. _____ ? Il lui demande ce qu'elle fait.
8. _____ ? Elle nous demande si nous pouvons la remercier.

9. _____ ? Le professeur nous demande si nous comprenons.
10. _____ ? Elle demande si on a fait la réservation.

4 Complétez avec les verbes de la liste.

| décider | intéresser | s'intéresser | connaître |
| être | demander | répondre | sembler |

1. J'ai _____ d'arrêter de fumer.
2. Je vous _____ d'être à l'heure.
3. Vous avez _____ de me voir ?
4. Vous cherchez une voiture d'occasion ? _____ à Paul. Je crois qu'il veut vendre sa voiture.
5. _____ -lui quand il va terminer les travaux.
6. Il a _____ : " Mais je ne suis pas coupable. "
7. Le directeur est désagréable. Isabelle a _____ de quitter cette entreprise.
8. C'est une découverte qui _____ tous les archéologues.
9. Nous sommes curieux d'en _____ la cause.
10. Il nous _____ que le projet est tout a fait réalisable.
11. C'est à vous de _____, mais n'oubliez pas que le dimanche 7 septembre, c'est un jour férié.
12. Nous _____ un peu inquiets pour l'avenir.
13. Les étudiants _____ aux problèmes sociaux.
14. Ce tailleur m'_____.
15. Je peux vous _____ un petit service ?

5 Complétez les phrases suivantes avec *de, que(qu'), si(s'), ce qui, ce que(qu'), qui, quel*.

✦ Dites-moi **ce que** vous avez vu.

1. Dites-moi _____ tu en penses.
2. Personne ne sait _____ Gérard Dupuis est coupable ou non.
3. Racontez-nous _____ est arrivé hier.
4. Pouvez-vous me dire _____ a téléphoné pendant mon absence ?
5. Les Français disent rarement _____ ils gagnent chaque mois.
6. Nous ne comprenons pas _____ vous dites.
7. Nous ne savons pas _____ jour ils sont partis.
8. Je lui ai dit _____ elle avait raison .
9. Nous lui avons dit _____ participer à la réunion.
10. Le médecin vous a dit _____ rester au lit.

Leçon 23

6 Complétez en utilisant le plus-que-parfait.
1. Quand Serge est arrivé, les invités _____ déjà _____ . (partir)
2. Quand je suis arrivé, ils _____ déjà _____ leur repas. (finir)
3. Il m'a demandé si nous _____ de bonnes vacances. (passer)
4. Il m' a expliqué pourquoi il n' _____ pas _____ venir. (pouvoir)
5. J'_____ de faire un grand voyage en mer. Alors j'ai vendu ma villa avant d'acheter un bateau. (décider)
6. je n' _____ pas _____ que je devrais le faire moi-même. (comprendre)

7 Mettez les verbes au plus-que-parfait.
1. Je ne pouvais pas dormir parce que je (boire) _____ trop de café.
2. Quand il est sorti de la douche, elle (préparer) _____ le petit déjeuner.
3. Quand je suis rentré, ma femme (faire) _____ les courses.
4. Le petit garçon pleurait parce qu'il (casser) _____ le vase.
5. Stéphanie était contente parce qu'elle (gagner) _____ un million d'euros à la loterie.
6. Quand elle est rentrée à la maison, elle a vu que le chien (manger) _____ toutes les saucisses.
7. Alain était fatigué parce qu'il (travailler) _____ trop la veille.
8. Ma fille a raté son examen, pourtant elle (réviser) _____ ses leçons.
9. Je suis passé à la patisserie pour chercher le gâteau que je (commander) _____ .
10. Lorsque je suis arrivé, elle était en train de lire le roman que je lui (offrir) _____ pour son anniversaire.

8 Ecrivez les verbes entre parenthèses au plus-que-parfait.
1. Mon père (mettre) _____ son chapeau pour sortir.
2. Vous (rencontrer) _____ déjà _____ cette femme avant que je vous la présente.
3. Quand je suis arrivé chez moi, je me suis rendu compte que j'(oublier) _____ mes clés au bureau.
4. Vous (ne pas dire) _____ qu'on partait le 30 novembre.
5. Ils nous (prévenir) _____ longtemps leur arrivée à Beijing.
6. J'(envoyer) _____ déjà _____ la lettre quand elle m'a téléphoné.
7. Les voleurs (partir) _____ avant l'arrivée de la police.
8. Quand je suis arrivé, elle (partir) _____ .
9. Je suis retourné au magasin pour acheter le joli meuble que je (voir) _____ mais quelqu'un le (acheter) _____ .
10. Vous n'avez pas apporté le dossier que nous vous (envoyer) _____ ?

9 Thème.

1. 中国学生在法国老师那儿学会了很多法国歌曲。
2. 父亲问我现在正在干什么。
3. 滑雪？我可一点不感兴趣，我不想把腿摔断了。
4. 我们已经决定移居魁北克，所以我们要把房子卖掉。
5. 后天有飓风，你知道吗？
6. 他问我为什么没有参加昨天的会。
7. 这位法国医生对中国文化很感兴趣，买了很多关于中国绘画方面的书。
8. 都德的儿子不但数学好，而且文学也好。
9. 徐先生写信告诉他父母，他刚拿到了在美国的居住证。
10. 她问我的旗袍是在哪儿买的。

10 Lecture.

1. La télévision et la presse

Avant la télévision, c'était le journal qui racontait l'événement. C'était lui qui donnait connaissance au lecteur de tout ce qui arrivait dans la vie nationale et internationale. Avant la télévision, on achetait un journal pour "savoir".

Maintenant ce rôle d'informateur appartient à l'image électronique. Le téléspectateur voit sur le petit écran la vie du monde, et parfois au moment où elle se produit. Donc, le téléspectateur sait déjà, avant la parution du journal, tout ce qui se passe. Par conséquent, il n'achètera un journal que si celui-ci lui donne la possibilité de savoir davantage, et surtout de comprendre l'événement, de l'analyser, de prévoir ses développements, de saisir son importance.

Bref, le journal ne doit plus apprendre ce qui est, mais l'expliquer, le commenter.

2. Saint-Pétersbourg

En octobre 1991, Léningrade a été rebaptisée Saint-Pétersbourg. Cette ville avait été reconstruite pierre par pierre au lendemain de la Seconde Guerre mondiale car elle avait été terriblement endommagée par les bombardements. Elle avait tenu, 900 jours durant, un siège effroyable. Au XVIIIe siècle, Voltaire avait surnommé Saint-Pétersbourg « la Venise du Nord ». En effet, la plupart de ses palais avaient été construits vers 1740 par des architectes italiens, mais aussi français, sur une lacune. Dès 1712, le tsar Pierre le Grand y avait transféré de Moscou les institutions gouvernementales.

11 Dictée.

LEÇON 24

 Texte

La vie urbaine

Aujourd'hui, la majorité des Français habitent en ville. L'urbanisation a des avantages, mais aussi des inconvénients. Voici les opinions des citadins interrogés.

Mathieu (*20 ans, étudiant en médecine, Lyon*) : Je suis un vrai citadin. Pour moi, Lyon est la plus belle ville du monde. On est né ici, on vit ici... Quand on habite à Lyon, on n'a pas besoin de voyager. Pour rêver, il suffit d'aller à l'opéra, au théâtre, au concert, de visiter les musées qui sont nombreux. On trouve de tout[1] à Lyon. Je ne pourrais pas vivre ailleurs[2], surtout pas à la campagne.

Lambert (*35 ans, directeur commercial, Strasbourg*) : Je suis originaire d'une petite ville, je vis à Strasbourg depuis cinq ans. J'habite dans un quartier ancien, calme et très agréable. J'ai un travail qui me plaît et des responsabilités que je n'avais pas avant. Je gagne bien ma vie et j'ai beaucoup d'amis. Vraiment je suis content de ma situation actuelle et je ne voudrais pas habiter ailleurs.

Martin (*40 ans, technicien, Paris*) : J'habite dans le centre de Paris, mais je travaille en banlieue. Le matin, je quitte mon appartement à 6 heures et demie pour prendre le métro[3]. Le soir, je ne rentre jamais chez moi avant huit heures. Je dîne, je regarde la télé pendant une demi-heure[4] et je vais au lit. Chaque jour est pareil : métro, boulot, dodo[5]. Les jours de repos, on s'enferme. Ce n'est pas une vie ! Les cinémas, les musées, les concerts, ça c'est pour les gens qui ont plus de temps. Et puis, lisez le journal ou écoutez les nouvelles ! Tout le temps on parle de la criminalité, la pollution, le bruit, les embouteillages!... Les rues sont sales, les gens sont pressés, indifférents, même désagréables...

Clémentine (*50 ans, femme au foyer, Lyon*) : Pour moi, Lyon est une ville un peu trop grande. J'ai habité pendant 30 ans dans une petite ville du Midi[6]. Ici, il y a au moins un million d'habitants dans toute l'agglomération. Alors les contacts ne sont pas faciles. A mon avis, les gens sont un peu froids. Vous voyez, j'habite dans un immeuble moderne et confortable, j'ai des centaines de voisins, mais je ne connais personne et personne ne me connaît. Et pourtant je vis ici depuis quatre ans. Dans les grandes villes, un grand problème, c'est la solitude...

Antoinette (*65 ans, retraitée, Lille*) : Ah ! Moi, comme je voudrais vivre à la campagne. Loin de la ville bruyante, le matin je me lèverais tranquillement. J'irais alors faire mes courses[7] sans être pressée ni bousculée. Je finirais mon petit ménage lentement. Mon mari et moi, nous déjeunerions ensemble, les fenêtres ouvertes[8], et nous entendrions le chant des oiseaux. Ce serait merveilleux ! Mais hélas, nous n'avons pas assez d'argent pour acheter une maison de campagne !

VOCABULAIRE

majorité *n. f.* 大多数，大部分
urbanisation *n. f.* 城市化
opinion *n. f.* 意见，看法
citadin, -e *a. et n.* 城市的；城里人
interrogé, -e *a.* 受到审问的，受到讯问的
Lyon *n.pr.* 里昂
vrai, -e *a.* 真的，确实的
né, -e *a.* 出生的
naître *v. i.* 出生
concert *n. m.* 音乐会
nombreux, -se *a.* 许多，为数众多的
surtout *adv.* 尤其，特别
Strasbourg *n.pr.* 斯特拉斯堡
originaire *a.* 原产于……的；出生于……的
responsabilité *n. f.* 责任；职责，职务
que *pron. rel.* (代替人或物)
situation *n. f.* 处境，状况；形势
actuel, -le *a.* 当前的，目前的
ingénieur *n. m.* 工程师
banlieue *n. f.* 郊区，市郊
métro *n. m.* 地铁
 prendre le métro 乘地铁

lit *n. m.* 床
 aller au lit *loc. verb.* 就寝，上床睡觉
pareil, -le *a.* 相同的，同样的
boulot *n. m.* （俗）活计，工作
dodo *n. m.* （儿）睡眠
cinéma *n. m.* 电影；电影院
criminalité *n. m.* 犯罪行为
pressé, -e *a.* 急匆匆的，匆忙的
indifférent, -e *a.* 冷漠的，无动于衷的
désagréable *a.* 令人不愉快的
foyer *n. m.* 火炉；家，家庭
 femme au foyer 家庭主妇
Midi *n. m.* 法国南方
au moins *loc. adv.* 至少，起码
agglomération *n. f.* 城市及其郊区总称，全市
contact *n. m.* 接触，来往，联系
immeuble *n. m.* 房屋，大楼
confortable *a.* 舒适的
voisin, -ne *a. et n.* 相邻的；邻居
pourtant *adv.* 然而，但是
solitude *n. f.* 孤独，寂寞
retraité, -e *a. et n.* 退休的；退休者

Leçon 24

Lille *n. pr.* 里尔
loin *adv.* 远
　loin de *loc. prép.* 远离，离……远；差得远
bruyant, -e *a.* 喧闹的，吵闹的
lever (se) *v. pr.* 起床；站起来
tranquillement *adv.* 平静地，安心地
courses *n. f. pl.* 购物
　faire des courses 购物
sans *prép.* 没有，无，不
sans... ni ... *loc. conj.* 既无……又无……，既不……又不……
bousculé, e *a.* 受到推撞的，受到挤压的
lentement *adv.* 慢慢地
mari *n. m.* 丈夫
fenêtre *n. f.* 窗户
chant *n. m.* 歌，歌曲
oiseau (*pl. ~x*) *n. m.* 鸟
merveilleux, -se *a.* 令人赞叹的，卓越的，出色的
hélas *interj.* 哎！唉！

中文译文

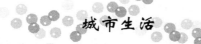

城市生活

　　今天，大部分法国人都居住在城市里，城市化有好处也有诸多不便。以下是受访的城里人的看法。

　　马蒂安（20岁，医学院学生，家住里昂）：我是真正的城里人。对于我来说，里昂是世界上最美的城市。我生于斯，长于斯。只要你住在里昂，你就哪儿都不用去了。你想幻想吗？那就去听歌剧，看戏，听音乐会，参观博物馆，这里有很多博物馆。在里昂什么都有。我没法在别处生活，尤其是农村。

　　朗贝尔（35岁，商业部门主任，家住斯特拉斯堡）：我原籍是个小城市，来斯特拉斯堡生活已经有5年了。我住在老城区，很安静，很惬意。我有一份喜欢的工作，现在又担任一定的职务，这种职务过去是没有的。我的生活很滋润，我有许多朋友，真的，我对现状非常满意，我不想去别的地方居住。

　　马丁（40岁，技术员，家住巴黎）：我住在巴黎市中心，工作呢，在郊区。早上我六点半离开家去乘地铁，我从来没有在晚上八点之前回到过家。一回来就吃晚饭，看半个小时电视，然后上床睡觉。每天的生活都是一样的：乘地铁、工作、睡觉。一到休息日，足不出户。这哪里是生活呀！那些电影院、博物馆、音乐厅，都是给有空闲的人开的。还有，请看看报纸，听听新闻！成天说的是犯罪、污染、噪音、塞车……街道很脏；人们都是行色匆匆的过客，那么冷漠，甚至令人讨厌……

　　克莱芒蒂纳（50岁，家庭主妇，家住里昂）：在我看来，里昂这个城市太大了。我以前在南方小城市里住了30年，而整个里昂起码有100万人，所以人与

人之间往来并不容易。还有，我认为城里人有点冷淡。我住在这个现代化的大楼里，非常舒适，邻居有好几百人，我一个也不认识，也没人认识我，可我在这里已经生活了4年了，大城市的一大问题就是孤独。

安托瓦内特（65岁，已退休，家住里尔）：啊！我呀！我多么想住到乡下去，远离喧闹的市区，早上我可以慢悠悠地起床，也不必急匆匆地去购物，购物时也没有人挤你；我可以慢悠悠地做家务；中午我和我丈夫一起吃午饭，窗户敞开着，可以听到小鸟儿歌唱。啊！多么美好的生活。唉！可是我们没有足够的钱买一幢乡下的房子。

NOTES

1. On trouve de tout à Lyon. 介词de + 直接宾语，表示事物的一部分。
   Tu as de ses nouvelles ? 你有他（她）的消息吗？
   Nous pouvons trouver de tout dans ce supermarché.
   我们在这家超市里什么东西都可以买到。

2. ailleurs adv. 在别处，在其他地方，往往置于句首或词末，前面可加partout或nulle part，可使意思更加明确。
   Si vous n'êtes pas bien ici, allez ailleurs.
   您要是在这儿觉得不舒服，那您就到别处去吧。
   Il pleuvra sur tout le Nord de la France , mais ailleurs, le soleil brillera.
   法国北部地区将有雨，其他地方晴天。

3. ... pour prendre le métro... 乘交通工具一般用动词 prendre。
   prendre le train / l'avion / le bateau / le car / l'autobus (bus) / le taxi
   乘火车/乘飞机/乘船/乘旅游大巴/乘公共汽车 / 乘出租
   但是如果强调使用何种方式旅行，则用：
   aller (voyager) en train / en avion / en bateau / en voiture / à bicyclette / à moto
   乘火车/乘飞机/乘船/乘汽车/骑自行车/骑摩托车旅行。

4. une demi-heure 半小时。(et) demi, 形容词（短语），"一半"，"半个"，置于名词前时，性、数不变；用在名词后，性要变，数不变。et demi只有性的变化，用于表示时间和度量衡单位的名词之后。
   une demi-pomme 半个苹果
   deux heures et demie 两点半
   trois jours et demi 3天半
   un mois et demi 一个半月
   Il est trois heures et demie. 现在是3点半。

Donnez-moi un kilo et demi de pommes de terre, s'il vous plaît. 请给我一公斤半的土豆。

L'enfant a six ans et demi. 孩子有6岁半了。

5. métro, boulot, dodo : le boulot, 俗语，工作；le dodo, 儿语，睡觉。乘地铁去上班，工作完了回家，吃完晚饭就睡觉，这是上班族的枯燥生活。

6. ... dans une petite ville du Midi. 名词 le Midi 大写，特指"法国南方"，在其他情况下，表示地理方向时，"南方"用 le Sud。

7. ... faire mes courses... 购物、买东西还可以说：faire des (ses) courses, faire le marché, faire des achats, faire du shopping，但是 faire de la course 是"跑步"的意思。

8. Mon mari et moi, nous déjeunerions ensemble, les fenêtres ouvertes, ... les fenêtres ouvertes 起状语作用，表示方式。

Elle est sortie du magasin les mains vides. 她空着手走出了商店。

Phrases et expressions utiles　　常用表达法

La ville　城市

A la banque 在银行

Je voudrais déposer / retirer de l'argent à la banque. 我想去银行存钱/取钱。

Je voudrais obtenir une carte de crédit. Quelles formalités faut-il remplir / accomplir ? 我想办一张信用卡，请问需要办理什么手续？

Où est-ce que je peux changer des devises ? 请问在哪儿可以换外汇？

Combien voulez-vous changer ? 您要换多少钱？

Quel est le taux de change pour le dollar américain (la livre sterling) aujourd'hui ? 今天美元(英镑)的汇率是多少？

Le taux est de 8,28 RMB pour un dollar. 一美元换8.28人民币。

Je veux changer 2 000 dollars. 我想换两千美元。

Donnez-moi des billets de dix yuans, s'il vous plaît. 请给我10元面值的纸币。

Réserver une chambre 预订房间

Je voudrais réserver une chambre standard. 我想订一个标准间。

Quel est le prix d'une chambre simple pour une nuit ? 单人间每晚多少钱？

Combien de temps envisagez-vous de rester ? 您打算住多长时间？

Je resterai du 20 au 30 août. 我8月20号到30号住在这儿。

Nous avons des chambres de 50 à 100 dollars. 我们房间有50美元的，也有100美元的。

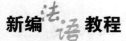

Bien, je vais prendre une chambre à 100 dollars. 好，我订100美元一间的吧。

Les transports urbains 城市交通
Allô, S. N. C. F., réservation T.G.V., je vous écoute.
喂，这里是法国国营铁路公司高速列车订票处，请讲。
Bonjour, Monsieur, je voudrais réserver une place dans le T.G.V. pour Lyon, cet après-midi à 14h 15. 您好，先生，我要一张今天下午两点一刻去里昂的高速列车票。
Bonjour, Mademoiselle. Je voudrais deux places pour Beijing, pour demain matin sur le vol de 8h 40. 您好，小姐，我要两张明天早上8点40分去北京的飞机票。
Je voudrais deux places en classe affaires sur le vol AF 345, demain le 17 avril...
我要两张法航345航班明天4月17号商务舱票。
Le vol AF 345 est complet, je regrette. Qu'est-ce que je fais ? Je vous mets en liste d'attente ou j'essaye sur le vol suivant, à 12h 25 ?
很抱歉，法航345航班已经客满，那怎么办呢？把您列入候机名单还是改乘下一班12点25的飞机？
Je voudrais réserver deux places en première classe, Beijing-Paris, pour le 15 septembre. 我要9月15日北京到巴黎的头等舱机票两张。
Aller simple ou aller-retour ? 单程还是往返？
Pardon, Monsieur, nous voulons aller à la place d'Italie. Où pouvons-nous prendre le bus ? 对不起先生，我们想去意大利广场，在什么地方乘公共汽车？
Taxi ! Emmenez-moi à la Gare de l'Est, s'il vous plaît.
喂，出租车！劳驾把我送到火车东站。
Prenez le métro ! C'est moins fatigant et plus pratique. 请乘地铁，这样方便也不累。

MOTS ET EXPRESSIONS

1. depuis *prép.* （表示时间）自……以来，从……起
Elle est malade depuis une semaine. 她病了有一个星期了。
Ils sont à Paris depuis deux jours seulement. 他们来巴黎刚刚两天。
Jacques habite ici depuis 2002. 雅克自2002年就住在这里。
J'apprends le français depuis six mois. 我学习法文有半年了。
Depuis combien de temps travaillez-vous ici ? 您在这儿工作多长时间了？
Depuis quand êtes-vous à l'université ? 您什么时候进校的？
Nous ne nous sommes pas vus depuis deux ans au moins.
我们至少已经有两年没见面了。
On ne te voit plus depuis ton mariage. 自从你结婚以后就再也见不到你了。

Depuis 1978, la Chine a obtenu de grands succès dans le domaine économique.
自1978年以来，中国在经济领域取得了巨大的成就。

2. être originaire de / être d'origine de + nom de pays ou de région
原籍，原产于……的，出生于……的（+国家或地区名）
Je suis originaire d'une petite ville. 我原籍是一个小城市。
— Quelle est votre nationalité ? 请问您的国籍？
— Je suis Chinois. Je suis d'origine chinoise. 我是中国人，中国国籍。
— Vous êtes de quelle nationalité ? 请问您的国籍？
— Je suis Chinois. Je suis de nationalité chinoise. 我是中国人，中国籍。
— Vous êtes de quelle région ? Vous êtes de Beijing ? 您是哪儿人？是北京人吗？
— Non, je ne suis pas Pékinois, je suis du Jiangsu. Je suis du Sud de la Chine.
不，我不是北京人，我是江苏的，南方人。
Jacqueline Kennedy raconte sa vie au général de Gaulle :
杰奎琳·肯尼迪向戴高乐将军讲述她的家史：
— Vous savez, Général, que ma famille est d'origine française...
将军，您知道吗？我家祖上是法国人。
— Eh bien, la mienne aussi ! 戴家乐军回答："好啊，我家也是。"

3. suffire v. i.
(sujet qn, qch, ça) suffire (à qn) [à, pour + inf.]   满足；足够，够了
Ses amis lui suffisent, il n'a pas besoin de connaître d'autres gens.
他的朋友够多了，不需要再结识别的人。
Une bouteille de bière ne suffit pas pour quatre personnes.
一瓶啤酒四个人喝，不够。
Un poulet rôti suffit pour six personnes. 一只烤鸡六个人吃足够了。
Une couverture ne me suffit pas. Pourriez-vous m'en donner une autre, s'il vous plaît ?
盖一条被子我不够，您能不能再给我一条？
Il ne fait pas froid aujourd'hui, un pull suffit. 今天不冷，穿一件毛衣就够了。
Tous ces plats ne suffisent-ils pas encore ? 这么多菜还不够吗？
Cette somme me suffira largement pour deux ans. 这笔钱供我两年用完全够了。
Deux écoles primaires suffisent pour ce quartier. 在这个区里有两所小学足够了。
Quinze jours nous suffisent pour accomplir cette tâche.
我们完成这项任务半个月时间足够了。
— Vous voulez encore un peu de poulet ? 再来一点儿鸡好吗？
— Non merci, ça me suffit. 不要了，谢谢，够了。

il suffit de + inf. 只需做……就够了
Il suffit d'avoir un balai pour balayer. 只要有把笤帚就可以扫地了。
Quand vous voulez venir, il suffit de me téléphoner.
您想来的话，只要给我打个电话就行。
Il suffit de donner un coup de téléphone pour faire venir le médecin.
只要给医生打个电话他就来。
Il suffit d'appuyer sur ce petit bouton pour se renseigner.
只要按一下这小小的按钮，就可以得到消息了。

4. **sans** *prép.* 没有，无，不

sans + nom ou **pron.**
Sans télévision, la vie moderne est impensable. 现代生活没有电视简直无法想象。
Pourquoi es-tu allé au cinéma sans moi ? 你为什么不叫我和你一起去看电影？
Sans vous, je n'aurais pu réussir. 因为有了您，我才取得了成功。
Sans ce défaut, il serait un excellent homme.
如果没有这个缺点，他就是个很优秀的人了。
C'est un livre sans illustration. 这本图书没有插图。
Il n'y a pas de règle sans exception. 没有无例外的规则。

sans + inf. 没有做某事
Elle est partie sans dire un mot. 她不打一声招呼就走了。
Il est entré sans frapper à la porte. 他不敲门就进来了。
Nous avons surmonté toutes les difficultés sans demander l'aide des autres.
我们没有求人也克服了所有的困难。
Mais je ne peux pas partir sans avoir fini cette lettre de remerciements.
可是我不把这封感谢信写完不能走。

GRAMMAIRE

I. 关系代词 qui (Le pronom relatif *qui*)

关系代词 qui 引出关系从句，关系从句一般起形容词的作用，修饰或限定先行词。
用法：

1. 关系代词 qui 在从句中作主语，代替人或物，从句动词的人称、性和数须与关系代词的先行词一致。

   Vous connaissez l'homme qui porte des lunettes ? 您认识戴眼镜的那位男子吗？
   La jeune fille qui est assise sur le banc s'appelle Chen Hong.
   坐在长凳上的那位姑娘叫陈红。

Leçon 24

Les livres qui sont sur la table sont à moi. 桌子上放着的那些书是我的。
J'ai un ami qui est interprète de français. 我有一个朋友是法文翻译。

● 关系从句可分为限定性从句和非限定性从句，在限定性从句中（如以上例句），关系代词通常紧跟先行词；非限定性从句对主语起解释和说明的作用，往往和主语之间用逗号分开。

M. Durant, qui a fait le tour du monde, a pris des photos de tous les pays.
杜朗先生周游世界各地，拍摄了世界各国的照片。（非限定性从句）

2) 关系代词 qui 在从句中作间接宾语或状语，由介词引导，其先行词一般只指人。

M. Durant à qui je m'adresse est un homme honnête.
我在跟杜朗先生说话，他是个诚实的人。
L'enfant avec qui je joue est mon neveu. 跟我玩的那个孩子是我侄子。

II. 关系代词 que (Le ponom relatif *que*)

和关系代词 qui 一样，关系代词 que 用来代替紧跟在前面的代词或名词，引出一个解释和限定先行词的形容词性从句。

用法：

关系代词 que 在关系从句中作直接宾语，可以代替人或物。如从句的动词是以 avoir 为助动词的复合时态，过去分词的性、数须与前面的直接宾语，即关系代词先行词的性、数一致。

Le livre que je suis en train de lire est très intéressant.
我正在读的那本书非常有趣。
Les Martin sont de très bons amis que nous connaissons depuis dix ans.
马丁一家人是我们的好朋友，我们认识他们有十年了。
Voici la lettre que je viens de recevoir. 这封信我刚收到。
Voici la lettre que j'ai reçue hier. 这封信我是昨天收到的。
Je vous présente M. Renoir que vous vouliez connaître depuis longtemps.
我把雷诺阿先生介绍给您，很久以来您一直想认识他。
Les jupes qu'elle a achetées sont à la mode. 她买的那几条裙子很时尚。

III. ce qui, ce que 的用法

关系代词 qui, que 可以和指示代词 ce 一起使用，ce 是 qui 或 que 的先行词，指事物，可以是主语、直接宾语和间接宾语。

Ce que tu viens de dire est important. 你刚才说的非常重要。
Réfléchissez bien à ce que vous allez faire. 您要好好想想您要做的事。
Prenez ce que vous voulez！您要什么就拿什么！

Vous savez ce qui lui est arrivé ? 您知道他（她）发生了什么事？
Ce qui me plaît dans ce spectacle, ce sont les beaux costumes.
这出戏使我喜欢的，是华丽的戏服。

IV. 泛指人称代词 on (Le pronom personnel indéfini *on*)

on 是泛指人称代词，意思是"人"，"有人"，"人们"，"别人"，"人家"，只作主语用，动词用第三人称单数，表语用阳性单数。

用法：

1. 指一个或数个身份不明的人，某人，代替 quelqu'un, les gens, chacun 或 tout le monde。

   Tu n'as rien entendu ? Je crois qu'on a frappé à la porte.
   你什么也没听见吗？我觉得有人敲门了。
   En Chine, on ne mange pas avec des fourchettes. 中国人吃饭不用叉子。
   Autrefois, on circulait à cheval dans cette région. 以前这个地区人们都是骑马往来。

2. 指任何人，所有人。

   Si on ne travaille pas, on ne réussira pas l'examen.
   如果不努力学习，考试就不会成功。
   On est fatigué du long discours du politicien. 大家对这个政客冗长的讲话感到厌倦。

3. 在口语中经常使用，代替人称代词 je（我）或 nous（我们），此时动词仍用单数，但是作表语的形容词和过去分词可用单数或复数。

   On est né ici, on vit ici. 我生于斯，长于斯。
   —Tu veux aller au cinéma ce soir ? 今天晚上你想去看电影吗？
   —Non, on est fatigué. 不去，我累了。
   On est bientôt en vacances. Qu'est-ce qu'on va faire ?
   我们快要放假了，放假后干什么好呢？
   Nous, on en est très content(s). 我们嘛，我们很满意。
   Nous autres les artistes, on ne peux pas toujours faire ce qu'on veut.
   我们这些搞艺术的，并不总是在做我们想做的事。
   On devrait se dépêcher. 我们得抓紧点儿。
   On y va ? 我们走吗？

Leçon 24

EXERCICES

1 Répondez aux questions sur le texte.
1. Mathieu aime-t-il Lyon ? Pourquoi ?
2. Pourquoi Lambert ne veut-il pas habiter ailleurs ?
3. La vie de Martin est-elle monotone ?
4. Quelle est la profession de Clémentine ?
5. Comment trouve-t-elle Lyon ?
6. Antoinette travaille encore ? Quel est son souhait ?

2 Réunissez les deux phrases par le pronom relatif *qui*.
1. Les gens (ils fument) dérangent les autres.
2. La fille (elle sourit) est ma fille.
3. Le garçon (il pleure) a mal au ventre.
4. Les voitures (elles circulent) polluent l'atmosphère.
5. L'acteur (il est sur la scène) joue très bien.

3 Réunissez les deux phrases par le pronom relatif *que*.
a.
1. Les fleurs _____ (vous les avez achetées) sont des roses.
2. Est-ce que la lettre _____ (tu es en train d'écrire) est pour tes parents ?
3. La femme _____ (nous venons de rencontrer) est la directrice du théâtre.
4. Le livre _____ (je le lis maintenant) est un roman de Flaubert.
5. Les papiers _____ (je les ai oubliés dans le bus) sont très importants.

b.
1. Félix ne rend jamais les livres. On lui prête ces livres.
2. Beijing est une belle ville. J'aime beaucoup cette ville.
3. Shanghai est la plus grande ville de Chine. Je ne connais pas encore très bien cette ville.
4. Nous avons eu enfin la réponse. Nous attendions cette réponse depuis plusieurs mois.
5. Le porte-parole ne répond pas aux questions. On lui pose ces questions.

4 Mettez *qui* ou *que*.
1. C'est une femme _____ est sympathique.
2. C'est un savant _____ j'admire.
3. Où est le cadeau _____ était ici ?
4. Où est le cadeau _____ j'ai mis ici ?

5. La montre _____ je lui ai offerte est chère.
6. Les photos _____ nous avons prises à Paris sont très bonnes.
7. Ce sont des gens bizarres _____ je n'ai jamais vus.
8. Il me donne des cerises _____ sont délicieuses.
9. Je conduis une voiture _____ n'est pas à moi.
10. Il y a quelqu'un _____ sonne à la porte.

5 Complétez avec *ce, ce qui, ce que, ceci, cela*.
1. Ecoutez bien _____ je vais vous dire.
2. Nous ne savons pas _____ lui plaît.
3. On n'entend pas bien _____ vous dites.
4. Vraiment je ne comprends pas _____ se passe.
5. Elle ignore _____ son fils veut.
6. Ces tableaux sont _____ je préfère.
7. Je ne sais pas _____ est arrivé.
8. Mon grand-père ne se souvient pas de _____ j'ai dit.
9. Dites-moi _____ s'est passé là-bas.
10. Je lui demande _____ il va faire demain.
11. Ce bâtiment, est-ce que _____ est une école ?
12. Je n'aime pas _____, donnez-moi _____.
13. Ceci est à moi. _____ est à vous ?
14. Voilà _____ il a demandé.
15. Je ne sais pas _____ il pense.

6 Reliez les deux phrases par le pronom relatif, *où, qui*, ou *que*.
1. Nous avons visité un village. Ce village a beaucoup changé depuis ces dernières années.
2. Marie m'a offert un livre. Ce livre contient un tas de renseignements utiles pour moi.
3. Un homme vous a téléphoné. Hier, nous avons rencontré cet homme à l'entrée de l'université.
4. Tu connais le facteur. Le facteur est très gentil et il parle à tout le monde.
5. Elle est en train de lire le roman. Ce roman est long et il n'est pas facile.
6. Regardez ce garçon, il porte un tee-shirt rouge et il joue au volley-ball.
7. Mon fils est professeur à l'Université des Postes et Télécommunications. Vous le connaissez peut-être.
8. L'avion a du retard. Nous devons prendre cet avion.
9. Ma sœur habite à Chengdu. Elle va se marier.

10. Pendant les vacances d'été, je vais aller à Nanning. Mes deux frères y habitent.
11. Hier, je suis allé à l'Université des Langues Etrangères. Ma mère y enseigne l'espagnol.
12. J'aime me reposer en Provence. Le climat est doux en Provence.

7 Complétez par *qui* ou *que*.

1. C'est un homme _____ travaille dans le cinéma.
2. J'ai trouvé le livre _____ tu cherchais.
3. Gérard Depardieu _____ a eu la Palme d'or est un grand acteur.
4. Avez-vous des amis _____ habitent à Berlin ?
5. Antoine _____ est invité à l'anniversaire de Marie cherche un cadeau pour elle.
6. La Suisse est un pays _____ a beaucoup de montagnes.
7. L'ascenseur _____ est au fond du couloir ne fonctionne pas.
8. Demain, nous aurons une réunion _____ durera longtemps.
9. J'aime les gens _____ savent s'amuser.
10. Les voisins _____ viennent de s'installer ont quatre enfants.
11. L'émission _____ ma mère préfère est *Le monde des animaux* de la CCTV.
12. Les prévisions météo _____ on a entendues ce matin sont bonnes.

8 Refaites les phrases suivantes avec le pronom personnel *on*.

1. Nous ne l'avons pas vu.
2. Nous devrions signaler l'accident à la police.
3. Si nous allions à la plage ?
4. Nous nous voyons tout le temps.
5. Je crois que nous nous sommes rencontrés avant.
6. Nous arrivons enfin !
7. Nous pourrons aller au cinéma si tu veux.
8. Nous nous amusons ici.
9. J'espère que nous pourrons trouver une belle maison.
10. Nous y allons ?

9 Thème.

1. 一个没有公园、没有树木和电影院的城市是难以想象的城市。
2. 你想学法文吗？只要报个名就行了。
3. 李先生是美籍华人，他生活在美国已经六十多年了。
4. 昨晚我们看了一场戏，我非常喜欢。
5. 我们在复旦大学见到的大部分大学生都能讲流利的英语。
6. 玛丽非常生气，她买的那幅画是赝品。

7. 您认识建筑大师贝聿铭吗？大卢浮宫计划是他设计的。
8. 请给我讲讲你昨天做的事情。
9. 我们总是做我们喜欢的事情。
10. 我把夏洛特介绍给您，上个月我和她一起去的中国。

10 Lecture.

Entrée à Paris

Il faisait très froid ; nous avancions sans parler. Peu à peu, nous nous approchions de Paris. Je la croyais belle, avec de grandes maisons, des gens bien habillés, et de l'or un peu partout. Un matin, Vitalis s'est arrêté au bord du chemin et m'a dit :

— Regarde ! Rémi, voilà Paris !

Devant moi, c'étaient des maisons noires et sales. Puis un moment après, le soleil a commencé à briller, et une grande lumière a éclairé toute la ville. Que Paris alors était beau !

Vitalis était très malade, il marchait très lentement. Enfin, nous avons trouvé un grand mur près d'un jardin, nous avons ramassé un peu de paille et nous nous sommes couchés dessus.

Lorsque je me suis réveillé, j'ai remarqué que j'étais couché dans un lit : un bon feu brûlait dans la cheminée. Alors, un homme en veste grise m'a raconté ce qui s'était passé :

Cette nuit, quand il avait ouvert la porte, il nous avait trouvés, Vitalis et moi, couchés par terre : Vitalis est mort et je respirais encore. Donc, il m'avait emmené dans la maison et couché dans le lit d'un de ses enfants.

L'homme en veste grise m'a invité à manger avec eux dans la cuisine, et puis il m'a demandé :

— Où vas-tu maintenant, mon garçon ?

— Jouer de la musique, gagner ma vie...

— Pourquoi ne pas rester avec nous ? Tu peux travailler, tu vas vivre avec nous, tu as une maison et une famille !

Que je suis content ! Une famille ! Et une maison ! Plus de nuits dehors ! Ne plus avoir faim, ni froid ! J'ai donc décidé de rester avec eux.

D'après Hector Malot, *Sans famille*

11 Dictée.

LEÇON 25

Texte

Conflits de génération

1

Robert : La semaine dernière mon fils avait déjà brisé mon vase chinois ! Tu sais, celui que j'avais acheté en Chine en 1990. Hier il a cassé ma statue favorite ! Et il n'a rien dit.

Bernard : Que voulez-vous ?[1] C'est la jeunesse. Les jeunes d'aujourd'hui sont égoïstes. Ils ne pensent qu'à eux. Votre fils a au moins 20 ans. Il n'a pas envie de partir ailleurs, à son âge ?

Robert : Moi, Je voudrais bien ![2] J'aurais bien envie qu'il prenne un studio. Vous savez, j'en ai marre ![3]

Bernard : Comment ça se passe entre vous ?

Robert : Tout va bien. Dans le fond, je trouve que c'est un garçon facile. On s'entend tous les deux.

Bernard : Oui, mais vous voulez qu'il aille habiter ailleurs !

Roberd : Il nous dérange beaucoup. Le mois dernier, ma femme et moi[4], étions absents pendant deux semaines. Lorsque nous sommes rentrés, nous avons vu que l'appartement était en désordre et cradingue ! Eric y avait fait la fête avec ses copains !

Bernard : C'est normal, « quand le chat n'est pas là, les souris dansent ! »

2

Daniel (*16 ans*) : Je suis en 4e.[5] Si mon carnet scolaire est mauvais, mon père me dira : « tu ne fais jamais rien, tu es nul[6]. Combien de fois je t'ai dit de bien étudier ? Puisque c'est comme ça, tu n'iras pas au ski en Suisse cet hiver ! » Mais si les résultats sont bons ou excellents, la famille entière se réjouit :

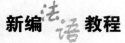

« dix-huit sur vingt[7] en maths, ça mérite une récompense ! Qu'est-ce que tu veux avoir comme cadeau ? »

Anne (*18 ans*): Je ne veux pas rester toujours en compagnie de mes « vieux »[8]. Je me sens mieux avec mon groupe d'âge. Mais dès que je rentre à la maison, ma mère me demande: « D'où viens-tu ? Qu'est-ce que tu as fait encore ? Où étais-tu passée ? je t'ai cherchée partout ! Allez, monte dans ta chambre ! »

André (*16 ans*): Lorsque j'ai besoin d'argent, mon père me dit immédiatement : « mais tu crois que nous sommes millionnaires ? Si tu as besoin d'argent, tu n'as qu'à gagner ta vie ! Moi, à ton âge, je gagnais déjà ma croûte...Quand on était jeune, il fallait qu'on fasse nos études en travaillant, on vendait des journaux ! Et avant ça, on avait fait la vaisselle dans un resto[9] ! » Je crois que les conflits de génération n'ont pas disparu. Margot, tu es d'accord avec moi ?

Margot (*19 ans*): C'est ton opinion, ce n'est pas la mienne. Moi, j'aime être chez mes parents. Mes parents sont des gens que j'admire beaucoup. On s'entend bien tous les trois. On est heureux à la maison. J'aime ma famille...

VOCABULAIRE

conflit *n. m.* 冲突
génération *n. f.* 世代，一代，一代人
casser *v. t.* 打碎，弄断
statue *n. f.* 雕像
briser *v. t.* 打碎，打破
égoïste *a.* 自私自利的
âge *n. m.* 年龄
marre *adv.* 腻了，厌烦了
  en avoir marre (de) *loc. verb.* 对……感到厌烦
fond *n. m.* 底，底部
  dans le fond *loc. adv.* 其实，实际上，归根结底
facile *a.* 容易的，简便的；随和的
entendre (s') *v. pr.* 互相了解，意见一致
  s'entendre avec *loc. verb.* 和某人融洽相处
lorsque *conj.* 当……时候；每当；在……情况下

désordre *n. m.* 混乱，杂乱无章
cradingue (crado, cradot) *a.* 很脏，肮脏的
fête *n. f.* 节，节日
chat, -te *n.* 猫
souris *n. f.* 小老鼠；鼠标
danser *v. i.* 跳舞
carnet *n. m.* 记事本，小本子
scolaire *a.* 学校的，学校教育的
rien *pron. indéf.* 什么都没有，什么都不
  ne... rien *loc.adv* 没什么，什么都没有，什么都不
  tu n'es bon à rien 你什么都不行，你废物一个
combien *adv.* 多少
  combien de *loc. adv.* 多少
puisque *conj.* 既然
ski *n. m.* 滑雪板；滑雪运动

Leçon 25

aller au ski 去滑雪
Suisse *n. f.* 瑞士
hiver *n. m.* 冬天
résultat *n. m.* 结果，成绩
famille *n. f.* 家庭
entier, -ère *a.* 整个的，全部的
réjouir *v. t.* 使喜欢，使高兴
réjouir (se) *v. pr.* 喜悦，高兴
maths (mathématiques的缩写) *n. f.* 数学
mériter *v. t.* 应得，值得
récompense *n. f.* 奖赏，报酬
compagnie *n. f.* 做伴，陪同
  rester en compagnie avec *loc.verb* 与……做伴
vieux *n.* 老人；老爸，老妈；老兄

groupe *n. m.* 组，团体
dès *prép.* 从……起，一……就
  dès que *loc. conj.* 一……就，刚……就
monter *v. t. et v. i.* 往上搬运；登上，爬上，上车
millionnaire *a. et n.* 家财万贯的；百万富翁
croûte *n. f.* 面包皮
gagner sa vie 谋生
vendre *v. t.* 卖，出售
journal (pl. ~*aux*) *n. m.* 报纸；日报
vaisselle *n. f.* 餐具
  faire la vaisselle *loc.verb* 洗碗碟
restau (resto) *n. m.* （俗）饭馆，餐厅
  restau U 大学食堂
mien (le), -ne (la) *pron. poss.* 我的

中文译文

代 沟

1

罗贝尔：上周我儿子弄坏了一只中国花瓶，那是我1990年在中国买的，昨天他又把我喜欢的雕像打碎了，他连一句话也没有说。

贝尔纳：有什么办法呢？这就是今天的青年，年轻人自私，他们只考虑自己。您儿子少说也有二十了吧，这个年龄他不想到外面去住？

罗贝尔：我呀，我倒挺愿意！我很想让他到外面租一个单间公寓。您知道，我开始烦他了。

贝尔纳：你们之间发生了什么事？

罗贝尔：一切还好。总而言之，我觉得这孩子还挺随和，我们两个人相处得还融洽。

贝尔纳：是吗，可是您不是让他住到别的地方去吗？

罗贝尔：他老影响我们。上个月，我和太太外出两个星期不在家，我们回来时一看，屋里又乱又脏！是艾里克和他朋友在我们家聚会弄的。

贝尔纳：这很正常。这叫做"老猫不在，小鼠跳舞"。

2

达尼埃尔：（16岁）我上初三。假如我的成绩不好，我父亲就说："你从来什么也不干，废物一个，我对你讲过多少次了，要好好学习。你既然这个德性，今年冬天就别想去瑞士滑雪了。"可是如果成绩好，成绩优秀，全家人兴高采烈，说什么"数学满分20分，你得了18分，该庆贺庆贺！你想要什么礼物？"

安　　娜：（18岁）我可不愿意总是和老爸老妈待在一起，与同龄人在一起，我觉得更自在。有时晚上我一回到家，我老妈就问我："你去哪儿疯了？你干什么去啦？你去哪儿了？我到处找你。快，上床睡觉。"

安 德 烈：（16岁）我一要钱，我父亲马上就对我说："你以为我们是百万富翁？如果你需要钱，你自己去挣呀！我像你这个年龄，早就挣钱糊口了……我们年轻时得半工半读，卖报，之前还到餐馆洗盘子！"我认为代沟没有消失，马尔戈，你说对不对？

马 尔 戈：（19岁）这是你的观点，可不是我的看法。我喜欢待在父母家里，我很崇敬我的父母，我们一家三口其乐融融，在家一起很好，我爱我家。

NOTES

1. Que voulez-vous ? 这里作"有什么办法呢？"解。Que voulez-vous ? 的另外一个意思是："您想要什么？"

2. Moi, je voudrais bien ! 省文句，整句应该是 Moi, je voudrais bien qu'il parte ailleurs.

3. Vous savez, j'en ai marre ! en avoir marre (de qch, qn) 对某人、某事感到厌烦，受够了。
   J'en ai marre de ces bruits bizarres. 这些怪声我受够了。
   J'en ai marre de lui. 我特烦他。
   表示厌烦、愤怒还可以说：en avoir assez（烦透了）/ énerver（烦人）/ insupportable（无法忍受的）/ inadmissible（不允许的）/inacceptable（不能接受的）/ dégoûtant（真恶心）/ incroyable（难以置信的）。
   J'en ai marre (de tes histoires). 这些事使我烦透了。
   Ça m'énerve ! 这件事情真使我烦！
   Tu m'énerves ! 你真烦人！

4. Ma femme et moi... 重读人称代词moi, toi, lui, eux 如果与另一人称代词或名词并列，可直接作主语。
   Mes collègues et moi avons fait un voyage agréable en France.

Leçon 25

我和我的同事在法国作了一次愉快的旅行。

5. Je suis en 4e. 我今年上初三。法国的初级中学叫 le collège, 高级公立中学是 le lycée, 初中四年，高中三年。

   初中：6e (la sixième) 初一，5e (la cinquième) 初二，4e (la quatrième) 初三，3e (la troisième) 初四。

   高中：2e (la deuxième) 高一，1ère (la première) 高二，la terminale 高三。

6. ...tu est nul... nul, nulle, 形容词，"无价值的"，"无能的"；"在......方面很差的"。

   une personne nulle 无能之辈

   Je suis nul (nulle) en cuisine. 我一点儿也不会做饭。

   Ce film est vraiment nul. 这部电影一点儿都不好。

7. 法国学校学生学习成绩的评定方法为20分制，即20分为最高成绩。

8. vieux, vieil, vieille, 形容词，"年老的"，"老的"；名词，"老人"（有时稍有贬意），"老兄"，"（民）老爸，老爷子，老妈，爹妈"，常与主有形容词连用。

   Je vais voir mes vieux tous les dimanches. 我每星期天都去看望我老爸老妈。

   Mes vieux sont partis pour le Canada. 我父母到加拿大去了。

   Ça va ton vieux ? 你老爸好吗？

9. ...on avait fait la vaisselle dans un resto ! le resto, restaurant的缩略语。缩略语在口语中常用，例如：

   Le resto U (restanrant universitaire) 大学食堂

   le bac (baccalauréat) 高中毕业会考

   la télé (télévision) 电视   l'expo (l'exposition) 展览

   le prof (professeur) 教员   la philo (philosophie) 哲学

   les maths (mathématiques) 数学   sympa (sympathique) 可爱的

Phrases et expressions utiles   常用表达法

Faire ses études à l'étranger   在国外留学

Pourriez-vous vous présenter un peu ? 您能自我介绍一下吗？

Vous êtes marié ou célibataire ? 您已成家还是单身？

Puis-je savoir le motif de votre voyage en France ? 我能知道你们来法国的目的吗？

Quels sont la date et le lieu de votre naissance ? 请问您的出生日期和出生地。

Je suis né le 28 mai 1989 à Chongqing. 我1989年5月28日生于重庆。

Je voudrais aller en France pour me perfectionner en droit. 我想去法国进修法律。

Pourquoi avez-vous choisi la France pour faire vos études ?
您为什么选择去法国留学？
Parce que j'aime la langue française et que les études n'y coûtent pas cher.
因为我喜欢法语，而且法国学费也不贵。
Combien de temps comptez-vous séjourner en France ? 您想在法国待多长时间？
Deux ans environ. 大约两年吧。
N'avez-vous pas l'intention de rester en France ? 您不想留在法国吗？
Non. Je retournerai en Chine après le doctorat. 不想，获得博士学位后我回中国。
La licence / la maîtrise / le doctorat 学士学位 / 硕士学位 / 博士学位
Quelles sont les formalités à remplir pour obtenir un visa pour la France ?
获得法国签证需要办哪些手续？
Demander un visa pour la France 赴法签证申请
Je suis de nationalité chinoise, je voudrais obtenir le visa pour la France.
我是中国籍，我想获得赴法签证。
Voici mes papiers. 这是我的证件。
Vous revenez dans un mois pour votre visa. 一个月过后来取签证。

MOTS ET EXPRESSIONS

1. dire *v. t.*

(sujet qn, qch [journal, radio, etc.]) **dire qch (à qn)** 说，讲，告诉
Elle ne veut pas me dire son secret. 她不愿意把她的秘密告诉我。
Il nous a dit la vérité. 他跟我们说了真话。
Dites-lui bonjour de ma part. 请代我向他（她）问好。
Elle ne dit que des bêtises. 他尽说蠢话。
Je te l'ai dit cent fois. 我早就对你说过多少次了。
Qu'est-ce qu'elle a voulu dire ? 她想说些什么？
Dites-moi simplement ce que vous pensez de ce projet.
请您坦率地说出您对这个计划的看法。
Il dit ce qu'il pense. 他怎么想就怎么说。

dire que, quand, comment, etc. + ind. 说（+ 从句）
— Qu'est-ce qu'il a dit ? 他说什么？
— Il a dit qu'il ne pouvait pas venir à la fête. 他说他不能来参加聚会。
Dans ma lettre je vous ai dit qu'il ne fallait pas veiller.
我在信里对你说，不应该熬夜。

Leçon 25

Les journaux n'ont pas dit comment on avait arrêté le coupable.
报纸没有说明罪犯是如何抓到的。
Dites-moi d'où vous venez et où vous allez. 请告诉我，您从哪儿来，到哪儿去。
Dites-nous qui vous êtes. 请告诉我们您是谁。

(sujet qn) **dire à qn de** + **inf.** 要求某人做某事
Le père dit à son fils de bien étudier. 父亲要儿子好好学习。
Elle dit à son assistante d'apporter du café. 她要助手把咖啡端上来。
Madame dit à la bonne de faire du thé. 夫人让保姆沏茶。
Le père dit aux enfants de ne pas faire de bruit. 父亲要孩子们别吵闹。
Le chef de service me dit de finir la traduction de cet article en deux heures.
处长要我在两小时内把文章翻译完。

2. combien *adv.*

combien (de+ n.) *loc. adv.* 多少
Combien de billets voulez-vous ? 你要几张票？
Combien de livres français avez-vous ? 您有多少法文书？
Combien de temps dure le trajet ? 这趟路程需要多长时间？
Depuis combien de jours êtes-vous à Beijing ? 您来北京多长时间了？
Combien de temps avez-vous mis pour venir ici ? 您来这里路上花了多长时间？
Combien de fois je t'ai dit ! 我跟你说了多少回了！
Cette jupe coûte combien ? 这条裙子多少钱？
Combien cela (ça) coûte-t-il ? 这多少钱？
Ça fait combien en tout ? 一共多少钱？
Combien je vous dois ? 我欠你多少钱？（我应该付您多少钱？）

combien *adv.* 多么
Chers amis, combien nous sommes heureux de vous accueillir.
亲爱的朋友们，我们能接待你们感到多么的高兴！
Combien elle a changé ! Je ne la reconnaîtrais plus. 她变化多大呀，我都认不出她来了。

3. (sujet qn) avoir à + inf. 应该，需要做某事

J'ai des lettres à écrire. 我有几封信要写。
Nous avons des rapports à rédiger. 我们有几个报告要起草。
Anne a quelque chose à vous dire. 安娜有话要对您说。
J'ai encore beaucoup de choses à faire. 我还有很多事情要做。
Je n'ai rien à faire ce soir. Je peux aller au cinéma avec vous.
今晚我什么事也没有，可以和您一起去看电影。

J'ai un travail à finir. 我有一项工作要完成。

(sujet qn) **n'avoir qu'à + inf.** 只要，只需（做）
Vous n'avez qu'à attendre. 您就等着吧！
Tu n'as qu'à prendre le métro pour aller à la place Tian'anmen.
你就乘地铁去天安门广场吧！
La soupe est trop salée ? Alors, vous n'avez qu'à y ajouter un peu d'eau.
汤太咸吗？那就往里加再点水。
Si vous avez besoin de quelque chose, vous n'avez qu'à me téléphoner.
如果您需要什么东西，您只要给我打电话就行了。
Vous n'avez qu'à appuyer doucement sur ce petit bouton.
您在这个小小的按钮上轻轻按一下就行了。

4. puisque *conj.* 既然，因为
Puisqu'il fait froid, nous préférons rester chez nous.
既然天很冷，那我们宁愿待在家里。
Puisqu'il pleut, je ne sors pas aujourd'hui. 因为下雨，今天我就不出去了。
Puisque cette pièce n'est pas bonne, on n'a pas besoin d'aller la voir.
既然这个话剧不好看，那就没必要去看了。
Puisqu'elle est malade, elle n'a qu'à rester au lit.
既然她病了，就躺在床上休息吧。

GRAMMAIRE

I. 虚拟式现在时 (Le subjonctif présent) (1)

　　虚拟式是动词的一种语式，用于表达主观的意愿、感情、判断等，常用于以连词 que 引导的宾语从句中。

　　虚拟式有四种时态：现在时、过去时、未完成过去时和愈过去时。

　　虚拟式未完成过去时和虚拟式愈过去时用于雅语或文学作品中，日常口语中不用，故本书只讲虚拟式现在时和虚拟式过去时。

1. 虚拟式现在时的形式：

　　　　将直陈式第三人称复数的词尾 ent 去掉，分别换上 -e, -es, -e, -ions, -iez, -ent 即构成虚拟式现在时。因虚拟式通常用在从句中，所以动词变位时，应在人称代词前加 que。

Leçon 25

parler	finir	attendre
que je parle	que je finisse	que j'attende
que tu parles	que tu finisses	que tu attendes
qu'il parle	qu'il finisse	qu'il attende
qu'elle parle	qu'elle finisse	qu'elle attende
que nous parlions	que nous finissions	que nous attendions
que vous parliez	que vous finissiez	que vous attendiez
qu'ils parlent	qu'ils finissent	qu'ils attendent
qu'elles parlent	qu'elles finissent	qu'elles attendent

请注意以下少数不规则动词词根的变化：

avoir	être	aller
que j'aie	que je sois	que j'aille
que tu aies	que tu sois	que tu ailles
qu'il ait	qu'il soit	qu'il aille
qu'elle ait	qu'elle soit	qu'elle aille
que nous ayons	que nous soyons	que nous allions
que vous ayez	que vous soyez	que vous alliez
qu'ils aient	qu'ils soient	qu'ils aillent
qu'elles aient	qu'elles soient	qu'elles aillent

faire	pouvoir	vouloir
que je fasse	que je puisse	que je veuille
que tu fasses	que tu puisses	que tu veuilles
qu'il fasse	qu'il puisse	qu'il veuille
qu'elle fasse	qu'elle puisse	qu'elle veuille
que nous fassions	que nous puissions	que nous voulions
que vous fassiez	que vous puissiez	que vous vouliez
qu'ils fassent	qu'ils puissent	qu'ils veuillent
qu'elles fassent	qu'elles puissent	qu'elles veuillent

savoir	falloir	pleuvoir
que je sache	qu'il faille	qu'il pleuve
que tu saches		
qu'il sache		
qu'elle sache		
que nous sachions		
que vous sachiez		
qu'ils sachent		
qu'elles sachent		

2. 虚拟式现在时的用法（1）

用于从句中的虚拟式现在时，表示说话时正在发生的动作，主句动词可用直陈式现在时、过去时、将来时或条件式现在时。下列情况须用虚拟式：

(1) 主句动词表示主观意愿（la volonté）时，名词性从句用虚拟式。

Je veux que tu sois prêt avant neuf heures. 我希望你9点之前准备好。
Vous voulez que je porte votre valise ? 要不要我来替您提箱子？
Nous aimerions mieux que tu partes tout de suite. 我们希望你立即出发。
Le directeur veut que nous participions à cette réunion. 主任要我们参加这次会议。
Le directeur a demandé que nous partions dans trois jours. 主任要求我们三天后出发。
Je désire que mes cendres reposent sur les bords de la Seine au milieu de ce peuple français que j'ai tant aimé.（Testament de l'empereur Napoléon, le 17 mars 1821）
我希望葬在塞纳河畔，在我如此热爱的法兰西人民中间。（拿破仑遗嘱，1821年3月17日）

● 动词 espérer（希望）也表示"意愿"，但它后面的从句用直陈式。
J'espère qu'il viendra ce soir chez moi. 我希望他今晚到我家来。

(2) 主句动词表示喜、怒、哀、乐或惊讶、恐惧、遗憾、怀疑等个人感情（les sentiments）时，从句要求用虚拟式。

Je suis content que tu viennes. 你来我很高兴。
Nous regrettons qu'elle parte sans nous. 她不和我们一起走，我们感到很遗憾。
C'était dommage qu'elle ne veuille pas venir. 她不愿意来，真遗憾。
Nous craignons qu'il ne soit là. 我们怕他也在场。
Nous avons peur qu'il ne pleuve. 我们担心明天会下雨。

Ils doutent que l'histoire soit vraie. 他们怀疑这故事的真实性。

● 在肯定式中，craindre, avoir peur（担心，害怕）等动词后的，从句动词多用赘词 ne，但不起否定作用。如果从句为否定句，应该用ne... pas。

(3) 表示判断（le jugement）的动词或动词短语后和表示判断的无人称句中，要用虚拟式。

Il faut que tu ailles voir le médecin. 你应当去看医生。
Il est tout à fait nécessaire que vous appreniez le français. 你们学法文是十分必要的。
Il vaux mieux que nous rentrions à la maison. 我们最好回家。
C'est dommage que vous ne connaissiez pas la ville de Montréal.
您不知道蒙特利尔这个城市真遗憾。

(4) 某些习惯上需要从句用直陈式的动词或动词短语，当其为否定式或疑问式时，从句须改用虚拟式。

请比较：
Je crois que vous avez raison. 我认为您有道理。
Je ne crois pas que vous ayez raison. 我不认为您有道理。
Nous pensons qu'il peut venir ce soir. 我们认为他今晚能来。
Nous ne pensons pas qu'il puisse venir ce soir. 我们不认为他今晚能来。
Je suis sûr qu'elle est chez elle. 我可以肯定，她在家。
Je ne suis pas sûr qu'elle soit chez elle. 她在不在家，我不能肯定。

● 这类动词有 croire, penser, trouver（认为，觉得），être sûr, être certain (肯定) 等。

表示主观意愿、感情和判断的动词和动词短语有：

表示意愿	表示感情	表示判断的无人称动词和动词短语
vouloir	aimer	il faut
souhaiter	préférer	il vaux mieux
désirer	adorer	il est possible
aimer mieux	détester	il est impossible
permettre	craindre	il est important
ordonner	nier	il est facile
demander	douter	il est naturel
exiger	avoir peur	il est temps
défendre	être content	il semble

interdire	être heureux	il est nécessaire
empêcher	être satisfait	il est obligatoire
prier	être fier	il se peut
refuser		il suffit

Ⅱ. 主有代词 (Le pronom possessif)

1. 词形：

主有代词	单数		复数	
	阳性	阴性	阳性	阴性
我的	le mien	la mienne	les miens	les miennes
你的	le tien	la tienne	les tiens	les tiennes
他（她/它）的	le sien	la sienne	les siens	les siennes
我们的	le nôtre	la nôtre	les nôtres	
你们的，您的	le vôtre	la vôtre	les vôtres	
他（她/它）们的	le leur	la leur	les leurs	

主有代词用来代替带有主有形容词的名词，这个名词既可以是人，也可以是物，并与所代替名词的性、数保持一致。主有代词在句中可以起名词的各种作用。

2. 用法：

(1) 作主语。

Ton frère est médecin, le mien est enseignant. 你哥哥是医生，我哥哥是教师。
Sa traduction est beaucoup meilleure que la mienne. 他的译文比我的好多了。

(2) 作表语。

C'est votre opinion, ce n'est pas la mienne. 这是您的观点，可不是我的看法。
Ce ne sont pas mes clés, ce sont les tiennes. 这不是我的钥匙，这是你的钥匙。

(3) 作宾语。

Ma chambre est trop petite, je préfère la vôtre.
我的房间太小，我更喜欢您的房间。

(4) 作名词或形容词的补语。

Le professeur est satisfait de mes études et des vôtres.
老师对你我的学习都很满意。

Leçon 25

(5) 作状语。
　　Il y a 20 étudiants dans notre classe, il y en a 30 dans la leur.
　　我们班上有20个大学生，他们班上有30个大学生。
(6) 主有代词阳性复数可用来表示"家人"、"自己人"，不代替任何名词。
　　Je vous souhaite bonne santé et beaucoup de bonheur à vous et à tous les vôtres.
　　祝您及您全家人身体健康，阖家幸福！
　　Les Thibaut nous considèrent comme les leurs.
　　蒂波一家人待我们如同他们家人一样。
　　Monsieur Li est heureux de retrouver les siens.
　　李先生对和家人团聚感到非常幸福。

EXERCICES

1 Répondez aux questions sur le texte.
1. Existe-t-il un conflit entre Robert et son fils ?
2. Comment sont les jeunes aux yeux de Bernard ? Est-ce que ce point de vue est correct ?
3. Qu'est-ce qui se passe entre Robert et son fils ?
4. Eric dérange-t-il beaucoup ses parents ?
5. Qu'est-ce qui se passe entre Daniel et sa famille ?
6. Pourquoi Anne ne veut-elle pas rester en compagnie de ses parents ?
7. Qu'est-ce qui se passe entre André et et son père ?
8. Est-ce que Margot s'entend bien avec ses parents ?

2 Conjuguez les verbes au subjonctif présent.
　　Pour surfer sur Internet, il faut que tu (acheter) _____ un ordinateur assez puissant. Tu sais, il faudra que le vendeur (prendre) _____ le temps de bien t'expliquer. Après l'installation, il faut que ton ordinateur (être) _____ près d'une prise téléphonique. Ensuite, c'est facile ! Il faut seulement que tu (tenir) _____ la souris correctement et que tu (cliquer) _____ où tu veux !

3 Soulignez la forme verbale correcte.
1. — Tu crois que tout le monde répondra « oui » à notre invitation ?
　　— Je ne sais pas mais j'espère que tout le monde **aura** / **ait** la possibilité de venir.
2. — Tu penses que Françoise va venir ?
　　— Je voudrais vraiment qu'elle **viendra** / **vienne**.
3. — Tu penses que nous aurons beau temps demain ?
　　— Je souhaite comme toi qu'il **fasse** / **fera** beau demain.

4. — Tu penses qu'on va bien s'amuser ?
   — Mais oui ! J'aimerais vraiment qu'il y **a / ait** une bonne ambiance et que tout le monde **soit/ est** content.
5. — Tu penses qu'on aura assez de place à l'intérieur ?
   — Je souhaite vraiment qu'il ne **pleuve / pleuvra** pas et que nous **pouvons / puissions** rester dehors.

4 Mettez les verbes au subjonctif présent.
1. Je ne suis pas content qu'il (être) _____ toujours en retard.
2. Je suis désolé qu'il (avoir) _____ toujours des problèmes.
3. j'aimerais que tu me (téléphoner) _____ souvent.
4. Je souhaiterais que nous (rester) _____ ensemble.
5. Il faudrait qu'ils (boire) _____ moins.
6. J'ai peur qu'il (conduire) _____ très vite.
7. Je voudrais que tu me (rapporter) _____ un souvenir de Paris.
8. Tu es trop paresseux. Il faut que tu (faire) _____ des efforts.
9. Nous avons voulu que notre fils (partir) _____ pour l'Italie.
10. Nous sommes contents que vous (accepter) _____ notre invitation.
11. Il vaudrait mieux que vous (se reposer) _____ ; vous avez l'air fatigué.
12. Pourquoi interdit-il qu'on (écrire) _____ avec un crayon ?
13. Je suis étonné qu'il (craindre) _____ autant la chaleur.
14. Je désire que tu (se mettre) _____ au travail.
15. Leur père ne veut pas qu'elles (aller) _____ voir ce film.

5 Mettez les verbes à l'infinitif, au subjonctif présent ou au futur simple de l'indicatif.

Rentrée des classes

Bonjour à tous ! Je suis heureux d'(accueillir) _____ chaque élève, les nouveaux mais aussi les « anciens », dans notre établissement. Avec toute l'équipe des professeurs, nous espérons que vous (se plaire) _____ dans notre collège.

En cette rentrée, je voudrais que chacun (prendre) _____ de bonnes résolutions pour réussir cette année scolaire le mieux possible. Je souhaite vraiment que vous (pouvoir) _____ vous sentir bien dans votre classe.

Naturellement, vos professeurs désirent que vous (arriver) _____ à 8h30 précises. Il faut bien sûr que chaque élève (faire) _____ un effort.

Je vous fais confiance. J'espère que tout (se passer) _____ bien.

Alors, bon courage et au travail !

Leçon 25

6 Répondez aux questions.
  ✦ C'est le dictionnaire de Louise ? → Oui, c'est le sien.
  1. Ce sont vos livres ?
  2. Ce sont vos secrétaires ?
  3. Ce n'est pas ton adresse ?
  4. Ce n'est pas ta veste ?
  5. C'est la maison de Louis ?
  6. C'est leur avocat ?
  7. Ce sont les lunettes du professeur ?
  8. C'est ta lettre, tu es sûr ?
  9. Ces chaussures sont à toi ou à Céline ?
  10. Ce sont vos points de vue ?

7 Répondez aux questions.
  ✦ C'est son cahier ? Non, ce n'est pas son cahier. → Ce n'est pas le sien.
  1. C'est le stylo de Marie ?
  2. Cette jupe est à Marie ?
  3. Cette maison appartient à M. Martin ?
  4. A qui est ce gros pantalon ?
  5. C'est votre voiture sous l'arbre ?
  6. Ces disques sont à vous ?
  7. C'est votre carte d'identité ?
  8. Ce sont vos professeurs de français ?
  9. Cette écharpe par terre, c'est à vous, Mademoiselle ?
  10. Regardez, c'est bien le gros chien de nos voisins ?

8 Complétez avec des pronoms, des adjectifs démonstratifs ou possessifs.
  C'est à toi, Guy, ou c'est à Louis ?
  Maman :   A qui sont _____ chaussures ? Guy, ce sont _____ ?
  Guy :   Non, ce ne sont pas _____, ce sont _____ (de Louis).
  Maman :   Et _____ serviette ?
  Guy :   C'est _____ (de Louis) !
  Maman :   Et _____ tee-shirt, c'est _____ ou c'est _____ (de ton frère).
  Guy :   C'est _____. C'est toi qui me l'as acheté.
  Maman :   Mais qu'est-ce que vous faites avec _____ vêtements? Regardez comme ils sont sales ! Ce n'est pas possible !

9 Complétez les phrases suivantes par des mots et expressions du texte.

1. Hier, mon fils a cassé ma statuette chinoise ! La semaine dernière, il avait déjà _____ ma poterie portugaise ! Tu sais, _____ que j'avais achetée quand j'étais allé à Lisbonne en 1980.
2. Qu'est-ce que _____ ? L'égoïsme des jeunes, c'est pénible. Mon fils, lui aussi, il ne _____ qu'à lui.
3. Oui, tandis que nous, quand nous _____ jeunes, il fallait que nous fassions nos études en _____ !
4. Tu te souviens ? On _____ des journaux !
5. Oui, et avant ça, on _____ travaillé dans un resto !
6. Nous _____ notre croûte nous-mêmes !
7. Mais Eric _____ déjà 20 ans. Il n'a pas _____ de partir ailleurs ?
8. Moi, je voudrais bien ! J'_____ qu'il prenne un studio. Tu sais, je commence à en avoir marre !
9. Qu'est-ce que ton fils veut _____ plus tard ? Il a une idée ?
10. Je n'en sais rien. Il vit au jour le jour. Moi, je _____ qu'il finisse ses études et qu'il _____ fonctionnaire européen comme moi !

10 Thème.

1. ——我父母年轻，父亲35岁，母亲30岁。
   ——我父母年纪大多了，他们俩今年都55岁。
2. ——我能用一下您的电脑吗？
   ——很抱歉，我的电脑出了一点问题。
3. 我忘了带手机，您能把手机借我用一下吗？
4. 父亲希望他两个女儿都去中国学习汉语。
5. 要想上网，您必须有一台好电脑。
6. 既然这套房子很舒适，又不贵，那我们愿意买了。
7. 您只要向海关出示您的护照就行了。
8. 我们能在北京重逢感到多么高兴！
9. 这是一次非常重要的会议，请告诉他们务必参加。
10. 他从来不说真话，我们不能相信他。

11 Lecture.

La Marseillaise

La Révolution française avait commencé en 1789, et la France se trouvait en guerre avec beaucoup d'autres pays. En 1792 un groupe d'officiers français à Strasbourg regrettaient le manque d'un bon chant patriotique que les soldats pourraient chanter en marchant. L'un de ces officiers, Rouget de Lisle, s'est mis le soir même à composer un chant, paroles et musique ; il est resté éveillé toute la nuit, et le lendemain il a chanté aux autres officiers ce qu'il avait composé :

    Allons enfants de la patrie,
    Le jour de gloire est arrivé !
    Contre nous de la tyrannie
    L'étendard sanglant est levé,
    L'étendard sanglant est levé !
    Entendez-vous dans les campagnes,
    Mugir ces féroces soldats ?
    Ils viennent jusque dans nos bras
    Egorger nos fils, nos compagnes !
    Aux armes, citoyens !
    Formez vos bataillons !
    Marchons ! Marchons !
    Qu'un sang impur
    Abreuve nos sillons !

    Ce chant, c'est ce que nous appelons aujourd'hui *La Marseillaise*.
    Pourquoi porte-t-il ce nom? Le chant connu sous le titre de « Chant de l'armée du Rhin » s'est répandu un peu partout, mais restait inconnu à Paris. Ce sont des soldats marseillais qui l'ont chanté les premiers à Paris et les Parisiens l'ont appelé par conséquent, *La Marseillaise*, c'est-à-dire la chanson de Marseillaise, et il garde toujours ce nom.

12 Dictée.

LEÇON 26

Texte

Au cybercafé

A : Qu'est-ce qui vous a donné l'idée d'ouvrir un cybercafé ?

B : C'est le hasard. J'étais informaticien dans une société qui a fermé. J'avais envie de profiter du chômage pendant deux ou trois mois, quand ma tante est morte en me laissant un café qui ne marchait pas bien[1]. C'est un article sur le succès des cybercafés à Paris qui m'a donné l'idée de créer un cybercafé. Et ça marche bien.

A : C'est la première fois que je viens au cybercafé. Je voudrais savoir quel public habituel on peut y rencontrer.

B : Tout le monde, quel qu'il soit,[2] peut venir. J'ai surtout un public jeune, mais je n'ai pas que des jeunes[3], j'ai des clients de tout âge : des jeunes, des adultes, il y a même des exceptions aux cheveux grisonants comme vous. C'est amusant de voir des gens de 50 ou 60 ans se prendre au jeu.

A : Qu'est-ce qu'on vient faire chez vous ?

B : On vient pour surfer sur le Net. On vient bouquiner dans un centre de documentation, trouver des informations dont on parle actuellement sur le plan national et international, sur les musées, la littérature, le cinéma, les sites touristiques etc. Beaucoup viennent faire du billard ou une partie de jeux électroniques. En tout cas, en venant ici, vous pouvez rencontrer des gens qui ont les mêmes goûts.

A : Mais je ne connais personne ici.

B : Ça, on s'en moque. On vient ici pour être informé, pour discuter ou se détendre en buvant une bière ou en fumant un cigare[4]. Et puis, je propose un spectacle une fois par mois et j'ai tous les derniers jeux vidéo.

A : Est-ce qu'on peut faire d'autres choses avec Internet[5] ?

B : Bien sûr. Si vous êtes étranger et que[6] vous voulez perfectionner votre français, utilisez l'Internet. Vous y rencontrerez des professeurs de français qui répondront à

Leçon 26

vos questions. Vous y trouverez également des exercices de français. Si vous avez accès à Internet, vous allez à la découverte de quelques sites francophones[7]. Vous trouverez des informations en français de tous les pays francophones.

Grâce à l'Internet, vous pouvez aussi commander du champagne pour votre anniversaire, ou réserver une chambre d'hôtel pour votre prochain voyage. Vous pouvez aussi télécharger de la musique, prendre contacts avec les gens qui vous intéressent et discuter avec eux, mais attention ! Quand vous êtes en ligne, il est possible[8] qu'on observe ce que vous faites.

A: Quelles sont les heures d'ouverture ?
B: Le cybercafé ouvre tous les jours de 11 heures à 22 heures.

VOCABULAIRE

ouvrir *v. i.* （场所、商店）开，开启；开放，营业
cybercafé *n. m.* 网吧
hasard *n. m.* 机遇，巧合，偶然
informaticien, -ne *n.* 信息论专家，信息技术员；电脑软件工程师
fermer *v. t.* et *v. i.* 关，关门；关闭；停业
profiter (de) *v. t. ind.* 利用，自……得益
tante *n. f.* 姑母，姨母，伯母，舅母
mourir *v. i.* 死，死亡
laisser *v. t.* 遗留；遗赠
marcher *v. i.* 走，步行；（机械、仪器）运转，运行
créer *v. t* 创造，创建
public, -que *a.* 公众的，公立的
public *n. m.* 民众，大众
habituel, -le *a.* 惯常的，习惯性的，通常的
quel que... *loc. adv.* 不管，不论
ne... pas que *loc. adv.* 不仅仅，不止
client, -e *n.* 顾客，买主，客户
exception *n. f.* 例外，特殊
cheveu (*pl. ~x*) *n. m.* 头发
grisonnant, -e *a.* 头发变花白的

amusant, -e *a.* 有趣的，好玩儿的
prendre (se) à *v. pr.* 迷恋，感兴趣
surfer *v. i.* 冲浪运动；上网
bouquiner *v. i.* 选购或收集旧书；（俗）读书，啃书本
documentation *n. f.* 资料，文选
plan *n. m.* 平面图；计划，规划，方案
　sur le plan de... *loc. prép.* 在……方面
international, -e (*pl. ~ aux*) *a.* 国际的
littérature *n. f.* 文学
site *n. m.* 风景，景色，景点；网站
　site touristique 旅游景点
beaucoup *n.* 许多人；许多东西；许多事情
billard *n. m.* 台球，弹子游戏
électronique *a.* 电子的
cas *n. m.* 情况，场合
　en tout cas *loc. adv.* 不管怎样，无论怎样
goût *n. m.* 味道，滋味；鉴赏力；兴趣，爱好
moquer (se) de *v. pr.* 嘲笑，戏弄
détendre (se) *v. pr.* 放开，松开，放松
fumer *v. t.* 吸烟
cigare *n. m.* 雪茄烟
proposer *v. t.* 建议，提议，提出

vidéo *a. inv.* 图像的，影像的，录像的
   n. f. 录像
   jeux vidéo 电子游戏
étranger, -ère *a. et n.* 外国的；外国人
utiliser *v. t.* 使用，运用
répondre (à) *v. t. ind.* 回答，答复；符合；响应
exercice *n. m.* 练习
commander *v. t.* 指挥，统帅；订购，订货
champagne *n. m.* 香槟酒

anniversaire *n. m.* 周年纪念日，生日
réserver *v. t.* 保留；预订
prochain, -e *a.* 下一个的，即将到来的
télécharger *v. t.* (信息)装入，加载，网络下载
musique *n. f.* 音乐
ligne *n. f.* 线，界线，标志线
être en ligne *loc. verb.* 正在通话；在线
il est possible que 可能……
observer *v. t.* 遵守；观测，监视

中文译文

网吧

A：您怎么想起来要开个网吧的？
B：纯属偶然。我原来在一家公司从事电脑工作，公司倒闭了。我想利用两三个月失业这一段时间做些事，那时我姑妈刚去世，遗赠给我一个咖啡馆。咖啡馆原来生意不好。是一篇关于巴黎网吧成功的文章给了我启发。现在网吧还挺红火。
A：进网吧我是头一遭，我想打听一下，在这儿可以遇到什么样的常客。
B：大家都可以来。我的顾客主要是年轻人，但也不只是青少年，各年龄段的人都有：有青少年，有成年人，甚至还有例外的，这些人头发已经花白，比如像您这样。看着五六十岁的人痴迷游戏，觉得挺好玩。
A：来您这儿有什么好玩的吗？
B：人们来这儿是为了上网，大家可以在资料中心阅读，看当前国内外新闻，以及有关博物馆、文学、电影和旅游景点的信息等等；很多人也来这儿打台球，或者玩一局电子游戏。总而言之，您到这儿来，可以碰到很多兴趣爱好相同的人。
A：可是我在这里谁也不认识呀！
B：这个嘛，大家觉得无所谓。人们来这里是为了获取信息，谈天说地，或者干脆喝一杯啤酒，抽一支雪茄，完全是为了放松放松；另外，我每月举办一场录像欣赏晚会，最新的电子游戏光碟我也都有。
A：在网上还可以做些什么事情？
B：假如您是老外，想提高法文水平，那您就上网，您可以遇到一些法语老师，他们回答您的问题，网上还有法语练习呢；如果您能上互联网，您还可以发

Leçon 26

现一些法语国家的网站，获取所有法语国家的法语信息。因为有了互联网，您可以为您订购生日蛋糕，或者为您下次旅行预订旅店客房；您也可以下载音乐，并且和您感兴趣的人联系，和他们探讨问题。不过要小心，您在线时，有人有可能在窥探您的行动。

A：网吧营业时间是几点钟？

B：一周七天，每天从11点到22点。

NOTES

1. ... un café qui ne marchait pas bien. marcher, *v. i.* 在这里作"运转"、"运行"、"进展"解。

    Cette montre marche bien. 这只表走得很准。

    Comment ça marche, tes études ? 你学习怎么样？

2. Tout le monde, quel qu'il soit..., qui que... 不论是谁，在遇到第三人称时，要用quel qu'il soit 或quels qu'ils soient....，不论他/他们是谁。

3. ...je n'ai pas que des jeunes, ... ne ... pas que，不只，不仅仅，相当于 ne... pas seulement。

    Le Zhejiang ne produit pas que le thé vert. 浙江省不仅仅出产绿茶。

    ne... plus que 只，仅仅

    Il n'y a plus que du riz. 只有米饭了。

4. ... ou en fumant un cigare. fumer *v. t.* 吸烟。虽然是及物动词，但因不言而喻的原因，在使用时常常不带宾语。

    Tu fumes des cigarettes ou la pipe ? 你抽烟卷还是抽烟斗？

    — Tu veux une cigarette ? 你想抽支烟吗？

    — Non, merci, je ne fume plus. 不，谢谢，我已经戒烟了。

    Vous fumez ? 您抽烟吗？

    Défense de fumer. 禁止吸烟

5. Internet 因特网，国际互联网，Net (le) 是 Internet 的缩写。

6. Si vous êtes étranger et que... si，从属连词，假如，如果。同一从属连词如引导几个并列的让步从句，为了避免重复，后面的连词可用 que 代替。

    S'il fait froid et que vous voulez sortir, vous devez vous habiller chaudement.

    假如天冷而您又想出去，您得多穿点儿。

7. ... quelques sites francophones. francophone 法语国家的，讲法语的人，la francophonie 法语国家，la communauté francophone 法语世界。

    l'Organisation internationale de la Francophonie，国际法语组织。有51个国家和政府成员及4个观察员国家参加，1986年成立。

8. il est possible 无人称句，从句用虚拟式。

Il est possible / impossible / bon / nécessaire / utile / indispensable / naturel / important / temps que

这是可能的/不可能的/好的/必需的/有用的/必不可少的/自然的/重要的/是时候了

其他的无人称句还有 il faut que (应该)，il vaut mieux que (宁可，最好是)等。

Phrases et expressions utiles　　常用表达法

Surfer sur l'Internet　　上网

Ordinateur personnel / portable　个人电脑／笔记本（手提）电脑
Surfer / se connecter sur l'Internet　上网
Avez-vous Internet ?　您能上网吗？
Communiquer par Internet　通过互联网交流
Courriel, e-mail　电子邮件
Envoyer / recevoir un fax　发/收传真

Il existe de nombreux cybercafés en Chine. Il est facile d'aller sur Internet.
在中国网吧很多，上网很容易。

Les ordinateurs sont de plus en plus répandus en Chine.
在中国，电脑越来越普及。

Qu'est-ce que tu as fait dernièrement ?　你最近忙些什么？

Je surfe sur Internet tous les jours.　我每天上网。

Est-ce que tu fais la conversation en ligne ?　你在网上聊天吗？

Non, je vais surtout rechercher des informations sur le Net.
不聊，我在网上主要是看信息。

Les cybercafés sont très bon marché, puisque l'heure de connexion coûte entre 2 et 5 yuans.
网吧很便宜，一小时2到5元。

Pour quelle utilisation voulez-vous acheter un ordinateur ?
您买电脑派什么用场？

Je veux un ordinateur pour le traitement de texte et avoir accès à l'Internet.
我买电脑用作文字处理和上网。

Je me connecte tous les jours.　我每天上网。

Je travaille sur l'ordinateur.　我用电脑工作。

Leçon 26

J'ai beaucoup de correspondances sur le Net. 我有很多网友。
Nous sommes tous internautes. 我们都是网民。
Pouvez-vous me donner votre adresse postale ? 请把您的通信地址给我。
Peux-tu me donner ton adresse électronique ? 您能把电子邮箱地址给我吗?
Je pourrais t'envoyer des messages électroniques. 我可以给你发电子邮件。
Je vous envoie un message texte pour vous dire à quelle heure on se retrouve.
我给您发一条短信，告诉您我们几点集合。
Envoi d'un message texte 发送手机短信
Le message texte est devenu une importante plate-forme de communication.
手机短信已经成为人们生活中的另一交流平台。
Envoyer des textes de vœux à l'occasion du Nouvel An est maintenant une nouvelle coutume. 短信拜年已成为中国人的新年俗。

Avez-vous une page web ? 您有个人网页吗?
Pour plus d'informations, vous pouvez consulter notre site internet.
如果您想了解更多的消息，请您查询我们的网站。
Est-ce que l'accès à l'Internet est payant ou gratuit ? 上网是免费的还是付费的?
Je n'arrive pas à accéder à l'Internet. 我上不了网。

MOTS ET EXPRESSIONS

1. ouvrir *v. t.* et *v. i.*

[*v. t.*] (sujet qn) **ouvrir qch (concret)** 开，打开，开启
Ouvrez le livre à la page 18 et lisez le texte ! 请把书本翻到18页并朗读课文。
Qui a ouvert la porte ? 谁开的门?
Puis-je ouvrir la fenêtre ? 我能开窗吗?
Le douanier a demandé à ces deux touristes d'ouvrir leurs valises.
海关人员要求两位旅客打开他们的行李箱。
Je n'arrive pas à ouvrir le robinet d'eau chaude. Est-il cassé ?
我打不开热水龙头,龙头是不是坏了?
Ecoute, on sonne à la porte ? C'est sûrement Marc. Va lui ouvrir la porte.
听，有人按门铃了，一定是马克来了，快去给他开门。
La municipalité a ouvert plusieurs écoles primaires pour les enfants de paysans.
市政府为农民子女开办了好几所小学。
Veux-tu ouvrir la bouteille pendant que je mets les hors-d'œuvre sur la table ?
我在餐桌上摆冷盘，你开酒瓶好吗?

(sujet un local, un commerçant) **ouvrir** *v. i.*   开门，营业

L'épicerie qui est dans notre rue ouvre le dimanche. C'est commode.
我们那条街的食品杂货店星期天也开门，很方便。
La Bibliothèque nationale ouvre tous les jours. 国家图书馆每天都开馆。
Le magasin d'alimentation n'a pas ouvert aujourd'hui. 食品店今天没开门。

2. **profiter de** *v. t. ind.*

(sujet qn) **profiter de qch** [abstrait] **(pour + inf.)**   利用，自……得益

Je vais profiter du beau temps pour faire une lessive et cet après-midi, je sors avec ma fille.
趁今天天气好，我洗点衣服，下午我跟女儿出去走走。
Nous profitons de cet après-midi libre pour aller voir nos anciens professeurs.
趁今天下午有空，我们去看望以前的老师。
Elle a profité de son voyage en Chine pour voir son village natal qu'elle avait quitté il y a 50 ans.
她利用中国之行，去看了她已经离开了50年的故乡。
Je suis à la retraite depuis trois ans, j'ai la chance d'être en bonne santé, je n'ai pas de problèmes d'argent et j'en profite.
我退休已经3年，身体尚好，也不缺钱用，我要好好享受生活。
Sophie a 24 ans et elle a envie de profiter de la vie. Elle aime travailler, voyager, faire du sport et se retrouver entre amis.
索菲今年24岁，她会享受生活，她热爱工作，喜欢旅游和从事体育运动，爱交朋友。
En profitant de cette occasion, je voudrais vous exprimer encore une fois mes sincères remerciements pour votre soutien.
借此机会，我要再一次向你们表示衷心的感谢，感谢你们的支持。

3. **proposer** *v. t.*

(sujet qn) **proposer qch (à qn)**   建议，提议，提出

On nous a proposé un nouveau projet de la reconstruction du temple.
有人提出了一个重建寺庙的新计划。
— Qu'est-ce que tu proposes ? 你有什么建议？
— Qu'on lui donne encore une chance 建议再给他一次机会。
Je vous propose la truite, elle est très bonne. 我给你们推荐鳟鱼，鳟鱼非常好。
Le guide nous propose une visite à la foire de Beijing. 导游建议我们逛北京庙会。
Qu'est-ce que vous me proposez comme menu, Monsieur ?
先生，您建议我们吃什么菜？

Leçon 26

(sujet qn) **proposer (à qn) de+ inf.**   建议某人做某事
L'agence nous propose de partir en vacances en juillet. 旅行社建议我们7月份度假。
Elle propose de visiter les châteaux de la Loire. 她建议参观卢亚尔河畔的古堡。
Pendant le repas, l'hôte chinois n'arrête pas de proposer à l'invité de manger et de boire.
吃饭的时候，中国主人不停地劝客人吃菜、喝酒。

4. **laisser**   *v. t.*

(sujet qn) **laisser qn, qch (quelque part)**   让，留，留下，遗留
Pendant son voyage à l'étranger, elle a laissé ses enfants à la campagne chez sa mère.
她在国外旅行期间，把孩子放在乡下母亲家。
Est-ce que je peux laisser mon sac à dos à la réception ? 我能把我的背包放在前台吗?
— Tu prends ton parapluie ? 你带雨伞吗？
— Non, je le laisse ici. 不带，我把伞放在这里。
J'ai laissé un message sur ton répondeur. 我在你的自动录音电话里留言了。
En partant, il a laissé un pourboire sur la table. 他走时把小费放在桌子上。
Vous voulez bien nous laisser votre nom ? 请您把名字留下。
Elle laisse un morceau de gâteau à sa soeur cadette. 她给她妹妹留了一小块蛋糕。
Ce voyage en Chine a laissé des impressions inoubliables à nos amis africains.
此次中国之行给我们的非洲朋友留下了难忘的印象。
J'espère que ces vacances vous laisseront un excellent souvenir
我希望假期会给你们留下美好的回忆。

laisser qn, qch + inf.   让某人做某事
Robert, ne laisse pas les enfants jouer avec les allumettes, ils vont se brûler.
罗贝尔，别让孩子玩火柴，他们会被烫着的。
Je vous laisse choisir. 你们挑选吧。
Laissez-moi porter cette valise. 让我来提行李箱。
Vous laissez vos enfants sortir tout seuls le dimanche ? 星期天您让孩子们单独外出吗?
Elle m'a laissé regarder les photos qu'elle avait prises en Egypte.
她让我看她在埃及拍摄的照片。
Laissez-moi aller chercher les bagages de la délégation à la consigne.
让我去行李房提取代表团的行李吧。
Laissez-les partir. 让他们走吧。
On a eu l'idée de construire une pyramide en verre pour laisser la lumière entrer.
有人想了一个主意，建一个玻璃金字塔，好让阳光进来。

GRAMMAIRE

I. 关系代词 dont (Le pronom relatif *dont*)

关系代词 dont 和关系代词 qui, que 一样，引入关系从句，dont 代替介词 de +先行词，可以指人或物。

用法：

1. 作间接宾语。

Le fonctionnaire dont je vous ai parlé est compétent et modeste.
我和您谈到的那位官员能干又谦虚。(dont = de ce fonctionnaire)

Vous m'avez offert un livre dont j'ai besoin.
您送给我的书，我很需要。(dont = de ce livre)

2. 作形容词补语。

J'ai enfin trouvé un appartement dont je suis satisfait.
我终于找到了一套满意的房子。(dont = de cet appartement)

3. 作名词补语。

Hier, j'ai vu un film dont l'histoire se passait dans les années 40 à Shanghai.
昨天我看了一部电影，电影的故事发生在40年代的上海。(dont = de ce film)

4. 作数量词补语。

Monsieur Li a trois enfants dont deux sont déjà mariés.
李先生有三个孩子，其中两个已经结婚。(dont = deux enfants)
在这种用法中，系词être常可省略：
Monsieur Li a trois enfants dont deux mariés.

II. 虚拟式现在时 (Le subjontif présent) (2)

1. 除了用于宾语从句外，虚拟式还用于状语从句(la proposition circonstantielle)中，表示时间、目的、原因、条件、让步等。
下列连词短语引导的状语从句须用虚拟式。

表示时间	表示目的	表示原因	表示让步	表示条件
jusqu'à ce que 直到……	afin que 为了	soit que...	bien que 尽管	en cas que 万一，假设
avant que	pour que 为了	soit que...	quoique 尽管	
	de façon que 为了	或者	qui que 不论是谁	pourvue que 只要

Leçon 26

| 在……之前 | de manière que 为了
de sorte que 为了
de peur que 害怕
de crainte que 担心 | 是……或者是…… | quoi que 不论什么
où que 无论在哪儿
quel que 无论什么样 | à condition que 只要
à moins que 除非 |

(1) 让步从句 (la proposition de concession)。

Bien qu'il soit très intelligent, il n'est pas appliqué dans les études.
尽管他很聪明，但他学习不用功。
Quoiqu'il ne se sente pas bien, il viendra. 尽管他身体不舒服，他会来的。
Qui que vous soyez, vous devez observer la code de la route.
不管您是谁，都要遵守交通法规。
Quoi qu'il dise, on ne le croit plus. 不管他说什么，人家再也不信他了。
Où que nous allions, nous avons été bien accueillis en Chine.
我们在中国无论走到哪儿，都受到热烈欢迎。
Quoique M. Zhang soit plus fort que toi en anglais, son expérience professionnelle n'est pas encore suffisante.
虽然张先生英语比你强，可是他工作经验还不够。
Quel que soit le temps, la fête aura lieu en plein air.
不管天气怎么样，庆祝会将在露天举行。

(2) 目的从句 (la proposition de but)。

Où est papa ? Appelle-le pour qu'il vienne aussi voir ces photos.
爸爸在哪儿？快叫他来，让他跟我们一起看照片。
Vous voudrez bien nous laisser votre nouvelle adresse afin qu'on puisse vous prévenir.
请把您的新地址留下，以便日后有事通知您。
Il insiste en pleurant pour que je joue avec lui. 他哭着一定要我跟他玩。
Qu'il pleuve ou non, je vais me baigner. 不管天下不下雨，我是要去游泳了。
Qu'il soit libre ou pas, je veux le voir. 不管他空不空，我都想见他。
Quoi qu'il se passe, je serai là à 10 heures. 不管发生什么事，我十点一定到。
Que ce soit dans la journée ou dans la nuit, il y a toujours quelqu'un pour répondre au téléphone.
不管是白天还是夜里打电话，总有人接听。

(3) 条件从句 (la proposition de condition)。
Je te prêterai la voiture à condition que tu me la rendes demain.
我可以把车借给你，但是你明天得还给我。

2. 虚拟式用于关系从句 (la proposition relative) 中。
   (1) 代词的先行词有一个不定冠词或泛指形容词或泛指代词（如 personne, rien, quelque chose, quelqu'un）时。
   Je suis en train de chercher un endroit où je puisse dormir tranquillement.
   我正在找一个可以安安静静睡觉的地方。
   Il n'y a personne qui puisse traduire ce roman. 没有一个人能翻译这部小说。
   Pour faire un canard laqué, il faut absolument que le canard soit bon. Il faut en choisir un qui soit à la fois gros et lourd.
   要做烤鸭，必须选好鸭子，要挑肥的、重的鸭子。
   (2) 关系代词的先行词有最高级形容词或表示绝对意义的形容（如 le premier, le dernier, le seul, l'unique）时。
   C'est le plus court chemin qui conduise à Dakar, capitale du Sénégal.
   这是去塞内加尔首都达喀尔最近的路。
   C'est le meilleur piano que nous ayons. 这是我们有的最好的钢琴了。

3. 用于独立句中，表示对第三人称的命令、愿望、劝告、请求。
   Qu'il entre ! 请他进来！
   Je vous souhaite à tous bon voyage. Que tout se passe bien !
   祝大家一路平安，一切顺利！
   Que personne ne sorte ! 谁也别出去！
   Puisse tout ce dont vous rêvez devenir réalité ! 但愿梦想成真！

   在口号中，省去连词 que，动词置于句首。
   Vive la République Populaire de Chine ! 中华人民共和国万岁！
   Vive l'amitié entre les peuples chinois et cubain !
   中、古两国人民之间的友谊万岁！

EXERCICES

1 Répondez aux questions sur le texte.

1. De quoi l'informaticien a-t-il hérité ?
2. Qu'est-ce qui a donné l'idée à l'informaticien d'ouvrir un cybercafé ?
3. Est-ce que le cybercafé marche bien ?

Leçon 26

4. Quel est le public habituel ?
5. Y a-t-il des clients âgés ?
6. Qu'est-ce qu'on peut faire au cybercafé ?
7. Pourquoi les gens viennent-ils au cybercafé ?
8. Qu'est-ce qu'on peut découvrir si l'on a accès à l'Internet ?

2 Complétez avec les verbes de la liste.

ouvrir	proposer	laisser	surfer
discuter	se détendre	profiter	trouver

1. En _____ de cette occasion, je voudrais vous exprimer encore une fois mes sincères remerciements pour votre aide.
2. Le chef de classe a _____ de faire une excursion en banlieue de Beijing le samedi prochain.
3. Qu'est-ce qui vous a donné l'idée d' _____ un cybercafé ?
4. Ma tante m'a _____ un café qui ne marchait pas bien.
5. — Qu'est-ce qu'on fait ici ?
   — On vient ici pour _____ sur le Net, pour _____, pour _____ des informations, ou simplement pour _____ en buvant une bière.
6. — A quelle heure ouvrez-vous ?
   —Le cybercafé _____ tous les jours de 10 heures à 22 heures.
7. Avec l'argent que la banque lui a fourni, elle a _____ un restaurant.
8. Je _____ à mes élèves d'aller voir l'exposition « Design d'en France » qui se tient actuellement au Musée national de Chine.

3 Complétez les phrases.
1. M. et Mme Wang ont économisé pour que leur fils (faire) _____ ses études à l'étranger.
2. Il vaut mieux que nous abandonnions ce projet avant qu'il (être) _____ trop tard.
3. Les enfants peuvent rester dans la salle à conditions qu'ils ne (faire) _____ pas de bruits.
4. Bien que ce restaurant (être) _____ un peu cher, il y a toujours beaucoup de monde.
5. Pour que nous (être) _____ à l'heure, il faut partir maintenant.
6. Nous ne prendrons pas la décision avant que tout le monde (être) _____ là.
7. Tu peux sortir à condition que tu me (dire) _____ où tu vas.
8. Nous travaillerons jusqu'à ce que tout (être) _____ terminé.
9. Rentrons avant qu'il (ne) (pleuvoir) _____ .
10. Prenons un apéritif en attendant que le repas (être) _____ prêt.
11. Je resterai ici jusqu'à ce que le directeur (revenir) _____ .

12. Bien qu'il (faire) froid, nous allons à la campagne pour que les enfants (prendre) _____ l'air.

4 Transformez les phrases en utilisant la conjonction proposée.

✦ Elle mange du chocolat, des gâteaux, des pizzas, elle ne grossit pas.
   Quoi qu'elle mange, elle ne grossit pas.

a. Qui que

1) Vous êtes grand, petit, gros, maigre, professeur, ingénieur, ouvrier... le sport est bon pour vous.

2) Vous pouvez rencontrer le directeur, le chef du personnel, ou quelqu'un d'autre, il vous donnera toujours la même réponse à votre question.

b. Quoi que

1) Le capitaine peut dire ce qu'il veut, il doit être obéi.

2) Je peux faire tout ce qui est possible, je n'y arriverai pas.

c. Où que

1) Les Jeux Olympiques peuvent avoir lieu à Paris, à Barcelone, à Athènes, à Beijing ou ailleurs, j'irai les voir.

2) Tu peux travailler dans une entreprise, dans une administration, dans un atelier ou ailleurs, tu auras toujours les mêmes problèmes.

d. Quel(le)s que

1) Il peut faire beau ou mauvais temps, ça n'a pas d'importance, la course aura lieu.

2) Ses craintes peuvent être fondées, elle doit accepter ce changement.

5 Complétez les phrases avec *que* ou *dont*.

1. Le dictionnaire _____ j'ai besoin coûte assez cher.
   _____ je dois acheter coûte assez cher.

2. Je vais souvent dans ce village _____ j'apprécie le calme.
   _____ je connais bien.

3. C'est un restaurant _____ on m'a beaucoup parlé.
   _____ on m'a beaucoup conseillé.

4. Ce sont des vacances _____ toute la famille a appréciées.
   _____ on se souviendra longtemps.

5. Voilà un dessert _____ j'aimerais goûter.
   _____ j'ai bien envie !

6. Tu me proposes un voyage _____ je veux faire depuis longtemps.
   _____ je rêve depuis longtemps.

Leçon 26

6 Complétez avec *qui, où* ou *dont*.

Au festival de Cannes

1. — Vous avez aimé le film ?
   — Oui, c'est un film _____ m'a beaucoup touchée.
2. — Vous avez apprécié les acteurs ?
   — Surtout le héros, c'est un acteur _____ je suis folle.
3. — Vous vous souvenez de son dernier film ?
   — Tout à fait, c'était une histoire _____ se passait en Egypte.
4. — Quelle a été vortre scène préférée ?
   — C'est le moment _____ il embrasse l'héroïne bien sûr !

7 Faites une seule phrase avec *dont*.

1. Finalement ils ont acheté l'appartement. Je vous ai parlé de cet appartement.
2. Chen Hong a trouvé une chambre. Elle est très contente de cette chambre.
3. C'est la maison de mon enfance. Je me souviens parfaitement de cette maison.
4. Les fiancés préparent le grand mariage. Ils rêvent d'un grand mariage.
5. La vieille dame raconte à son petit-fils sa jeunesse. Elle se souvient de sa jeunesse.
6. J'ai présenté un projet. Je suis satisfait de ce projet.
7. Le photographe achète un nouvel appareil digital. Il a besoin d'un nouvel appareil digital.
8. J'ai acheté un manteau. Sa couleur est très originale.
9. Alain a publié son premier roman. Il est très fier de ce roman.
10. Elle a beaucoup de problèmes. Elle en parle à tout le monde.

8 Complétez les dialogues avec *qui, que, où, dont*.

1. — Vous _____ riez tout le temps, vous avez l'air triste aujourd'hui...
   — La maison _____ j'ai grandi vient d'être détruite et ça me fait de la peine.
2. — Je n'aime pas les gens _____ parlent toujours d'eux-mêmes.
   — Est-ce que vous aimez le jeune homme _____ nous avons vu hier soir au cinéma ?
3. — Tu te souviens de ce restaurant _____ Jules nous a parlé ? Il est où ?
   — Je ne connais pas le nom de la rue mais c'est là _____ il y a beaucoup de restaurants chinois.
4. — La Suisse est le prochain pays _____ je voudrais visiter.
   — Ah ! C'est étrange. Moi, ce n'est pas du tout un endroit _____ m'attire.
5. — Hangzhou est une ville _____ j'adore, pas toi ?
   — J'y suis allé une ou deux fois mais ce n'est pas un endroit _____ je me souviens particulièrement.
6. — Mon voisin a un gros chien _____ ma petite fille a très peur.

— C'est un chien _____ je trouve très intelligent et _____ ne ferait sûrement pas de mal à un enfant.

9 Thème.

1. 导游建议我们参观古堡，这些古堡在当地很有名。
2. 您一定累了，休息吧。
3. 你看过这篇报道了吗？现在大家都在议论纷纷。
4. 这是一次我们将永远记住的旅行。
5. 他尽管生病，还是照常上班。
6. 导游戴了一顶小黄帽，好让大家辨认。
7. 请您说话声音大一点，好让大家听清楚。
8. 行李一定到了，让我去取吧！
9. 你说的那个中介机构我们不了解。
10. 你们当中有没有法文讲得很流利的人？

10 Lecture.

P. de Coubertain, père du mouvement olympique moderne

Après une disparition de quinze siècles, Pierre Coubertain a fait revivre les jeux Olympiques, car il croyait que le sport établirait peu à peu des relations d'amitié entre les jeunes et les pays du monde.

La première fois qu'il a lancé son idée en 1892, personne ne l'a prise au sérieux. Mais, sans jamais perdre courage, il a fini par réaliser son rêve. Si bien que l'idée a fait très vite son chemin : C'est à Athènes, en 1896, que se sont ouverts les premiers jeux Olympiques des temps modernes. La rencontre suivante a eu lieu à Paris, quatre ans plus tard, puis aux Etats-Unis en 1904, à Londres en 1908. Depuis, le nombre de pays qui y participent ne cesse d'augmenter.

13 pays et 285 participants à Athènes en 1894 (aucune femme parmi eux).

49 pays et 4 069 participants (dont 328 femmes) à Berlin en 1936.

94 pays et 5 558 participants (dont 723 femmes) à Tokyo en 1964...et des spectateurs par millions grâce à la télévision.

En 1984, la Chine a envoyé, pour la première fois depuis 1949, ses excellents sportifs à Los Angeles.

En 2008, les 29èmes Jeux Olympiques ont eu lieu à Beijing.

Bien que cet extraordinaire succès soit parfois utilisé à des fins qui n'ont rien à voir avec le sport et l'idée olympique, il n'empêche qu'il donne l'occasion à des millions de jeunes de toutes les couleurs de se rencontrer pour vivre ensemble sous le drapeau olympique.

11 Dictée.

LEÇON 27

J'ai une nouvelle amie

Cette vieille femme, je la vois souvent[1]. Elle est toujours dans le parc. Elle marche doucement en s'appuyant sur un bâton, et elle a l'air de chercher quelque chose ou d'attendre quelqu'un : elle se promène près du lac et elle regarde à droite et à gauche, elle s'arrête parfois, regarde une ou deux minutes vers l'entrée du parc, puis repart un peu plus loin.

Je ne la connais pas. Elle est vieille : soixante-dix ans peut-être, elle a les cheveux blancs, elle porte toujours la même jupe grise. Quand je reviens de l'école à midi, je passe par le parc pour rentrer chez moi, et je la vois tous les jours. J'ai toujours envie de m'arrêter près d'elle pour lui demander ce qu'elle cherche ou qui elle attend, mais c'est difficile : je ne suis pas policier ! Alors, comment faire pour savoir ?

Aujourd'hui, c'est le premier jour des vacances. Je viens dans le parc, je m'asseois sur un banc. Je peux l'attendre et ensuite la suivre. Je vais savoir où elle habite, peut-être qui elle est, et connaître son secret ! Etre détective, c'est très amusant !

Ah ! la voilà ! Il est dix heures. Elle reste dans le parc et ensuite elle repart. Allons-y ! Je suis un peu impatiente, mais je la suis doucement. Elle prend la rue des Ecoles, passe sur le pont et s'arrête devant une petite maison au numéro 35 de la rue. Maintenant je connais son adresse.

Elle a l'air de[2] chercher sa clé, puis elle rit et elle me dit : "Allez viens ![3] Ne reste pas là !" Elle m'a vue ! Je ne suis pas un bon détective. Je lui dit que je la vois tous les jours, que j'ai voulu savoir ... et je m'excuse."Tu veux savoir pourquoi je me promène dans le parc ? Et bien, je suis un peu seule, alors je cherche une amie ... Une fille de treize ans, avec de jolis yeux bruns comme toi ! " Voilà comment, depuis ce jour, j'ai une nouvelle amie.

VOCABULAIRE

parc *n. m.* 公园
bâton *n. m.* 小棍
avoir l'air *loc. verb.* 好像
jupe *n. f.* 裙子
policier, -ère *n.* 警察
détective *n.m.* (英)侦探；私家侦探

banc *n. m.* 长椅，长凳
repartir *v. i.* 再出发，再出行
impatient, -e *a.* 焦急的，不耐烦的
clé (clef) *n. f.* 钥匙
rire *v. i.* 笑
excuser (s') *v. pr.* 表示歉意，请求原谅

中文译文

忘年之交

我常常见到这位老妇人，她老待在公园里，拄着一根手杖，踽踽独行。她像是在寻找什么东西，或者在等人。当她走到湖边时，时而环顾四周，时而驻足不前，朝公园入口处张望一两分钟后，又往稍远的地方走去。

我和她素不相识。她已上了年纪，满头银发，大概有七十岁了吧，总是穿一条灰裙子。中午放学回家，公园是我的必经之路，每天我都能见到她。我一直想走到她身边停下脚步，问她在找什么，或者等什么人，但又难以启齿，因为我不是警察。那么，要想知道她的底细，该怎么办呢？

今天是假期的第一天，我又来到公园，坐在一张长椅上。我可以等她来，然后尾随她，那样我就可以知道她住在何处，也许还可以知道她是何许人也，了解她的秘密！当一名侦探可真好玩呀！

嗨！她还真来了！现在是上午十点。她在公园里停留片刻后又走了。快跟上去！我有点急不可待了，然而我还是蹑手蹑脚地跟着。她走学堂路，过桥后在学堂路35号的一幢小楼前停了下来。我现在可知道她的地址了。

她好像在找钥匙，然后莞尔一笑，对我说："来呀！别愣在那儿！"不好！她发现我了，我不是一个好侦探！我对她说，我每天都见到她，我想知道……，我请求原谅。"你是不是想知道我为什么在公园里散步？对啦，我一个人有点孤独，所以想找一个女朋友……找一个十三岁的小姑娘，有一双褐色的漂亮的眼睛，就像你一样！"就是从那一天起，我和她成了忘年交。

NOTES

1. Cette vieille femme, je la vois souvent. 这是强调句中成分的一种方法，即把要强调的成分置于句首或句末，在句中以一个非重读人称代词重复这一成分，

Leçon 27

被强调的成分可以是主语（名词或代词）、表语或者直接宾语。
Ce dictionnaire, je peux l'utiliser ? 这本字典我能用一下吗？
Les deux frères, ils sont très gentils, surtout l'aîné.
两兄弟都很和气，尤其是老大。

2. Elle a l'air de... avoir l'air，好像，后面可跟形容词。如果主语是人，形容词的性、数可与主语配合，也可以与 l'air 配合；如果主语是物，形容词的性、数必须与主语相一致。avoir l'air 后面也可以跟名词或动词不定式。请见本课 Mots et epressions。

3. Allez viens ! 来，快进来！动词 aller 的命令式用来加强语气或作感叹词用，表示鼓励、友好、温情或怀疑、不耐烦和蔑视。

MOTS ET EXPRESSIONS

1. avoir l'air *loc. verb.* 看起来，好像，似乎

(sujet qn, qch) **avoir l'air + adj.**
L'institutrice a l'air sévère. 这位小学女老师看起来很严厉。
Cette femme a l'air bien triste. 这位女士好像很伤心。
Les deux frères ont l'air stupides. 两兄弟长相很蠢。
Elle a l'air si fatiguée que je n'ose pas la déranger. 她好像很累，我不敢打扰她。
Ces pommes ont l'air fraiches. 这些苹果看起来很水灵。

avoir l'air de + n. / inf.
Il a l'air d'un paysan. 他像农民。
Tu as l'air d'un idiot avec ton chapeau. 你戴这顶帽子挺傻的。
Elle a l'air de chercher quelque chose ou d'attendre quelqu'un.
她好像在找什么东西或者在等什么人。
Marie a l'air d' avoir bien sommeil. 玛丽好像很困。
Sophie a l'air de m'en vouloir d'être venu en retard. 我迟到了，索菲好像在埋怨我。
Ce problème n'a pas l'air d'être difficile. 这个问题好像不难解决。
Le jeune homme a l'air d'être bien instruit. 这位年轻人看起来很有知识。
A table, personne n'avait l'air de rigoler. 饭桌上似乎没有任何人想开玩笑。

2. porter *v. t.*

(sujet qn) **porter un objet, qn ; porter qch (à qn) [quelque part]** 背，扛，提，抱
Madame Dupont est assez forte pour porter cette grosse valise.
杜邦太太力气蛮大的，她拿得动这只大箱子。

L'enfant était tellement fatigué par la promenade que son père a dû le porter pour rentrer.
孩子走路走累了，他爸爸只好把他背回家。
Le paysan porte un gros sac sur son épaule. 农民肩上扛了一个大包袱。
La mère porte un bébé dans ses bras. 母亲怀里抱了个婴儿。
Tu vas porter ce paquet à la poste. 你把这个包裹送到邮局去寄走。

(sujet qn) porter qch [vêtement, bijoux, lunettes, montre etc.]   穿戴
La vieille dame porte toujours la même jupe grise. 老太太总是穿着一条灰裙子。
Notre nouvelle directrice porte des lunettes. 我们新来的女主任戴一副眼镜。
Dans les années 70, il aimait porter un tee-shirt noir, des lunettes noires, et des bottes noires.
70年代，他喜欢穿黑T恤衫，戴墨镜，穿黑皮靴。
Elle ne porte plus la montre que son mari lui a offerte.
丈夫送给她的那块表，她现在不戴了。
Madame Delon porte une robe chinoise pour assister à la réception.
德龙夫人穿了一件中国旗袍参加招待会。

se porter bien, mal, comment, etc.   *v. pr.*   处于……健康状况
Il y a longtemps qu'on ne s'est pas vus ! Comment vous portez-vous ?
我们有好久没有见面了，您近来好吗？
Je me porte très bien / beaucoup mieux / à merveille / pas mal.
我身体非常好/好多了/好极了/还行。
Je me porte comme le Pont Neuf. 我身体非常结实。

3. suivre   *v. t.*

(sujet qn) suivre (qn)   跟随，尾随，跟在……后面
En rentrant seule l'autre soir, Anne avait l'impression qu'on la suivait dans la rue.
那天晚上安娜一个人回家，总觉得有人在街上跟踪她。
Le détective l'a suivi plusieurs jours. 侦探跟踪他好几天了。
Il s'est retourné pour voir si'il était bien suivi.
他转过头，看看是否确实有人在尾随他。
Si vous voulez bien, vous pouvez me suivre. 如果您愿意，您就跟我走。

(sujet qn) suivre une route, une direction   沿……而行
— Pardon, Monsieur, pourriez-vous m'indiquer le chemin de la place de Vendôme ?
   对不起，先生，请问去旺多姆广场怎么走？
— Vous suivez cette rue, et puis vous tournez à droite au feu.
   您沿着这条街走，到红绿灯后往右拐。

Leçon 27

suivre un (des) cours　听课，上……的课

Je suis étudiant de l'Université Qinghua, mais je suis aussi des cours de Monsieur Wu, professeur à l'Université de Pékin.
我是清华大学的学生，但我也听北京大学吴教授的课。

Je suis des cours de français / chinois. 我听法语课/汉语课。

GRAMMAIRE

I. 动词不定式 (L'infinitif)

动词不定式是一种无人称语式，有现在时（l'infinitif présent）和过去时（l'infinitif passé）。动词不定式现在时就是动词原形。

1. 不定式现在时用法：

(1) 作主语或表语。

　　Prendre un taxi en Chine est relativement bon marché.
　　相对来说，在中国乘出租比较便宜。
　　Bavarder avec lui est un grand plaisir. 和他聊天是一种莫大的乐趣。
　　Vouloir, c'est pouvoir. 有志者事竟成。（谚语）

(2) 作直接宾语，直接置于某些动词后。

　　J'aimerais habiter à la campagne. 我愿意住在乡下。
　　J'espère pouvoir vous rencontrer le mercredi 15 novembre.
　　我希望11月15日星期三能与您会面。

(3) 由介词 à 或 de 引导，作间接宾语。

　　Je commence à parler français. 我开始能讲法语了。
　　Nous lui demandons de nous donner une explication.
　　我们要求他向我们作出解释。

(4) 作名词或形容词补语。

　　Mes parents ont l'habitude de se promener après le dîner.
　　我父母吃完晚饭后有遛弯儿的习惯。
　　Je suis très heureux de vous recevoir. 能接待你们，我感到很荣幸。

(5) 作状语，置于某些介词或介词短语后。

　　Avant de partir, il faut bien fermer la porte et les fenêtres.
　　出门前一定要关好门窗。
　　Elle est sortie sans rien dire. 她连句话都没说就走了。

(6) 用于省略疑问句和表示惊讶、愤慨、愿望的感叹句或表示命令、建议的公示语中。

　　Comment faire ? 怎么办呢?

Où aller ? 去哪儿呀？
Pourquoi partir si tôt ? 为什么这么早就出发？
Ralentir école. 前方学校，请慢行。
Comment ? Rouler à 120 km à l'heure ! 怎么？开车时速达120公里！
Prendre deux comprimés par jour. 每日两片。
Ne pas fumer ! 请勿吸烟！
Ne pas se pencher dehors ! 请勿探身窗外！

2. 不定式过去时
(1) 构成：
助动词 avoir 或 être 的不定式 + 动词过去分词 = 不定式过去时
(2) 用法：
表示在主句之前完成的动作。
Je suis très content d'avoir fait votre connaissance. 能认识您，我感到很高兴。
Après être arrivée au bureau, elle s'est mise à travailler.
到办公室后，她就开始工作了。
Merci d'être venu. 感谢您光临。
Excusez-moi de vous avoir fait attendre. 让您久等了，很抱歉。
Après avoir terminé mes études universitaires, je suis allé travailler au ministère de l'Agriculture. 大学毕业后我去了农业部工作。

Ⅱ. 现在分词 (Le participe présent)
1. 构成：
现在分词由动词直陈式现在时第一人称复数去掉词尾 –ons，加 –ant，即构成现在分词。

parler → nous parl**ons** → parl**ant**
finir → nous finiss**ons** → finiss**ant**
venir → nous ven**ons** → ven**ant**
prendre → nous pren**ons** → pren**ant**

● 下列三个动词的现在分词是不规则的：
avoir → **ayant**
être → **étant**
savoir → **sachant**

2. 用法：
现在分词起动词作用，表示主动意义，可以有宾语或状语，但无人称、性和数的变化。现在分词多用于书面语言。
(1) 修饰名词或代词，相当于由 qui 引导的关系从句。
Je connais toutes les personnes habitant cet immeuble.
住在这栋大楼里的人我都认识。
Cette jeune fille parlant deux langues étrangères servira d'interprète.
这位姑娘会说两种外语，将由她担任翻译。
C'est un appartement comprenant quatre pièces et un salon.
这是四室一厅的一套单元房。
La fille chantant est une de mes amies.
正在唱歌的那个女孩是我的一个好朋友。
(2) 修饰动词，相当于时间或原因状语从句。
Ne voulant pas me déranger, elle est sortie silencieusement.
她不想打扰我，所以悄悄地走了。
Sortant du théâtre, j'ai vu mon professeur français.
我走出剧场时，见到了法国老师。
François Li ayant la nationalité française peut voter en France.
弗朗索瓦·李是法国籍，可以在法国参加选举。

● 代词式动词作现在分词时，仍保留自反代词，自反代词的人称应与主语一致。
Nous promenant dans la forêt, nous avons ramassé des champignons.
我们在森林里散步，捡了一些蘑菇。

● 现在分词可以作形容词，其性、数须与它修饰的名词或代词的性、数一致。
Nous avons obtenu des résultats encourageants. 我们取得了令人鼓舞的成绩。
C'est un livre très intéressant. 这本书很有意思。

Ⅲ. 副动词 (**Le gérondif**)
1. 构成：
在现在分词前加上介词 en 就构成副动词。副动词无词形变化。
parler → palant → en parlant
regarder → regardant → en regardant
finir → finissant → en finissant
lire → lisant → en lisant

2. 用法：
副动词兼有动词和副词的性质，在句中作状语，表示时间、方式、条件。

(1) 作时间状语。
   副动词所表示的动作和主句中动词的动作具有"同时性"，主语相同。
   Il lit en écoutant de la musique. 他一边看书一边听音乐。
   Elle nous a dit bonjour en entrant. 她进来时向我们一一问好。
   Sois prudent en conduisant. 驾车时要小心谨慎。
   Nous mangeons et buvons en discutant. 我们边吃边喝边聊天。
(2) 作方式状语。
   Il est sorti en courant. 他是跑着出去的。
   C'est en nageant qu'on apprend à nager. 在游泳中学会游泳。
   C'est en regardant la TV5 que nous avons appris cette nouvelle sensationnelle.
   我们是看法语五台时得悉这一惊人消息的。
(3) 作原因状语。
   Elle s'est cassé une jambe en faisant du ski. 她因为滑雪摔断了一条腿。
   En prenant un taxi, je suis arrivé à l'heure. 因为我乘出租，所以准时到了。
(4) 作条件状语。
   En faisant tous les jours deux heures de gymnastique, vous perdrez du poids.
   您每天锻炼两个小时，体重就会减轻。

- 为了强调动作的同时性，可以在 en 之前加副词 tout。
   Il fait ses études tout en travaillant. 他半工半读。

IV. 现在分词与副动词的区别 (La différence entre le participe présent et le gérondif)

1. 从形式上看，副动词带有介词 en，现在分词则没有。

2. 副动词可用于口语或笔语，而现在分词一般多用于笔语。

3. 副动词表示的动作只能由句中的主语完成，而现在分词可以有自己的主语。
   J'ai vu Paul en sortant du théâtre. 我走出剧场时看见了保尔。
   (= Quand je suis sorti du théâtre, j'ai vu Paul. → 副动词)
   J'ai vu Paul sortant du théâtre. 我看见保尔从剧场走出来。
   (= J'ai vu Paul qui sortait du théâtre. → 现在分词)

4. 副动词只能在句中作状语，而现在分词可作定语或者状语。
   Je vais à l'université en prenant le métro. 我乘地铁上学。
   (副动词，方式状语)
   Ma chambre donnant sur le sud est bien éclairée. 我的房间方向朝南，光线很充足。
   (现在分词，定语)

现在分词和副动词用作时间状语时,都表示"同时性",意义上没有什么区别。
En entrant au cinéma, j'ai vu Anna. / Entrant au cinéma, j'ai vu Anna.
我走进电影院时,看见了安娜。

● 动词 être 和 avoir 一般只用现在分词形式。
Etant malade, le directeur n'est pas venu aujourd'hui. 主任病了,今天没来上班。
Ayant faim, il est allé déjeuner au restaurant. 因为饿了,所以他去饭店吃中饭去了。

EXERCICES

1 Répondez aux questions sur le texte.
1. Où va souvent cette vieille dame ?
2. Qu'est-ce qu'elle fait là-bas ?
3. Est-ce que la petite fille connaît cette dame ?
4. Qu'est-ce qu'elle veut faire chaque fois qu'elle voit la vieille dame ?
5. Que fait la petite fille le premier jour des vacances ?
6. Est-ce que la petite fille est un bon détective ?
7. Pourquoi la vieille dame se promène-t-elle tous les jours dans le parc ?
8. Que deviennent la vieille dame et la petite fille ?

2 Reliez les deux parties de la phrases.
1. Ce vieux monsieur a l'air de(d')
2. Je suis heureux de(d')
3. Etre un bon détective,
4. Faire le tour du monde,
5. Il n'est pas assez fort
6. Il est interdit de(d')

 a. pour porter cette valise.   **b.** c'est intéressant.
 c. avoir fait votre connaissance.   **d.** ce n'est pas facile.
 e. attendre quelqu'un.   **f.** fumer dans les lieux publics.

3 Complétez avec à, au, devant, derrière, en, sur, dans, par, à côté de.
1. Je voudrais vendre une maison. Elle est _____ le centre de la ville.
2. J'ai un appartement à louer. Il est dans un grand immeuble, _____ du cinéma.
3. _____ la maison de Pierrette, il y a une place.
4. Elle marche difficilement en s'appuyant _____ un bâton.
5. Mettez les journaux _____ mon bureau, s'il vous plaît.

6. Quand j'habitais _____ Paris, j'allais tous les jours _____ le jardin du Luxembourg.
7. Mureille se promène _____ la rue.
8. Pour rentrer chez moi, il faut passer _____ le Palais des Beaux-Arts.
9. Il vit _____ France depuis 1980.
10. Nous avons acheté une maison de campagne. _____ la maison, il y a un petit jardin et _____ un garage.

4 Complétez les phrases en employant le gérondif.

✦ Je me rase en regardant par la fenêtre.

1. Je fais mes exercices de vocabulaire (écouter) _____ un morceau de Vivaldi.
2. Nous buvons du café (regarder) _____ passer les gens dans la rue.
3. Les diplomates discutent (prendre) _____ du café.
4. Nous préparons les bagages (réfléchir) _____ à ce qui est important à prendre.
5. J'ai appris cette nouvelle (écouter) _____ la radio dans la voiture.
6. Elle part (fermer) _____ la porte.
7. Elle rêve (regarder) _____ par la fenêtre.
8. Il part (dire) _____ au revoir à tous.

5 Remplacez les phrases par des participes présents.

1. La pluie qui tombe sans cesse va provoquer des inondations.
2. Ce stage de formation qui commence dans quinze jours vous permettra peut-être d'obtenir un poste plus intéressant.
3. Le Festival International du Film qui se tient à Cannes, attire chaque année un énorme public.
4. Le Palais d'été qui est actuellement en travaux, ouvrira bientôt ses portes.
5. Les jeunes, qui n'ont pas beaucoup d'argent de poche, consacrent cependant une grande partie de leur budget à la musique.
6. Paul travaille samedi prochain, alors il ne nous accompagnera pas à l'aéroport.
7. La grève de la S.N.C.F. est prévue pour le premier mai, il n'y aura pas de train ce jour-là.
8. Nous aimons la mer alors nous cherchons une maison à louer à Sanya.

6 Terminez les phrases en utilisant les verbes de la liste.

| partir | avoir | fermer | prendre | comprendre |
| acheter | faire | marcher | se réveiller | |

1. Etes-vous prêt à _____ ?
2. Ce matin, M. et Mme Martin _____ très tôt.

Leçon 27

3. Je suis venu pour _____ une discussion avec vous.
4. Elle a envie de _____ des vacances en juillet.
5. Ma mère est en train de _____ la cuisine.
6. Ma sœur a besoin de _____ quelques jours de repos.
7. Cet article n'est pas facile à _____.
8. Oscar vient d' _____ une cravate rouge.
9. N'oubliez pas de _____ la porte derrière vous.
10. Les travaux _____ bien !

7 Transformez les phrases d'après le modèle.
✦ Nous prenons le métro. C'est plus rapide. (préférer)
→ Nous préférons prendre le métro. C'est plus rapide.
1. Madame Li conduit bien ? (savoir)
2. Les Delon dînent avec nous ce soir. (venir)
3. Tu pars bientôt ? (aller)
4. Votre femme fait la cuisine ? (aimer)
5. Nous déménageons le mois prochain. (espérer)
6. Tu comprends la situation. (devoir)

8 Impératif ou infinitif ? Complétez en choisissant.
1. Surtout, ne _____ rien avant mon arrivée ! (faire / faites)
2. _____ vite ! C'est urgent ! (Venir / Venez)
3. Mesdames et Messieurs, _____, la réunion va commencer. (s'asseoir / asseyez-vous)
4. _____ un bon emploi, c'est de plus en plus difficile. (Trouver / Trouvez)
5. Chère Madame _____ patiente, et _____ votre temps. (soyez / sois / être; prends / prenez / prendre)

9 Complétez les phrases avec un infinitif passé.
1. Je suis très heureux d' _____ votre connaissance. (faire)
2. Excusez-moi de vous _____ (faire attendre)
3. Je regrette de _____ plus longtemps. (ne pas rester)
4. Je ne pense pas _____ déjà _____ cet homme. (rencontrer)

10 Complétez par des mots et expressions du texte.
1. Ce vieux monsieur, je _____ vois tous les jours.
2. Ces fruits _____ l'air très bons.
3. Elle a _____ une robe neuve pour aller à l'opéra.

4. Ce vieux monsieur _____ toujours le même costume marron.
5. J'avais _____ de m'arrêter pour lui demander qui il était.
6. Quand je _____ de l'école, je dois passer par le cinéma.
7. Tiens ! _____ voilà enfin ! Ça fait une heure que nous les attendons.
8. Tiens ! _____ voilà, je le suis doucement.
9. — Tu _____ l'adresse du professeur ?
   — Non, je ne la connais pas.
10. Mais ne _____ pas debout ! Venez vous asseoir au salon.

11 Thème.

1. 大学毕业后我去了外交部工作。
2. 他们在法国半工半读。
3. 您认识一个能流利地讲阿拉伯语的翻译吗？
4. 穿蓝西装的那个男子是代表团的法文翻译。
5. 一个满头银发的老者在公园里东张西望，好像在等候什么人。
6. 请您跟我走，图书馆离这儿不远。
7. "小红帽，你瞧，这里有一小块蛋糕和一瓶葡萄酒，给你奶奶送去吧。"
8. 我喜欢住在乡下。
9. 趁今天下午有空，我想去看望教过我两年汉语的老师。
10. 我忘了今天下午的约会，请您原谅。

12 Lecture.

A propos de l'écologie

En détruisant la forêt, l'homme détruit la terre. Sur une terre sans arbres, l'eau coule plus vite et bientôt emporte cette terre.

On veut tuer les verres qui nuisent à un arbre, on se sert d'un produit chimique qui, en même temps, nuit aux arbres voisins. Un bateau laisse couler son pétrole en pleine mer. Quelques jours après apparaissent des milliers de poissons morts.

Et l'air dans lequel nous vivons est tout aussi sale que l'eau. Les usines rejettent, dans l'air comme dans l'eau, des poussières qui ne servent à rien. Quelquefois, ces poussières forment un brouillard dangereux. Le 5 décembre 1952, quatre mille personnes sont mortes, à Londres, pour avoir respiré les poussières de ce genre de brouillard.

13 Dictée.

LEÇON 28

Texte

Une querelle entre un père et sa fille

Le père: Comment ? Tu ne passeras pas tes vacances avec nous ?

Anne: Non, papa. J'irai avec Sylvie au Royaume-Uni pour un temps assez long.

Le père: Mais tu reviendras pour la rentrée.

Anne: Je ne crois pas.

Le père: Et ta licence[1] ?

Anne: Je ne la finirai pas. Quand j'aurai réussi mon examen d'anglais, je chercherai une place de secrétaire trilingue, puisque je possède déjà l'allemand.

Le père: Tu ne demandes pas notre avis ?

Anne: Voyons[2], papa, j'ai 22 ans. Et puis, une licence, ça sert à quoi ?[3]

Le père: On n'a plus voix au chapitre.[4] Sur tous les plans, vous contestez une civilisation, une culture qui ont mis des siècles à se former.

Anne: Il ne s'agit pas de contester ou d'approuver une civilisation. Je ne veux pas apprendre uniquement pour avoir de la culture. L'essentiel, c'est d'être capable de gagner sa vie.

Le père: Décidément, on ne s'entend plus. Tiens, pour prendre un exemple, votre musique, qu'est-ce que c'est ? Du bruit, rien que du bruit ![5]

Anne: Pardon, ce que nous cherchons, c'est le rythme, la gaieté. La musique que j'aime, c'est celle qui me fait bouger.

Le père: Pauvre Bach ! Pauvre Mozart !

Anne: Tu aimais Bach à mon âge ?

新编法语教程

VOCABULAIRE

querelle *n. f.* 争吵，吵架
Royaume-Uni *n.m.* 英国
rentrée *n. f.* 开学
licence *n. f.* 学士学位，学士文凭
servir (à) *v. t. ind.* 用于，用作
réussir *v. t. et v i.* 做成功，使成功；获得成功
trilingue *a. et n.* 懂三国语言的；懂三国语言者
posséder *v. t.* 拥有，具有
chapitre *n. m.* 篇，章；主题，话题
  avoir voix au chapitre *loc.verb.* 有发言权，有话语权
sur tous les plans *loc.adv.* 在各方面
contester *v. t.* 争议，提出异议，怀疑
siècle *n. m.* 世纪
former *v. t.* 培养

agir *v. i.* 行动，做事
  il s'agit de *loc. impers.* 涉及，关系到
approuver *v. t.* 赞同
uniquement *adv.* 仅仅，唯一地
essentiel *n. m.* 要点，主要部分
décidément *adv.* 明显地，坚决地
prendre l'exemple *loc.verb.* 举例
rien que 仅仅，只是
rythme *n. m.* 节奏
gaieté *n. f.* 快乐
pauvre *a. et n.* 贫穷的，可怜的；穷人；可怜的人
Bach *n. pr.* 巴赫
Mozart *n. pr.* 莫扎特
d'après *loc. prép.* 根据，依照

中文译文

父女之间的一场争吵

父亲：怎么？你不跟我们一起去度假？
安娜：不去了，爸爸，我和西尔维去英国，要待好长一段时间。
父亲：那开学你得赶回来。
安娜：我不想赶回来了。
父亲：那学士文凭怎么办？
安娜：不想要学士文凭了，以后等我通过了英语考试，就去找一个需要懂三种语言的秘书的差使，德语我早就会了。
父亲：你也不征求征求我们意见？
安娜：爸爸，你瞧，我已经22岁了，再说，一个破学士学位，管什么用？
父亲：我现在是说话不管用啦！从各方面讲，你们是在怀疑用了好几个世纪才形成的文化和文明。
安娜：这不是怀疑或者赞同一种文明的问题，我学习不仅仅是为了提高文化素养，最主要的，是为了获得能够谋生的手段。
父亲：明摆着的，我们的看法不一样，你瞧，举个例子吧，你们听的音乐，是

Leçon 28

些什么玩意儿？是噪音，纯粹是噪音！
安娜：对不起，我们寻求的，是节奏，是快乐。我喜欢的音乐，是要使我动起来的音乐。
父亲：可怜的巴赫！可怜的莫扎特！
安娜：你像我这个年纪，你也喜欢巴赫吗？

NOTES

1. la licence，法国学士文凭。法国综合大学学制分三个阶段。第一阶段学制两年，属基础理论学习阶段，第一阶段学习结束经考试合格后可获大学基础文凭（DEUG）。第二阶段学制两年，属专业基础教育阶段，第一年学习结束并经考试合格后可获学士文凭（LICENCE）；第二年考试合格后可获硕士文凭（MAITRISE）。第三阶段属专业研究和深入学习阶段，攻读高级实践文凭（DESS）和深入研究文凭（DEA），需一年；获得DEA文凭后，攻读博士学位（DOCTORAT），一般需三到四年时间。

2. Voyons... voyons 是动词 voir 的第一人称复数，作感叹词用，意思是"您瞧瞧"、"喂"、"哦"。
   (1) 表示指责或让人恢复理智：Voyons! Réfléchissz bien! 嗯，你要三思而行呀！
   (2) 用作鼓励：Voyons, mon enfant, fais un effort! 嗳，孩子，要努力呀！。
   (3) 表示不耐烦：Calmez-vous, voyons! 好啦，请安静点儿。

3. Et puis, une licence, ça sert à quoi ? quoi，什么，疑问代词，用来指物，无性、数变化，与介词一起使用。
   A quoi penses-tu ? 你在想什么？
   De quoi as-tu besoins ? 你需要什么东西？
   De quoi parliez-vous ? 你们刚才谈论什么？

4. On n'a pas voix au chapitre. le chapitre，主题，话题；教士会议。avoir voix au chapitre，有发言权。
   J'estime avoir suffisamment contribué au succès de l'entreprise pour avoir voix au chapitre.
   我认为自己对企业的成功作出了一定的贡献，因此我应该有发言权。

5. Du bruit, rien que du bruit. rien，泛指代词，rien que，仅仅，只是，与 seulement 近义。
   —Vous étiez nombreux ? 你们人很多吗？
   — Non, rien que Lucien et moi. 不，只有吕西安和我。
   Rien que ça ? 只是这些东西？
   Ce sont des mots, rien que des mots ! 这些是单词，仅仅是单词而已。

MOTS ET EXPRESSIONS

1. (sujet qn) **prendre qn pour + n. / pron.**   *loc. verb.* 把……看作，把……（错误地）当成
On la prend souvent pour sa sœur. 别人常把她当做她姐姐。
Pour qui me prenez-vous ? 你们把我看成什么人？
Einstein portait des vêtements très modestes, presque ridicules, et on le prenait souvent pour un homme bizarre.
爱因斯坦衣着朴素，甚至有点儿可笑，人们常常把他看成古怪的人。
Quelquefois, dans la rue, on le prend pour un mendiant.
有时候走在街上，人们把他当成一个乞丐。
Nous avons tort de le prendre pour un honnête homme. 我们错误地把他当成了老实人。

2. Il s'agit de   *v. pr. impers.*
Il s'agit de qn, de qch   关于，问题在于
— Vous avez un ennui ? Expliquez-moi ça ! 你有什么烦恼？跟我说说看。
— Il s'agit de mon fils Pierre, il m'inquiète. 是我儿子，他真让我操心。
Il s'agit d'un contrat important. 这是一份重要的合同。
Il s'agit d'une grosse affaire. 这是一桩大买卖。
De quoi s'agit-il ? 怎么回事？
Il ne s'agit pas de ça. 问题不在于这儿。

Il s'agit de + inf.   涉及；必须
Il s'agit maintenant d'accumuler des expériences. 现在需要积累经验。
Il s'agit de passer la ligne du chemin de fer. 必须穿过铁路线。
Il s'agit de faire attention, c'est compris ? 要小心，懂吗？

3. servir   *v. t.* et *v. t. ind.*
[*v. t.*] (sujet qn) **servir qn, servir qch (à qn)**   服侍，侍候；为……服务
Qu'est-ce que je peux vous servir ? 你们要点什么？
Tu me sers un peu de vin s'il te plaît. 给我来点儿葡萄酒。
Nous servons le peuple / la patrie. 我们为人民/祖国服务。

[*v. t. ind.*] (sujet qch) **servir à, pour qn, qch** ou **+ inf.**   对……有用；适用于，用来
Merci pour tes livres, ils m'ont bien servi pour préparer l'examen.
谢谢你送给我的书，这些书对我备考很有帮助。
— A quoi sert cette machine ? 这个工具是干什么用的？
— Elle sert à éplucher les pommes de terre. 削土豆用的。

A quoi ça sert ? 这是干什么用的?
Et puis une licence, ça sert à quoi ? 再说，学士学位有什么用?
A quoi lui ont servi tous ces diplômes ? 这些文凭对他来说有什么用?
Il tenait à la main une baguette : elle lui servait à montrer les lettres et les mots qu'il écrivait au tableau noir, et quelquefois à frapper sur les doigts d'un élève distrait.
他手里拿着教鞭，他用教鞭指着他写在黑板上的字母和生词，有时他也用教鞭打不专心听讲的学生的手心。

[*v. t. ind*] (sujet qn) **servir de**　充当
C'est elle qui servira d'interprète auprès des dirigeants d'Etat.
是她担任国家领导人的翻译。
Elle lui a servi de secrétaire pendant dix ans./她给他当了十年秘书。

GRAMMAIRE

I. 先将来时 (**Le futur antérieur**)

  1. 构成:

> 助动词 avoir 或 être 的简单将来时 + 动词过去分词 = 先将来时

Commencer 开始

j'aurai commencé	nous aurons commencé
tu auras commencé	vous aurez commencé
il aura commencé	ils auront commencé
elle aura commencé	elles auront commencé

Aller 去，走

je serai allé(e)	nous serons allés(es)
tu seras allé(e)	vous serez allé(e)(s)(es)
il sera allé	ils seront allés
elle sera allée	elles seront allées

Se lever 起床，起来

je me serai levé(e)	nous nous serons levés(es)
tu te seras levé(e)	vous vous serez levé(e)(s)(es)
il se sera levé	ils se seront levés
elle se sera levée	elles se seront levées

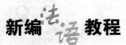

2. 用法:

先将来时通常用于由 quand, lorsque, dès que 等连词或连词短语引导的时间状语从句中，表示在主句中的一个将来动作发生之前已先期完成的动作。
Quand tu viendras cet après-midi, j'aurai fini mon travail.
你今天下午来的时候，我的活已干完了。
Dès que je serai arrivé à Paris, je téléphonerai à mes parents.
我一到巴黎就给我父母打电话。

● 先将来时也可用于主句独立句中，表示在一个限定的时间前已经完成的动作。
Nous serons arrivés avant midi.
我们中午之前一定到了。
J'aurai fini le rapport d'enquête à la fin de la semaine.
周末前我会把调查报告写好。
Elle sera partie avant notre arrivée.
她在我们到达之前已经离开了。
Elle arrivera à midi. Mais déjà je serai parti.
她中午到，可是我已经走了。

II. 过去最近将来时 (Le futur proche dans le passé)

1. 构成:

动词 aller 的直陈式未完成过去时 + 动词不定式 = 过去最近将来时

faire	sortir
j'allais faire	j'allais sortir
tu allais faire	tu allais sortir
il allait faire	il allait sortir
elle allait faire	elle allait sortir
nous allions faire	nous allions sortir
vous alliez faire	vous alliez sortir
ils allaient faire	ils allaient sortir
elles allaient faire	elles allaient sortir

2. 用法：表示从过去的角度看即将发生的动作。
Il m'a dit qu'il allait partir pour la France. 他对我说，他很快就要去法国了。
Elle allait sortir quand le téléphone sonna. 她正要出门，电话铃响了。

Nous allions nous coucher lorsque nous entendîmes des bruits bizarres.
我们正要睡觉，突然听到一些奇怪的声音。
Les deux amis ne savaient plus ce qu'ils allaient dire après un long moment de séparation.
(Guy de Maupassant)
经过长时间的分别之后，两个朋友现在不知道要说些什么才好。（莫泊桑语）

EXERCICES

1 Répondez aux questions sur le texte.
   1. Est-ce que Anne passera ses vacances avec ses parents ?
   2. Où va-t-elle pendant les vacances ?
   3. Le père en est-il content ?
   4. Est-ce que Anne finira la licence ?
   5. Est-ce qu'elle a demandé l'avis de ses parents ? Est-ce une attitude correcte ?
   6. Est-ce que le père et sa fille s'entendent bien ?
   7. Quels sont leurs divergeances ?
   8. Quel est votre point de vue ?

2 Conjuguez les verbes suivants au futur antérieur.
   passer   réussir   finir   revenir   mettre   se promener   faire   découvrir   trouver

3 Transformez les phrases d'après le modèle.
   ✦ On ne sait pas qu'il va partir.
      → On ne savait pas qu'il allait partir.
   1. Je vais prendre le train quand un ami d'enfance arrive.
   2. Je lui dis que je vais acheter un nouvel appartement.
   3. Nous apprenons que notre tante va bientôt venir à Beijing.
   4. Rose va quitter son bureau quand le directeur entre.
   5. Les étudiants vont sortir de la classe quand le professeur arrive.
   6. Les Chen nous écrivent qu'ils vont déménager dans un grand immeuble.
   7. M. Blanc me dit qu'il va faire un voyage au Tibet.
   8. J'apprends que Bernard va se marier.
   9. Ils vont monter dans le train lorsque quelqu'un les appelle.
   10. La météo prévoit qu'il va pleuvoir demain dans tout le pays.

4 Mettez les verbes entre parenthèses au futur simple ou au futur antérieur.
   1. Je (pouvoir) _____ aller faire du sport quand je (finir) _____ mes devoirs.

2. J'(aller) _____ chez lui dès que tu me (donner) _____ son adresse.
3. La fête (commencer) _____ quand tous les invités (arriver) _____ .
4. Tu me (téléphoner) _____ dès que tu (faire) _____ la réservation de chambres.
5. Nous (partir) _____ en vacances quand nous (passer) _____ nos examens.
6. Je (téléphoner) _____ à mes parents dès que j'(arriver) _____ en France.
7. Nous vous (envoyer) _____ un fax dès que nous (arriver) _____ à Rome.
8. La réunion (commencer) _____ , dès que le directeur (arriver) _____ .
9. Dès qu'il (arriver) _____ , vous m'(avertir) _____ .
10. Dans une semaine, je (terminer) _____ ce travail.
11. On (récolter) _____ ce qu'on (semer) _____ .
12. Il (arriver) _____ à 11 heurres, mais je (partir) _____ déjà.
13. Nous (repasser) _____ nos leçons avant l'examen.
14. Je n' (oublier) _____ pas de vous écrire dès que j' (arriver) _____ en France.
15. Je (retourner) _____ en Chine bien avant la rentrée.
16. Quand je (faire) _____ des économies, je (partir) _____ en vacances.
17. Anne (chercher) _____ une place de secrétaire trilingue quand elle (réussir) _____ son examen d'anglais.
18. Soyez tranquille, je (terminer) _____ le travail avant 17 heures.

5 Faites des phrases au futur simple et au futur antérieur, en utilisant un pronom si nécessaire.
1. arriver / commencer la réunion
2. dîner / aller au théâtre
3. se reposer / visiter la ville
4. aller au bord de la mer / manger des huîtres
5. envoyer la lettre / écrire le nom et l'adresse du destinataire
6. gagner assez d'argent / obtenir le permis / s'acheter une voiture
7. faire ses devoirs / ranger sa chambre / regarder la télévision
8. lire le contrat / consulter un avocat / signer le contrat

6 Complétez les phrases suivantes par des mots et des expressions du texte.
1. — Où est-ce que vous _____ vos vacances ?
   — J'irais _____ Nicole en Italie.
2. Il faut que je _____ mon examen de français. C'est très important pour moi.
3. Après mes études, je _____ une place de secrétaire dans une entreprise étrangère.
4. Personne ne _____ mon avis sur cette affaire, je n'ai plus voix au chapitre.

Leçon 28

5. Je demande du temps pour réfléchir sur ce projet, pour le moment, je n'_____ rien et ne _____ rien.
6. _____, c'est de ne pas chercher querelle, mais de discuter en amis.
7. Comment peuvent-ils vivre ensemble, puisqu'ils ne_____ sur rien.
8. De quoi _____ ? Est-il arrivé un malheur ?
9. Ce sont des mots, _____ que des mots !
10. _____ ne bouge dans la maison, tout le monde dort.
11. Une licence, ça ne _____ à rien.
12. Vous me prenez _____ un voleur ?

7 Thème.
1. 有人常常把这个黑头发黑眼睛的外国人当成中国人。
2. 这是一篇关于中国经济的文章。
3. 我将用另外一种方式为我们的国家服务。
4. 周末前我会把调查报告写好。
5. 王先生从法国旅行回来后，会来看我的。
6. 你待着别动，医生马上就来。
7. 我将去法国，在那里要待相当长时间，5月1日前不会回来。
8. 外交部宣布，法国总统即将对中国进行正式访问。
9. 我们登上黄山山顶时，太阳快要升起来了。
10. 我们正要睡觉，突然听到一些奇怪的声音。

8 Lecture.

Le monde se sera transformé !

　　En l'an 2050, le monde se sera transformé. On n'utilisera pas d'essence pour les voitures car on aura trouvé d'autres carburants moins polluants. La science aura fait tant de progrès qu'on pourra vivre sans presque travailler. Les spécialistes de l'espace auront mis au point des navettes entre la Terre et des centres de vacances en orbites. On saura modifier les sexes des enfants car on aura trouvé le moyen de modifier les gènes. Les gens seront en bonne santé car on aura découvert la cause des principales maladies. On aura inventé une pilule pour contrôler son poids. Mais est-ce que les hommes seront devenus plus civilisés ?

9 Dictée.

LEÇON 29

Texte

Rêve de gloire

Ce jour-là, quand Jean Dugommier arrive au terminus de la ligne, son chef de service, Robert Colonna, l'appelle.
— Dugommier ! J'ai encore des reproches à vous faire. Non seulement vous avez quinze minutes de retard... mais en plus, vous vous êtes arrêté plus de huit minutes à Pigalle...
— Je n'y suis pour rien.[1] Quelqu'un a tiré le signal d'alarme.
— Ce n'est pas tout.[2] Vous ne vous êtes pas arrêté à Philippe-Auguste. Là, vous n'avez aucune excuse.
— C'était pour rattraper mon retard. Il n'y avait personne sur le quai.
— Dugommier, ou bien vous vous moquez de moi, ou bien vous êtes inconscient. Une chose est certaine. Ça ne peut pas continuer. Soit vous observez le règlement, soit je vous mets en retraite anticipée[3].

Jean Dugommier renonce à la discussion. Voilà vingt ans qu'il subit les réprimandes du Colonna[4]... Depuis longtemps, il s'est résigné à se taire. Il remonte dans sa cabine de pilotage et repart pour un autre trajet.

C'est en traversant la station Alésia que Jean Dugommier commence à rêver. Ah ! Si, par un coup de baguette magique, je pouvais vivre dans un autre siècle, je ne serais pas un simple conducteur de métro...

Si je pouvais être transporté dans le temps, je choisirais d'être Jules César[5] et tous les peuples de la terre se courberaient devant moi...

Et il s'imaginait en général romain recevant à Alésia les armes de Vercingétorix[6]. Dans son imagination Vercingétorix ressemblait à Robert Colonna.

*   *   *   *   *   *   *   *   *

Station du Louvre. Au-dessus, le grand musée où ont vécu les plus grands rois

Leçon 29

de France. Louis XIV[7] y a habité jusqu'à ce qu'il fasse construire Versailles. Jean Dugommier continue son rêve... «Si j'avais été Louis XIV, les plus grands seigneurs seraient devenus mes courtisans. J'aurais été le maître absolu. J'aurais gouverné seul avec quelques conseillers que j'aurais choisis parmi les moins riches et les plus intelligents. Les plus grands musiciens auraient organisé pour moi des fêtes somptueuses. Les plus grands écrivains comme Molière ou Racine auraient écrit pour moi et les plus grands sculpteurs m'auraient élevé de magnifiques statues...»

VOCABULAIRE

gloire *n. f.* 光荣
terminus *n. m.* 终点站
service *n. m.* 科，处
  chef de service 科长，处长
reproche *n. f.* 指责，责备
en plus *loc. adv.* 而且，此外
Pigalle *n. pr.* 皮卡勒
tirer *v. t.* 拉，拉动，拉紧
alarme *n. f.* 警报
signal *n. m.* 信号
  tirer le signal d'alarme 拉警报
Philippe-Auguste *n. pr.* 菲利普–奥古斯特
excuse *n. f.* 辩解，借口；抱歉
rattraper *v. t.* 重新抓住，重新逮住；赶上，追上
quai *n. m.* 码头；站台
inconscient, -e *a.* 无意识的，失去判断力的
certain, -e *a.* 肯定的，确定的
continuer *v. t. et v. i.* 继续
soit... soit *conj.* 或者……或者，也罢……也罢
règlement *n. m.* 规章制度
anticipé, -e *a.* 提前的，预先的
renoncer (à) *v. t. ind.* 放弃，抛弃
discussion *n. f.* 讨论，争辩
subir *v. t.* 经受，遭受
réprimande *n. f.* 谴责

résigner (se) *v. pr.* 顺从，听任
taire (se) *v. pr.* 沉默
remonter *v. i.* 再上，重新登上
pilotage *n. m.* （飞机、轮船、火车等的）驾驶
  cabine de pilotage 驾驶舱（室）
trajet *n. m.* 路程，旅途
traverser *v. t.* 穿过，穿越
station *n. f.* 地铁站
Alésia *n. pr.* 阿莱西亚
coup *n. m.* 打，敲，击
magique *a.* 魔法的，魔术的
simple *a.* 简单的，简朴的，普通的
conducteur, -trice *n.* 司机，驾驶员
transporté, -e *a.* 被输送的，被运输的；心荡神驰的
Jules César *n. pr.* 朱尔·凯撒
peuple *n. m.* 人民
courber (se) *v. pr.* 弯腰，躬身，屈服
imaginer (s') *v. pr.* 想象
romain, -ne *a.* 罗马的
arme *n. f.* 武器
général *n. m.* 将军
Vercingétorix *n. pr.* 维尔森杰托里克斯
imagination *n. f.* 想象，想象力
ressembler (à) *v. t. ind.* 和……相像

Louvre (le) *n. pr.* 卢浮宫
au-dessus *loc. adv.* 在上面
roi *n.m.* 国王
Louis XIV 路易十四
jusqu'à ce que *loc. conj.* 直至……
construire *v. t* 建筑，建造
Versailles *n. pr.* 凡尔赛宫
seigneur *n. m.* 领主，贵族
courtisan, -e *a. et n. m.* 阿谀奉承的；奉承者；朝臣
maître, -sse *n.* 主人

absolu, -e *a.* 绝对的
gouverner *v. t.* 统治，管理
conseiller, -ère *n.* 顾问，参事
parmi *prép.* 在……中间
riche *a. et n.* 有钱的；有钱人
intelligent, -e *a.* 聪明的
organiser *v. t.* 组织
somptueux, -se *a.* 奢侈的，豪华的
écrivain *n. m.* 作家
Racine *n. pr.* 拉辛
sculpteur *n. m.* 雕塑家

中文译文

梦想中的荣耀

那一天，当让·杜戈米埃的车开到地铁终点站时，科长罗贝尔·科洛纳把他叫住了：

"杜戈米埃！我又得说你了，你的车不但晚到了一刻钟……而且你还在皮卡勒站停留了八分多钟。"

"这可没我什么责任，有人拉警报了呀！"

"还有，菲利普-奥古斯特站你没停车，这你没什么理由狡辩了吧！"

"站上一个乘客也没有，我是为了把耽误的时间追回来。"

"杜戈米埃，或者你故意嘲弄我，或者你脑子有毛病，不过有一点是确定无疑的：这种现象再也不能继续下去了！要么你遵守规章制度，要么你提前退休。"

让·杜戈米埃不想继续这场争论，二十年来，他尽受科洛纳这个家伙的窝囊气……一直以来，他忍气吞声。他现在又重新回到驾驶室，向另一条线路出发。在穿越阿莱西亚站时，让·杜戈米埃开始沉浸在幻想之中。啊！假如小小的魔棍轻轻一击，我便可以生活在另一个世纪，我就不是普通的地铁司机了……假如时光可以倒转，我将选择当朱尔·凯撒，全世界的人民将对我顶礼膜拜……他把自己想象成罗马大将，在阿莱西亚接收维尔森杰托里克斯的缴械。在他的想象中，维尔森杰托里克斯仿佛就是罗贝尔·科洛纳。

列车驶进卢浮宫站。在上面，法国最伟大的君王曾经在这座宏大的宫殿中居住。路易十四直至凡尔赛宫建成，就一直生活在那里……让·杜戈米埃继续沉湎于他的梦幻中……"假如我是路易十四，最有名望的领主将是我的宠臣；

Leçon 29

我将是独裁君主，我将在最不富有但最聪明的人中选择几个顾问，独自治理国家；最伟大的音乐家将为我举办豪华的音乐会；像莫里哀或者拉辛这样最伟大的作家为我撰写文章；最伟大的雕塑家将为我树立美丽的塑像……"

NOTES

1. Je n'y suis pour rien. 这与我无关。n'être pour rien à qn, 跟某人无关。
2. Ce n'est pas tout. 这还不全，还有别的事情，还没有完呢。
   C'est tout. 完了，没别的了，就这么多。
3. la retraite anticipée 提前退休
4. …qu'il subit les réprimades du Colonna... du Colonna 是 de + le Colonna 的缩合形式。在人名前加 le，表示蔑视或强调。杜戈米埃常受到科长无理指责，他蔑视科长是很自然的事。
   Zola est attaqué, injurié avec une grossièreté invraisemblable. Dans les familles «bien» il est devenu de règle d'appeler le pot de chambre «le Zola» (*Une affaire bouleversante pour la France tout entière*)
   左拉横遭攻击、咒骂。而污辱他的方式又极其令人难以置信。那些"正人君子"家庭竟习惯于把卧室便壶叫作"左拉"（《震惊整个法国的千古奇冤》）
5. Jules César 朱尔·凯撒（前100—前44），古罗马统帅、政治家、作家，著有《高卢战记》、《内战记》等。
6. Vercingétorix 维尔森杰托里克斯（前72—前46），古代高卢人领袖。
7. Louis XIV 路易十四（1638—1715），法国国王（1643—1715），又称"太阳王"（le Roi-Soleil）。

MOTS ET EXPRESSIONS

1. ressembler à *v. t. ind.*

(sujet qn, qch) **ressembler à qn, à qch** 和……相像，和……相似
Il ressemble à sa mère. 他长得像他母亲。
Ce jeune homme ressemble plus à son père qu'à sa mère.
这个小伙子长得像他爸爸，不像他妈。
Vous reconnaissez cette dame ? On dirait Madame Zhang. Elle ressemble beaucoup à Madame Zhang.
这位女士您认得出来吗？好像是张太太，很像张太太。
Cette robe ressemble tout à fait à la mienne. 这件连衣裙和我的一模一样。

[v. pr.] (sujet qn, qch) **se ressembler** 相像
Les deux jumelles se ressemblent comme deux gouttes d'eau.
这对孪生姐妹长得一模一样。
Ces deux frères se ressemblent et ils portent le même costume.
两兄弟长得很像，穿的衣服也一样。
Ces enfants sont de la même famille, mais ils ne se ressemblent pas.
这几个孩子是一家的，他们长得可不像。
Qui se ressemble s'assemble. 物以类聚，人以群分。（谚语）
Les jours se suivent et ne se ressemblent pas. 日复一日，各不相同。

2. vivre   *v. i.* et *v. t.*

[*v. i.*] (sujet qn, un animal) **vivre** 居住在，生活在
C'est agréable de vivre et de travailler à Guilin. 在桂林生活和工作是很惬意的。
Mes parents n'aiment pas la ville, ils préfèrent vivre à la campagne.
我父母不喜欢住在城里，他们喜欢在乡下生活。
A trente-cinq ans, Sophie vit toujours chez ses parents.
索菲已经三十五岁了，还跟父母住在一起。
Elle vit actuellement au Canada. 她现在住在加拿大。

[*v. i.*] (sujet qn, un animal, une plante) **vivre** 活着，生存
Le blessé vit encore. 伤员还活着。
Il faut manger pour vivre, et non pas vivre pour manger. (Molière)
吃饭是为了活着，而活着不是为了吃饭。（莫里哀语）

[*v. t. ind.* ou *v. i.*] (sujet qn) **vivre de qch, vivre bien/ mal** 以……为生，生活得好/不好
Ils ne travaillent pas, de quoi vivent-ils ? 他们不工作，他们以什么为生呢？
Nous vivons bien. Nous n'avons pas à nous plaindre.
我们生活得很好，没有什么可抱怨的。

3. Voilà ... que   *loc. conj.*   已经有（指时间）

Voilà trois jours que les mineurs sont sous la mine. 矿工困在矿井下已经有三天了。
Voilà une heure que nous marchons sous la pluie. 我们在雨中已经走了一小时了。
Voilà 30 ans que mon père est mort. 家父去世已经有30年。
Voilà bientôt dix ans que nous nous sommes mariés. 我们结婚快有十年了。
Voilà deux heures qu'ils sont sous l'eau. 他们在水下已经待了两个小时。
Voilà deux ans que je n'ai pas vu ma sœur aînée. 我已经有两年没有见到我大姐了。
Voilà un an que nous n'avons de ses nouvelles. 已经有一年我们没有他的消息了。

Leçon 29

GRAMMAIRE

Ⅰ. 条件式过去时 (Le condionnel passé)

1. 构成：

> 助动词 avoir 或 être 的条件式现在时 + 动词的过去分词 = 条件式过去时

助动词如果是 être，过去分词则应与主语的性、数一致。

Commencer 开始

j'aurais commencé	nous aurions commencé
tu aurais commencé	vous auriez commencé
il aurait commencé	ils auraient commencé
elle aurait commencé	elles auraient commencé

Aller 去，走

je serais allé(e)	nous serions allés(es)
tu serais allé(e)	vous seriez allé(e)(s)(es)
il serait allé	ils seraient allés
elle serait allée	elles seraient allées

Se lever 起床，起来

je me serais levé(e)	nous nous serions levés(es)
tu te serais levé(e)	vous vous seriez levé(e)(s)(es)
il se serait levé	ils se seraient levés
elle se serait levée	elles se seraient levées

2. 用法：

(1) 用于独立句中，表示愿望、怀疑、假设和遗憾等情感或并未实现的动作。

Tu aurais dû me prévenir plus tôt. 你应当早一点通知我才对。

Vous auriez pu me donner tous les renseignements.
你们本该可以把所有的情况告诉我的。

J'aurais aimé voir l'exposition «Les Trésors du Château de Versailles».
我本想参观凡尔赛宫珍宝展的。

(2) 表示推测，常用于新闻媒体的报道中。

Le ministre de l'Agriculture aurait démissionné. 农业部长可能已经辞职。

Hier, une violente tempête s'est abbatue sur la côte de Bretagne. Des promeneurs

seraient morts noyés dans la mer.
昨天一场暴风雨袭击了布列塔尼沿岸，一些散步的人可能已尸沉大海。

(3) 用于条件从句中，从句用 si 引导，动词用直陈式愈过去时，主句动词用条件式过去时，表示过去不可能实现或未能实现的动作。

Si tu avais travaillé davantage, tu aurais réussi l'examen.
假如你以前学习努力的话，考试就通过了。（事实是你不用功，考试没有通过。）

S'il n'avait pas plu hier, je serais allé en ville.
昨天如果不下雨，我会进城的。（事实是昨天下雨，所以我没有进城。）

Si j'avais su que la soirée allait être si ennuyeuse, je ne serais pas venu.
假如我早知道这晚会没意思，我就不会来了。

(4) 作为直陈式时态，用于从句中，表示在过去的时间里，某个将来动作之前已经完成的动作，即过去先将来时。

Le chef de service m'a dit qu'il me montrerait son projet dès qu'il l'aurait fini.
处长告诉我，他一做完计划就给我看。

II. 过去最近过去时 (Le passé immédiat dans le passé)

1. 构成：

> venir的直陈式未完成过去时 + de + 动词不定式 = 过去最近过去时

2. 用法：
表示在过去某一时间刚刚发生的动作。
Le train venait de partir quand elle est arrivée à la gare. 她到达车站时，火车刚开走。
Il a vomi tout ce qu'il venait de manger. 他刚才吃的东西全吐了。

III. 复合过去分词 (Le participe passé composé)

1. 构成：

> 助动词 avoir 或 être 的现在分词 + 动词的过去分词 = 复合过去分词

主动态：
chanter → ayant chanté   soirtir → étant sorti
se laver → s'étant lavé

被动态：
faire → ayant été fait   réparer → ayant été réparé

Leçon 29

2. 用法：

　　复合过去分词的用法和现在分词基本相同，两者的区别在于：现在分词表示和主句动词同时发生的动作，而复合过去分词表示在主句动词谓语前已经完成的动作。复合过去时多用于书面语。

Ayant terminé mes études universitaires, je suis allé travailler au ministère de l'Education. (= Après avoir terminé mes études universitaires, ...)
大学毕业后，我去了教育部工作。

Etant arrivés trop tard à la gare, nous avons manqué le train. (Comme nous sommes arrivés trop tard à la gare, ...)
我们到达火车站时太晚了，没有赶上火车。

M. Martin, ayant pris la parole, a quitté la salle. (= M. Martin qui avait pris la parole...)
马丁先生发言后离开了大厅。

S'étant lavée, elle est allée au lit. (= Après s'être lavée, elle...)
洗漱完后，她上床睡觉了。

N'ayant pas compris la question, il a demandé au professeur de répéter. (= Comme il n'avait pas compris la question, ...)
因为他没有听懂老师的问题，所以要求重复一遍。

● 主动态的助动词 étant 和被动态的助动词 ayant été 常省略。

(Etant) sortie de la bibliothèque, elle a rencontré Michel.
走出图书馆时，她遇见了米歇尔。

(Etant) arrivé à Beijing, M. Dupont a pris un taxi pour aller à l'hôtel.
杜邦先生到北京后，乘了出租车去酒店。

EXERCICES

1 Répondez aux questions sur le texte.

1. Qu'est-ce que Jean Dugommier fait dans la vie ?
2. Qui est Robert Colonna ?
3. Pour quelle raison Robert Colonna a-t-il réprimandé Jean Dugommier ?
4. Pourquoi Jean Dugommier ne s'est-il pas arrêté à Philippe-Auguste ?
5. Quelle est l'attitude de Jean Dugommier devant les réprimandes de son chef ?
6. Quand est-ce que Jean Dugommier commence à rêver ?
7. Qu'est-ce qu'il s'imagine ?
8. Est-ce qu'il est content de son travail ?

2 Transformez les phrases suivantes au passé récent dans le passé.
1. J'ai lu la lettre qu'il (venir) _____ de m'apporter.
2. L'avion (venir) _____ de décoller quand ils sont arrivés à l'aéroport.
3. Nous (venir) _____ de nous coucher lorsque nous entendîmes un cri.
4. Elle m'a montré la voiture qu'elle (venir) _____ d'acheter.
5. Où est-ce que tu as mis le dossier que je (venir) _____ de te donner ?
6. On (venir) _____ de construire un nouveau centre commercial dans ce quartier.
7. J'ai vu Paul qui (venir) _____ de terminer ses études en Australie.
8. Nous savions qu'il (venir) _____ de trouver un travail.

3 Imitez l'exemple suivant.
✦ Vous n'avez pas pris l'autoroute ; vous avez eu tort.
  → Vous auriez dû prendre l'autoroute.
1. Vous n'avez pas rempli ces formulaires ; vous avez eu tort.
2. Les deux jeunes hommes sont partis en bateau sans prévenir leurs parents ; ils ont eu tort.
3. Elle n'a pas réservé de places dans le train ; elle a eu tort.
4. Il n'a pas accepté ce poste ; il a eu tort.
5. Ils sont venus sans me prévenir ; ils ont eu tort.

4 Ecrivez les verbes entre parenthèses au conditionnel passé (regret).
✦ Je (aimer) voir cette exposition.
  → j'aurais aimé voir cette exposition.
1. Je (jouer) toute la journée.
2. Je (donner) des concerts.
3. Je (avoir) des succès.
4. On me (applaudir).
5. On (parler) de moi dans les journaux.
6. Je (aller) dans toutes les villes, dans tous les pays.
7. On me (recevoir) comme un prince.
8. Je (être) riche, célèbre. Mais je ne suis qu'un modeste employé !

5 Ecrivez les verbes entre parenthèses au conditionnel passé (hypothèse).
✦ Philippe a été très malade : il aurait eu beaucoup de fièvre et serait resté couché plusieurs jours.
1. Il y a eu un accident hier. Cet accident (causer) la mort de deux personnes.
2. Le fils de ma voisine a l'air content : il (réussir) son examen.

Leçon 29

3. On a arrêté deux jeunes gens : ils (voler) une voiture.
4. Jean s'est cassé la jambe : il (tomber) en faisant du ski.
5. La jeune femme est seule depuis six mois : son mari (partir) avec une jeune fille.

6 Complétez les phrases.

✦ La semaine dernière, s'il avait fait beau, je (partir)_____.
→ La semaine dernière, s'il avait fait beau, je serais parti en week-end.

1. Hier, si je n'étais pas parti en retard, je (ne pas rater) _____ le train.
2. — Avez-vous acheté un journal ce matin ?
   — Non, mais si j'avais acheté un journal, je (acheter) _____ *Le Figaro*.
3. — Vous avez regardé la télévision hier soir ?
   — Non, mais si j'avais regardé la télévision, je (regarder) _____ la deuxième chaîne.
4. — Avez-vous pris un apéritif à midi ?
   — Non, mais si j'avais pris un apéritif, je (prendre)_____ un porto.
5. — Avez-vous mangé des fruits au déjeuner ?
   — Non, mais si j'avais mangé des fruits, je (manger)_____ du melon.
6. — Etes-vous parti en week-end la semaine dernière ?
   — Non, mais si j'étais parti en week-end, je (aller) _____ à Bruxelles.

7 Complétez le tableau avec le conditionnel passé.

J'aurais aimé être le premier humain sur la lune mais_____		
1. devoir	j'_____	faire beaucoup d'entraînement physique et je déteste ça.
2. falloir	il _____	que je porte un de ces affreux scaphandres.
3. avoir	j'_____	trop peur là-haut dans l'espace.
4. ne pas s'adapter	je ne me _____	à la fusée.
5. être	j'_____	trop célèbre et je ne suis pas vraiment fait pour ça.

8 Refaites les phrases en utilisant le participe passé composé.

✦ Après avoir terminé ses études à l'Université Libre de Bruxelles, il est retourné en Chine.
→ Ayant terminé ses études à l'Université Libre de Bruxelles, il est retourné en Chine.

1. Après avoir passé son examen, je pourrai partir en vacances.
2. Après avoir fini ses devoirs, ma petite sœur est sortie.
3. Après avoir joué au football, nous avons pris une douche.
4. Comme elle a obtenu une bourse, Li Hong est partie pour la France.
5. Comme nous nous étions trompés de route, nous sommes arrivés en retard.

6. Comme elles ne s'étaient pas vues depuis plusieurs années, elles étaient ravies de se retrouver.
7. Lorsqu'il est sorti du théâtre, il a vu son ami d'enfance.
8. Quand ils sont retournés à la maison, ils ont aperçu qu'un cambrioleur était venu.
9. Lorsqu'il est descendu du train, Li Wei a pris un taxi pour aller directement à l'Hôtel du Nord.
10. Madame Leblanc, qui a bavardé longuement avec moi, est rentrée chez elle pour préparer le dîner.
11. Les jeunes gens, qui s'étaient bien reposés, se sont remis à travailler.
12. André et Paul, qui ont travaillé de nuit la semaine dernière, ont deux jours de congés cette semaine.

9 Complétez avec un des verbes de la liste.

| abandonner | céder | consentir | laisser |
| quitter | renoncer à | se résigner à | sacrifier |

1. Après une semaine de négociation avec la direction, les ouvriers ont _____ à continuer la grève et se sont _____ reprendre le travail. La direction avait _____ à leur donner une petite augmentation de salaire.
2. L'été dernier, Philippe voulait partir en vacances à l'Ile de la Réunion. Sa femme Nelly, préférait rester à la maison pour refaire les peintures et la décoration. Finalement, c'est elle qui a gagné. Philippe a _____. Il a _____ ses vacances et a travaillé tout l'été.
3. Brusquement, à 40 ans, Marc s'est découvert une passion pour l'archéologie. Il a _____ son poste de directeur de publicité dans une entreprise. Il a _____ sa famille en France et il est parti faire des fouilles au Pérou.

10 Thème.
1. 几个月来，安妮·弗朗克（Anne Frank）生活在恐惧中，唯恐被人发现。
2. 我本来是想当记者的。
3. 这个区里的房子没有一幢是相同的。
4. 我已经有20年没回故乡了。
5. 业主不在时，入室盗窃者可能偷走了一些珠宝。
6. 这件事您本该早点儿告诉我，现在太晚了。
7. 要是我知道你在睡觉，我就不会给你打电话了。
8. 杜瓦尔（Duval）夫妇到达剧场时，演出刚刚开始。
9. 布列塔尼人主要靠农业为生。
10. 我等你已经有一个多小时了。

Leçon 29

11 Lecture.

La vie dans les immeubles à 20 kilomètres de Paris

La question n'est pas de regretter mon ancien logement, bien sûr, me dit la dame brune. Mais ce qui nous pèse le plus ici, voyez-vous, c'est la solitude. Nos maris partent beaucoup plus tôt le matin et rentrent beaucoup plus tard le soir. Leur travail, évidemment, est trois fois plus loin. A Paris, quand vous avez fait votre ménage, quand vous en avez fini avec la couture ou la lessive des gosses, vous pouvez toujours, de temps en temps, vous changer d'idées : un petit tour dans les grands magasins, quelques courses aux Champs-Elysées ou sur les boulevards, un saut chez une amie, une visite d'exposition quelconque... je ne sais pas, moi ... Mais ici qu'est-ce qu'il y a pour se détendre ? On ne peut pas passer son temps à lire ou à regarder la télé ! Les magasins des Centres commerciaux ? Ils sont bien mieux qu'au début. Mais ils sont encore trop rares à mon goût, pas assez variés... et trop chers.

12 Dictée.

LEÇON 30

Texte

Le Prix Zola

Pour faire concurrence à un autre éditeur, Moscat a convaincu le jury à donner le Prix à un petit employé de bureau, Marc Evernos, pour son livre <u>L'Eveil du cœur</u> publié chez Moscat. Marc, ignorant tout cela, vient voir Moscat pour lui présenter un autre manuscrit. Sa femme Jacqueline est déjà chez l'éditeur.

Jacquerine: Tu as un prix.
Marc: Lequel ?
Jacquerine: Le Prix Zola pour <u>L'Eveil du cœur.</u>
Marc: Qu'est-ce que c'est que cette plaisanterie ?
Jacquerine: Demande à Moscat.
Moscat: Par six voix contre quatre.
Jacquerine: Hein ! Qu'est-ce que je t'avais dit dès le début ? Tu te souviens ?
Marc: Ah ça alors ! (Il s'assied) Vous êtes sûrs que ce n'est pas une erreur. Bien sûr, je suis content qu'on m'ait donné le prix, mais enfin, comment est-ce arrivé ?
Moscat: Eh bien, les juges ont trouvé que ton roman était le meilleur de tous, voilà tout[1] ! Qu'est-ce que ça a d'extraordinaire ?
Marc: Je ne peux pas y croire.
Moscat: Faut-il qu'on aille te chercher les premières éditions des journaux du soir ? Tu vas toucher 25 000 F tout de suite et beaucoup plus si ton livre se vend bien. Je ne parle pas des droits de traduction ni des droits cinématographiques. La littéraure nourrit son homme, maintenant.
Marc: Tu entends ça, Jacquerine, 25 000 F !
Jacquerine: Qui est-ce qui avait raison ? Dis donc !

Leçon 30

Moscat: Alors, il vaut mieux que tu quittes ton ministère dès maintenant, hein ? D'autant plus que² tu n'auras pas beaucoup de temps : il faut se mettre au travail pour que je puisse annoncer, d'ici trois mois, ton prochain livre.

Marc: Tu peux l'annoncer tout de suite, le voilà.

Moscat: Non ?

Marc: C'est pour celui-là, justement, que je voulais te voir (il lui tend un manuscrit).

Moscat: Mais alors, c'est parfait. Dis-moi, est-ce que c'est aussi bien que l'autre ?

Marc: Ce sont des souvenirs, des souvenirs de guerre.

Moscat: Des souvenirs sur la guerre, ah, ah !

Marc: Je crois que ça te plaira.

Moscat: Mais je suis sûr que ça me plaira. Seulement, des souvenirs sur la guerre, tu ne trouves pas qu'il y en a déjà beaucoup ? Tu feras ce que tu voudras, mais je te conseille de garder les tiens pour plus tard.

Marc: Pour plus tard ?

Moscat: Oui, jusqu'à la prochaine guerre, par exemple. Là ce serait tout différent : au lieu d'être en retard sur les autres, tu serais en avance. Tu arriverais bon premier³ , comprends-tu ? Non, ce que tu dois publier maintenant, c'est un second roman... J'ai une idée, une idée de premier ordre : tu vas tout simplement écrire une suite à *L'Eveil du cœur*. Qu'est-ce que tu as fait de tes personnages à la fin du roman ? Tu ne les as pas tués, j'espère ?

Marc: Tués ? Mais non !

Moscat: A la bonne heure : il ne faut jamais tuer ses personnages. On ne sait pas ce qui peut arriver...

VOCABULAIRE

prix *n. m.* 奖；价格
Zola *n. pr.* 左拉
concurrence *n. f.* 竞争
éditeur, -trice *n.* 出版商
convaincre *v. i.* 说服，使信服
jury *n. m.* 评审委员会
éveil *n. m.* 觉醒，唤醒
publier *v. t.* 出版，发表
ignorer *v. t.* 不知道
manuscrit *n. m.* 手稿

plaisanterie *n. f.* 玩笑
voix *n. f.*（投票者的）票，选票；声音
juge *n. m.* 评判者；法官
édition *n. f.* 版，版本；出版
toucher *v. t* 领取
droits *n. m. pl.* 税费，版税
traduction *n. f.* 翻译；译文
cinématographique *a.* 电影的
valoir *v. i* 值，有价值
il vaut mieux *loc. impers.* 最好，宁可，还

143

是……好
ministère *n. m.* （政府的）部，内阁
d'autant plus que *loc. conj.* 何况，因为……更加
tendre *v. t.* 伸出，递
souvenir *n. m.* 回忆，回忆录；纪念品
conseiller *v. t.* 建议
lieu *n. m.* 地点，地方，场所

au lieu de *loc. prép.* 不……而
en avance *loc. adv.* 提前
second, -e *a.* 第二的，次要的
ordre *n. m.* 命令；等级；种类
suite *n. f.* 续篇，下文
tuer *v. t.* 杀死
à la bonne heure *loc. adv.* 及时，恰好

中文译文

左拉文学奖

为了和别的出版商竞争，莫斯卡说服评审委员会，把左拉文学奖颁给了小职员马克·埃韦尔诺的小说《良心的觉醒》。这部小说在他那里出版。马克对此一无所知。他现在来找莫斯卡，送去第二部手稿。马克的妻子雅克琳娜早已坐在出版商那里了。

雅克琳娜：你获奖啦。
马　　克：什么奖？
雅克琳娜：《良心的觉醒》获得了左拉文学奖。
马　　克：你开什么玩笑。
雅克琳娜：不信你问莫斯卡。
莫 斯 卡：6票赞成4票反对。
雅克琳娜：嗯，我刚才跟你说什么来着？你还想得起来吗？
马　　克：嘿，有这好事儿！（坐下）你们肯定没有搞错吗？当然喽，有人给我奖，我高兴。可这是怎么回事？
莫 斯 卡：对啦，评委觉得你的小说是所有选送的小说中最好的，就是这样。这有什么可大惊小怪的？
马　　克：我不敢相信。
莫 斯 卡：是不是要把刊登获奖消息的晚报第一版给你找来？你马上可以领取25,000法郎的稿费了。如果你的书卖得好，稿费会更多，这还没有把翻译版税和电影版税计算在内。现在是文学养文化人呀！
马　　克：雅克琳娜，你听见了吗？25,000法郎！
雅克琳娜：你说说看，我没有错吧？
莫 斯 卡：这样的话，从现在起，你最好离职，嗯？时间很紧呀！你得抓紧写。

Leçon 30

从现在起三个月内，我要宣布你下一部小说问世的消息。
马　　克：你现在就可以立即宣布，下一部小说就在这儿。
莫斯卡：是吗？
马　　克：正巧就是为了出版这本书来找你的。（向莫斯卡递手稿）
莫斯卡：啊，太好了！请告诉我，这部稿子和第一部一样好吗？
马　　克：是回忆录，战争回忆录。
莫斯卡：啊哈，关于战争的回忆录！
马　　克：我想你会喜欢的。
莫斯卡：可以肯定，我会喜欢的。只是战争回忆录，你不觉得已经出版得太多了吗？悉听君便。不过我还是建议你把战争回忆录留作后用。
马　　克：以后用？
莫斯卡：是的，比如说到下一次战争爆发时用，那就大不相同了，到那时你不但不比别人落后一步，反而你会走在人家前面，你将是第一个发表战争回忆录的作家，你懂吗？不，你现在应当出版的，是第二部小说……我有一个想法，一个很好的想法：你干脆写一个续篇。小说《良心觉醒》中的人物，结尾你是怎么安排的？但愿你没有把他们一个个都斩尽杀绝。
马　　克：杀绝？这可没有！
莫斯卡：那再好不过了！千万不要杀掉小说里的人物，谁知道以后会发生什么事情……

NOTES

1. voilà tout 齐啦，完啦，就这么多，没有别的啦，就这么回事。
2. d'autant plus que *loc. conj.* 尤其因为……更加，由于……更加
   Je lui fais confiance, d'autant plus qu'il est le seul médecin du quartier.
   我信任他，再说他是本区唯一的医生。
3. Tu arriverais bon premier. arriver premier, 第一个到达，首先到达。(être)
   arriver bon premier 远远超过别人，远远领先别的人。

MOTS ET EXPRESSIONS

1. **Il vaut mieux + inf.** *v. impers.* 最好，宁可，还是……好
   Avec cette chaleur, il vaut mieux rester chez soi. 这么热的天还是待在家里好。
   Il fait froid dehors, il vaut mieux rester à la maison. 外面天冷，最好还是待在家里。
   Je suis en retard, il vaut mieux prendre le taxi. 我晚了，还是乘出租车去快。

Il vaudrait mieux me téléphoner après 7 heures et avant 10 heures du soir.
最好晚上七点之后十点之前给我打电话。
Je ne me sens pas bien aujourd'hui, il vaut mieux me reposer à la maison.
我今天不舒服，还是在家休息为好。

Il vaux mieux que + subj.
Il vaudrait mieux que nous acceptions (refusions) cette invitation.
我们最好接受（拒绝）这个邀请。
Il vaut mieux qu'il ne se mette pas en colère. 他最好别生气。
Si on ne veut pas être en retard, il vaut mieux qu'on parte tout de suite.
如果不想迟到，最好马上走。

2. **conseiller** *v. t.*

(sujet qn) **conseiller qch à qn** 向某人提建议，出主意
Le médecin conseille le repos au patient. 医生建议患者休息。

conseiller à qn (de+ inf.) 建议/劝告某人做某事
Le médecin lui conseille de ne pas fumer. 医生建议他戒烟。
L'agence de voyages nous conseille de prendre cet itinéraire.
旅行社建议我们走这一条路线。
On lui conseille d'aller voir le psychologue. 有人建议他去看心理医生。
Je te conseille de partir de bonne heure à cause des embouteillages.
路上堵车，我建议你一早就走。

3. **au lieu de** *loc. prép.*

au lieu de + n./ pron./ inf. 不……而，与其……不如
Au lieu d'un jardin public, on a construit ici une usine.
这里不但没有建公园，反而建了一个工厂。
Au lieu du café, il préfère du thé. 他不喜欢咖啡，喜欢喝茶。
C'est Serge qui viendra, au lieu de Bernard, qui est malade.
贝尔纳生病了不来了，换成塞尔热来。
Prends ce livre-ci au lieu de celui-là, il est bien plus intéressant.
你别买那本书，买这本书好，这本书有趣多了。
Si j'étais à votre place, je prendrais le train au lieu de la voiture, c'est plus rapide et plus sûr.
要是我的话，我就不开车而是乘火车，这更安全快捷。
Il s'amuse au lieu d'étudier. 他不好好学习，尽玩。

Au lieu de travailler, il joue aux cartes. 他不干活，尽玩牌。
Au lieu de se reposer, il continue à travailler. 他不休息，继续工作。

GRAMMAIRE

I. 虚拟式过去时 (Le subjonctif passé)

1. 构成：

> 助动词 avoir 或 être 的虚拟式现在时 + 动词的过去分词 = 虚拟式过去时

parler	venir
que j'aie parlé	que je sois venu(e)
que tu aies parlé	que tu sois venu(e)
qu'il ait parlé	qu'il soit venu
qu'elle ait parlé	qu'elle soit venue
que nous ayons parlé	que nous soyons venus(es)
que vous ayez parlé	que vous soyez venu(e) (s) (es)
qu'ils aient parlé	qu'ils soient venus
qu'elles aient parlé	qu'elles soient venues

2. 用法：

　　虚拟式过去时的用法与虚拟式现在时用法相同，只是后者表示与主句谓语同时或以后发生的动作，而前者表示已经完成或在将来某一时间之前要完成的动作。

Je suis désolé qu'il parte tout de suite.（虚拟式现在时）
他马上要走，我深表遗憾。
Elle est contente que toute la famille soit venue.（虚拟式过去时）
全家人都来了，她很高兴。
Il était mécontent qu'on ne lui en ait pas parlé.
这件事事先没有人他和说过，他很不满。
Il est possible qu'elle ait déjà déménagé. 有可能她已经搬家了。
Je regrette qu'il ait oublié le rendez-vous. 很遗憾，他把约会忘了。
Il faut que tu sois arrivé à Paris avant le 2 octobre. 10月2号前你必须赶到巴黎。

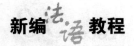

Ⅱ．复合疑问代词 lequel (**Le pronom interrogatif composé** *lequel*)

1. 词形：

	singulier 单数	pluriel 复数
masculin 阳性	lequel	lesquels
féminin 阴性	laquelle	lesquelles

复合疑问代词的词形和复合关系代词完全一样，它可以指人或物，通常在几个人或事物之间作出选择时使用，意思是"哪个"、"哪些"，往往后接由介词 de 引导的补语。

2. 用法：

(1) 作主语

Lequel d'entre vous parle russe？你们当中谁会讲俄语？

Lequel de ces trois films t'intéresse？这三部电影中哪一部让你感兴趣？

(2) 作直接宾语

Voici deux beaux costumes. Lequel prenez-vous？

这里有两件漂亮的西装，您买哪一件？

—Madame, je voudrais voir une de ces jupes. 夫人，我想看一看裙子。

—Laquelle？(= Laquelle de ces jupes voulez-vous voir？) 您想看哪一条裙子？

(3) 作间接宾语

A laquelle de ces secrétaires dois-je m'adresser？我该和哪位秘书讲？

(4) 作状语

Par laquelle de ces deux routes passerons-nous？我们们该走两条路中的哪一条？

EXERCICES

1 Répondez aux questions sur le texte.

1. Pourquoi Moscat a-t-il donné le Prix Zola à Marc？
2. Pour quel livre Marc a-t-il obtenu le Prix Zola？
3. Est-ce que Marc croyait à cette nouvelle？
4. Qui était Marc？
5. Qu'est-ce que Moscat a conseillé à Marc？
6. Pourquoi Marc voulait-il voir l'éditeur？
7. Quel était le sujet du deuxième manuscrit de Marc？
8. L'éditeur était-il d'accord pour publier ce manuscrit？

Leçon 30

2 Conjuguez les verbes suivants au subjonctif passé.
avoir   revenir   finir   inviter   dire   vouloir   se lever

3 Mettez les verbes entre parenthèses au subjonctif présent ou subjonctif passé.
1. Je souhaiterais qu'elle (aller) à sa rencontre.
2. Je regrette qu'elle (ne pas encore finir) son travail.
3. Jean doute que ses parents (rentrer déjà).
4. Faut-il que nous (prendre) le bus ou le métro ?
5. Le directeur exige que vous (terminer) avant 18 heures.
6. Je ne pense pas que Delphine (partir déjà). Tu peux lui téléphoner.
7. Les vacances approchent, il est indispensable que vous (prendre) vos réservations.
8. Est-il nécessaire que nous (emporter) des vêtements chauds ?

4 Faites de ces deux phrases une phrase avec le subjonctif passé.
✦ On ne l'a pas prévenu ? c'est regrettable.
  → Il est regrettable qu'on ne l'ait pas prévenu.
1. Tu as décidé de te marier. Nous en sommes très heureux.
2. Mon patron a refusé une augmentation ; je suis furieux.
3. Vous avez gagné ce concours ; nous en sommes fiers.
4. Ils ne sont pas venus ; finalement j'aime mieux ça.
5. Elle est arrivée encore en retard ; le patron n'était pas content.
6. La France vous a accordé une bourse ? Je m'en réjouis.

5 Transformez ces phrases en utilisant le subjonctif présent ou passé.
✦ Nous sommes inquiets : il ne nous a pas téléphoné depuis deux semaines.
  → Nous sommes inquiets qu'il ne nous ait pas téléphoné depuis deux semaines.
1. Madame Martin est ravie : son mari a obtenu une promotion.
2. Le directeur est très fâché ; les dossiers ne sont pas prêts.
3. Ils sont désespérés : leur fils a disparu.
4. Je suis surpris : Madame Wang veut venir avec nous.
5. Nos parents sont satisfaits ; nous avons réussi notre bac.
6. C'est dommage : Pierre ne peut pas prendre de vacances cette année.

6 Complétez avec le pronom interrogatif composé qui convient : *lequel, laquelle, lesquels, lesquelles*.
1. —Je voudrais essayer une de ces robes.
   —_____ ?

2. _____ de ces deux équipes a gagné ?
3. Voici trois disques. _____ veux-tu écouter ?
4. J'ai deux chemisiers. _____ préfères-tu ?
5. —Trois astronautes chinois ont voyagé dans l'espace spacial.
   —_____ ?
6. _____ de ces deux livres est le plus difficile à lire ?
7. Tu aimes tous ces gâteaux. Mais _____ vas-tu choisir ?
8. —Prête-moi ton stylo.
   —_____ ? Le bleu ou le noir ?

7 Complétez les phrases suivantes par des mots et des expressions du texte.
1. Avec cette chaleur, _____ rester chez soi.
2. _____ de la questionner, nous ferions mieux de lui servir d'abord un café.
3. J'ai bien réfléchi et j'ai décidé de _____ mon ministère.
4. Monsieur le directeur, je viens vous voir pour vous _____ mon deuxième roman.
5. —Tu _____ de ton grand-père ?
   — Oh non ! Il est mort quand j'avais seulement deux ans.
6. Les spectateurs _____ que la représentation était ennuyeuse.
7. Tu _____ sûr qu'il arrivera demain ?
8. Je suis content qu'on m'_____ le premier prix.
9. Les employés _____ leur salaire à la fin de chaque mois.
10. Bernard _____ raison de partir en vacances en juin, il y a moins de monde aux hôtels.
11. Le second roman est-il _____ intéressant que le premier ?
12. Je ne sais pas _____ peut arriver.

8 Thème.
1. 10月2号前你必须到达巴黎。
2. 我们最好接受这个邀请。
3. 他不来帮我一把，待在那里什么也不干。
4. 医生建议杜邦先生去比利牛斯山休息一个月。
5. 最好在学生食堂就餐，那里便宜。
6. 出版商建议他写这本小说的续集。
7. 他的小说获茅盾文学奖，他将领取10万元奖金。
8. 我并不认为他拨错电话号码了，有可能他是不愿意给我打电话。
9. ——我想要一本字典。
   ——哪一本？是在我办公桌上的那一本吗？
10. 法国足球队输了，法国人感到很遗憾。

Leçon 30

9 Lecture.

Hier et aujourd'hui

Le père de M. Roux était libraire, M. Roux est libraire, son fils le sera-t-il ?

Il y a trois ans, on a construit près de chez eux, un supermarché, l'Idéal. D'abord, M. Roux était assez content. «Je ne suis pas ennemi des grands magasins, au contraire, je trouve que c'est une bonne chose. Ils vendent beaucoup et grâce aux ventes considérables qu'ils réalisent, ils peuvent baisser leurs prix. Les épiciers, les boulangers, les crémiers du quartier, eux, ne s'en réjouissent pas.»

Il y a six mois, l'Idéal s'est mis à vendre les livres de poche. M. Roux était inquiet. «Qui achètera nos éditions de Camus, de Sartre, de Zola à 24 F alors qu'on pourra trouver ces auteurs à 3F presqu'en face de chez nous ? Bien sûr, leurs livres ne sont pas aussi beaux que les nôtres, il n'y a même aucune comparaison possible, mais enfin, le prix, c'est le prix.»

Cependant, Mme Roux qui achetait toujours son épicerie au supermarché et qui jetait chaque fois un coup d'œil aux acheteurs de livres, dit un jour à son mari :

«La situation est plus complexe que tu l'imagines. La concurrence entre le supermarché et les épiciers n'est pas la même qu'entre l'Idéal et nous. Leurs clients ne viendraient de toute façon pas chez nous. Ce sont des jeunes, des ouvriers, on voit qu'ils n'ont pas l'habitude d'acheter des livres.»

A la fin de l'année, M. Roux fit une constatation : sa vente n'avait pas baissé, elle avait même augmenté. Peut-être, après tout, ces livres de poche qu'on trouve partout poussent certains Français à la lecture, font augmenter le nombre d'heures qu'ils consacrent aux livres, exercent, en un mot, une bonne influence.

10 Dictée.

LEÇON 31

L'enfant prodige[1]

Lorsque ma mère allait au marché, elle me laissait dans la classe de mon père, qui apprenait à lire à des gamins de six ou sept ans[2]. Je restais assis, bien sage, et j'admirais mon père. Il tenait à la main une baguette: elle lui servait à montrer les lettres et les mots qu'il écrivait au tableau noir, et quelquefois à frapper sur les doigts d'un élève distrait.

Un beau matin[3], ma mère me déposa à ma place et sortit sans mot dire[4], pendant que mon père écrivait sur le tableau : « La maman a puni son petit garçon qui n'était pas sage. »

Tandis qu'il terminait sa phrase avec un admirable point final, je criai : « Non ! Ce n'est pas vrai ! »

Mon père se retourna soudain et me demanda : « Qu'est-ce que tu dis ? »

— Maman ne m'a pas puni ! Tu n'as pas bien écrit !

Il s'avança vers moi :

— Qui t'a dit qu'on t'avait puni ?

— C'est écrit.

La surprise lui coupa la parole un moment.[5]

— Voyons, voyons, dit-il enfin, est-ce que tu sais lire ?

— Oui.

Il dirigea la baguette vers le tableau noir.

— Et bien, lis.

Je lis la phrase à haute voix.

Alors, il alla prendre un petit livre, et je lis sans difficulté plusieurs pages...

Je crois qu'il eut ce jour-là la plus grande joie, la plus grande fierté de sa vie.

A son retour, ma mère me trouva au milieu de quatre instituteurs, qui m'entendaient

Leçon 31

lire lentement l'histoire du Petit Poucet[6]... Mais au lieu d'admirer cet exploit, elle pâlit, déposa ses paquets par terre, referma le livre, et m'emporta dans ses bras, en disant : « Mon Dieu ! mon Dieu ! ...»

A table, mon père affirma que je n'avais fait aucun effort, que j'avais appris à lire comme un perroquet apprend à parler, et qu'il ne s'en était même pas aperçu. Mais ma mère ne fut pas convaincue, et de temps à autre elle posait sa main fraîche sur mon front et me demandait : « Tu n'as pas mal à la tête ? »

Non, je n'avais pas mal à la tête, mais jusqu'à l'âge de six ans, il ne me fut plus permis d'entrer dans une classe[7], ni d'ouvrir un livre. Elle ne fut rassurée que deux ans plus tard, quand mon institutrice lui déclara que j'avais une mémoire extraordinaire, mais que ma maturité d'esprit était celle d'un enfant au berceau.

(Marcel Pagnol, *La gloire de mon père*)

VOCABULAIRE

prodige *n. m.* 奇迹，奇事，奇才
  un enfant prodige 神童
marche *n. f.* 走路，行走，步行
sage *a.* 乖的，听话的，明智的
tenir *v. t.* 拿着，举着，握着
baguette *n. f.* 小棍，棒；筷子；棍面包
servir (de) *v. t. ind* 作为，充当
mot *n. m.* 字，词
tableau *n. m.* 告示牌；表格；画
  tableau noir 黑板
quelquefois *adv.* 有时候
frapper *v. t.* 拍，敲，打，击
doigt *n. m.* 手指
distrait, -te *a.* 不专心的，走神的
déposer *v. t.* 放下，存放
punir *v. t.* 惩罚
tandis que *loc conj.* 当……时候；然而
admirable *a.* 令人赞美的，奇妙的
point *n. m.* 句号；点
final, -e (*pl.* ~s) *a.* 最后的
crier *v. t. et v. i.* 呼喊，喊叫，大声说；叫，喊

retourner (se) *v. pr.* 转身，回头
soudain *adv.* 突然，立即
avancer (s') *v. pr.* 前进；朝……走去
couper *v. t.* 切，割，砍，剪
parole *n. f.* 话，发言
  couper la parole *loc.verb.* 打断发言
diriger *v. t.* 指引，指向；领导
difficulté *n. f.* 困难
fierté *n. f.* 自豪
retour *n. m.* 返回，回程
milieu *n. m.* 中间，中央
  au milieu de *loc. prép.* 在……中间
instituteur, -trice *n.* 小学教员
exploit *n. m.* 战绩，功勋，光辉业绩
pâlir *v. i.* 脸色变苍白
refermer *v. t.* 重新合上
emporter *v. t.* 拿走，带走，运走
bras *n. m.* 胳膊
dieu *n. m.* 神
  Dieu 上帝
affirmer *v. t.* 断言，宣告

effort *n. m.* 用力，努力，尽力
perroquet *n. m.* 鹦鹉
apercevoir (s') *v. pr.* 发觉，意识到；被发现
convaincu, -e *a.* 确信的，坚信的，被说服的
de temps à autre *loc. adv.* 时而，不时地，有时
front *n. m.* 额，前额
avoir mal (à) *loc. verb.* 疼，疼痛

permis *a.* 容许的
rassuré *a.* 放心的，安心的
déclarer *v. t.* 宣布，申报
maturité *n. f.* 成熟
esprit *n. m.* 精神，智力，头脑，思想
berceau *n. m.* 摇篮

中文译文

神 童

每逢我母亲去菜市场买菜时，她总是把我放在我父亲执教的教室里。我父亲教一些六七岁的孩子认字读书。我乖乖地坐着，非常崇拜我父亲的言行举止。他手里拿着教鞭，他用教鞭指着他写在黑板上的字母和生词，有时他也用教鞭打不专心听讲的学生的手心。

某日早上，母亲照例把我放到我的座位上，一声不吭就走了，当时父亲正在黑板上写"妈妈惩罚不听话的小孩"这句话。

正当父亲写完这句话并在句后画上一个漂亮的句号时，我大声叫了起来："不！这不是真的！"

父亲立即转过身来，问我："你说什么？"

"妈妈没有惩罚我！你写的不对！"

他走近我，又问：

"谁说惩罚你了？"

"明明这样写的呀！"

父亲愕然，一时语塞。

"嗯，嗯"，他终于说，"你会认字？"

"会。"

"嗯，嗯……"他喃喃自语。

他把教鞭指向黑板。

"那好，你念念看。"

我高声朗读整个句子。

于是他又找来一本小书，我毫不费劲地一口气读了好几页……

我认为这是我父亲一生中最大的快乐。

待母亲从菜市场回来，发现我被四位小学老师围在中间，他们正在听我朗读《小拇指》的故事……她不但不表扬我，反而脸色顿时变得苍白。她把手中

Leçon 31

的几个包放在地上，然后合上书本，一边抱起我，一边说："我的天哪！我的天哪！……"

饭桌上，父亲说我像鹦鹉学舌一样学识字，没费什么劲儿，还说他过去甚至一点儿也没有注意到，可我母亲还是不时地用她冰凉的手摸我的额角，并且问："你不头疼吗？"

不疼，我不头疼，但就因为这件事儿，直到六岁，我一直被禁止进入教室，也不允许我看书。只是在两年之后，当我的老师告诉她，我有非凡的记忆力，然而我的智力发育还处于摇篮中的婴儿水平时，她才不再有疑虑了。

（根据马赛尔·帕尼奥尔小说《父亲的荣耀》改编）

NOTES

1. l'enfant prodige，神童。prodige，原是名词，作"奇迹"、"奇事"、"奇才"解，这里作 enfant 的同位语用。

2. ... des gamins de six ou sept ans. 六七岁的孩子。列举两个相连的数字时中间用连词 ou 连接。如果是两个并不紧密相连的数字，则用介词 à，例如：
   Il a plu une heure ou deux. 雨下了一两个小时。
   Il fait 120 à 150 km à l'heure. 他每小时开（车）120至150公里。
   Chaque jour, nous faisons 50 à 80 km. 我们每天走50至80公里的路。

3. un beau matin，某日上午。形容词 beau 用在 un beau matin, un beau jour, au beau milieu等短语中，用于加强语气，而非本意"美好的"的意思。

4. sans mot dire，习惯表达方法，介词 sans 后不用限定词。

5. La surprise lui coupa la parole un moment. couper la parole, 打断某人的话。

6. l'histoire du Petit Poucet，"小拇指"的故事，法国童话，贝洛作，讲的是樵夫的第七个儿子，因身材矮小，外号叫"小拇指"。樵夫生活贫穷，无力抚养"小拇指"，把他弃之林中。"小拇指"机智勇敢，历尽千难万苦，终于回到家中，与家人团聚。

7. Il ne me fut plus permis d'entrer dans une classe... 无人称句，这里的me是间接宾语人称代词，句型是：Il (n') est (pas) permis à qn de faire qch.（不）允许某人做某事。以下是一些常见的禁令：
   Défense de cracher 禁止随地吐痰　　　　Défense de fumer 禁止吸烟
   Défense de photographier 禁止拍照　　　Défense de stationner 禁止泊车
   Entrée interdite aux visiteurs 游人止步
   Entrée interdite à toute personne étrangère au service 闲人免进

MOTS ET EXPRESSIONS

1. trouver *v. t.*

(sujet qn) **trouver (qn, qch)** 找着，找到
Les Zhang ont trouvé une bonne. 老张家找到了一个保姆。
Où est-ce qu'on peut vous trouver ? 我在什么地方可以找到您？
Savez-vous où je pourrais trouver des chemises en soie ?
您知道在哪儿可以买到真丝衬衫？
J'ai trouvé ce fauteuil chez l'antiquaire. 我在古董商那里买到了这张椅子。
Ça fait une heure que je cherche mes clés, et je les trouve pas.
我找钥匙找了有一个小时，就是找不到。
Tu as trouvé du travail ? 你找到工作了吗？
Où est-ce que je peux trouver à Beijing des boutiques de cadeaux ?
在北京哪儿有礼品店？
Catherine a enfin trouvé le bonheur et le calme. 卡德琳娜终于找到了幸福和宁静。

(sujet qn) **trouver (que + ind.)** 觉得，认为，以为
Je trouve que vous exagérez. 我认为您夸大了。
Le directeur trouve que le rapport est un peu trop long. 主任觉得报告太长了点。
Nous trouvons que les Delon sont sympathiques. 我们觉得德龙一家很热情。
Tu trouves que Madame Song a raison ? 你觉得宋太太有道理吗？

2. tenir *v. t.* et *v. t. ind.*

(sujet qn) **tenir qch** 拿着，举着，握着，持
Il lisait la lettre qu'il tenait à la main. 他在读他手里拿着的一封信。
Elle tient un violon d'une main, de l'autre un bouquet de fleurs.
她一手拿着小提琴，一手拿着一束鲜花。
Ne tiens pas ton verre comme ça ! 别这样拿杯子！

[*v. t. ind.*] (sujet qn) **tenir à qn, qch** 珍惜/珍视某人/某物
Je peux te prêter ce livre, mais fais-y attention, j'y tiens beaucoup.
我可以这把本书借给你，可是我很珍惜这本书，你要倍加爱护。
Cette chanteuse tient beaucoup à la réputation. 这位女歌唱家非常珍惜她的名誉。
Madame Wang est avare, elle tient beaucoup à l'argent. 王太太很吝啬，她爱钱如命。
Nous tenons à l'union des ethnies comme à la prunelle de nos yeux.
我们像爱护我们的眼睛一样爱护民族大团结。

[*v. pr.*] (sujet qn) **se tenir** 靠，倚；保持或维持（某种状态）；举办

Leçon 31

Tenez-vous là ! 你们待在那儿！
Elle se tient à la fenêtre pour regarder les passants. 她站在窗前看过路的行人。
Le professeur se tient debout. 老师站着。
Le marché se tient une fois par semaine. 集市每周一次。
La réunion s'est tenue du 5 au 14 mars à Beijing. 会议于3月5日至14日在北京举行。

GRAMMAIRE

I. 简单过去时 (Le passé simple)

1. 构成：

简单过去时有以下四种不同的词尾，除少数情况外，在动词不定式词根后加下列词尾，即可构成简单过去时。

词 尾	说 明
-ai, -as, -a, -âmes, -âtes, -èrent	包括aller在内的所有以 -er 结尾的动词
-is, -is, -it, -îmes, -îtes, -irent	以 -ir 结尾的动词，但courir, mourir, tenir, venir 除外。 大部分以 -re 结尾的动词，如 dire, prendre, suivre 等等，以及 voir, prévoir, asseoir。
-us, -us, -ut, -ûmes, -ûtes, -urent	以 -oir 结尾的动词和courir, mourir以及几个以 -re 结尾的动词，如 boire, conclure, connaître, croire, lire, paraître, recevoir, valoir, vivre等。
-ins, -ins, -int -înmes, -întes, -inrent	tenir, venir及其派生词，如 soutenir, parvenir 等等

● 几个不规则动词的简单过去时

être: je fus, tu fus, il / elle fut, nous fûmes, vous fûtes, ils / elles furent
avoir: j'eus, tu eus, il / elle eut, nous eûmes, vous eûtes, ils / elles eurent

acquérir	j'acquis, nous acquîmes	pouvoir	je pus, nous pûmes
devoir	je dus, nous dûmes	prendre	je pris, nous prîmes
écrire	j'écrivis, nous écrivîmes	savoir	je sus, nous sûmes
faire	je fis, nous fîmes	taire	je tus, nous tûmes
mettre	je mis, nous mîmes	vaincre	je vainquis, nous vinquîmes
naître	je naquis, nous naquîmes	vivre	je vécus, nous vécûmes
plaire	je plus, nous plûmes	voir	je vis, nous vîmes

2. 用法：

简单过去时表示在过去某段确指的时间内已经完成的动作，通常用于文学作品等书面语言中，撰写历史事件、故事、传记等，其用法与复合过去时基本相同，但简单过去时多用于书面语言，而复合过去时多用于口语或口语化的书面语言；简单过去时所表示的动作完全属于过去，与现在没有联系，而复合过去时则表示现在完成或不久前完成的动作。

(1) 用于历史性的叙事文中。

　　Napoléon mourut à Saint-Hélène en 1821. 1821年拿破仑死于圣赫勒拿岛。
　　Le 14 juillet 1789, le peuple de Paris prit la Bastille.
　　1789年7月14日，巴黎人民攻占了巴士底狱。
　　L'hiver de 1709 fut extrêmement rigoureux. 1709年的冬天异常寒冷。

(2) 用于叙述一连串一个接一个发生的的动作。

　　Soudain, il prit le sac, ouvrit la porte et sortit sans mot dire.
　　他突然拿起皮包，打开门，一句话也不说就出去了。
　　Quand il vit le portefeuille sur la route, l'automobiliste freina, arrêta son véhicule, ouvrit la porte, sortit, fit quelques pas et ramassa l'objet.
　　驾车者在路上看见一个钱包，他连忙踩刹车，车停了。他打开车门下车，走了几步，捡起了钱包。

(3) 与未完成过去时并用，这种用法与复合过去时用法相同。

　　Elle se tourna vers moi et ses yeux doux étaient pleins de sourire.
　　她朝我转过脸，温柔的眼睛里充满了笑意。
　　Quand ils arrivèrent à la gare, le train était déjà bondé de voyageurs.
　　当他们抵达车站时，火车里早已挤满了旅客。

(4) 叙述重复多次但并非习惯性的动作，句中常伴有表示限制时间的状语。

　　Il marcha trente jours, il marcha trente nuits. (Victor Hugo)
　　他走了三十个白天黑夜。（雨果语）
　　Trois fois il y retourna, trois fois encore il trouva la porte close. (Honoré de Balzac)
　　他到那儿去了三次，吃了三次闭门羹。（巴尔扎克语）

Ⅱ. 复合关系代词 lequel (Le pronom relatif composé *lequel*)

1. 词形：

singulier 单数		pluriel 复数	
masculin 阳性	féminin 阴性	masculin 阳性	féminin 阴性
lequel	laquelle	lesquels	lesquelles
duquel	de laquelle	desquels	desquelles
auquel	à laquelle	auxquels	auxquelles

Leçon 31

复合关系代词通常置于介词或介词短语后，在从句中作间接宾语或状语，其先行词多为指物的名词；与介词 à 或 de 连用时，要变成缩合形式。

2. 用法：
   (1) 作间接宾语。
       C'est une question très importante, sur laquelle nous devons bien réfléchir.
       这个问题很重要，我们得好好考虑考虑。
       C'est un problème auquel nous n'avons pas pensé. 这件事我们没有想到。
   (2) 作状语。
       Voilà la rivière au bord de laquelle mes parents se promènent souvent.
       这儿是一条小河，我父母经常在小河边散步。
       Le stylo avec lequel j'écris n'est pas à moi.
       我用来写东西的那支钢笔不是我的。

   ● 当先行词是人时，一般用 qui。
   L'homme à qui vous avez écrit vous donnera la réponse demain.
   您给他写过信那个人，他明天给您答复。
   Le jeune homme avec qui vous travaillez ensemble est mon neveu.
   和您一起工作的那个年轻人是我侄子。
   Vous pouvez vous adresser à M. Verdier, PDG de la Société Frantexport, sous les ordres de qui j'ai travaillé pendant deux ans.
   您可以向法兰西出口公司总经理威尔迪埃先生打听，我在他手下曾工作过两年。

   (3) 在书面语中，复合关系代词有时可代替关系代词 qui，在从句中可作主语，以避免可能发生的歧义。
       J'ai vu le fils de votre cousin, lequel va étudier en Allemagne.
       我见到了您表哥的儿子，他将要去德国学习。
       Je connais bien la fille de M.Wang, laquelle vient d'être admise à l'Institut des Hautes Etudes diplomatiques.
       我很了解王先生的女儿，她刚被外交学院录取。

EXERCICES

1 Répondez aux questions sur le texte.
  1. Où est-ce que la mère laissait son enfant lorsqu'elle allait au marché ?
  2. Que faisait le père de l'enfant ?
  3. Qu'est-ce que l'enfant faisait quand son père apprenait à lire à des gamins ?

4. Qu'est-ce qu'on a demandé à l'enfant de lire ?
5. Quelle a été la réaction de la mère lorsqu'elle a vu son enfant lire l'histoire du Petit Poucet ?
6. Est-ce que son père était de l'avis de sa mère ?
7. Quelle a été la décision de sa mère après cette histoire ?
8. Quand sa mère a-t-elle été rassurée ?

2 Complétez avec une préposition convenable.
1. Mon père apprenait _____ lire et _____ écrire _____ des enfants.
2. Il tenait _____ la main une baguette qui lui servait _____ montrer les lettres et les mots qu'il écrivait _____ tableau noir et quelquefois _____ frapper _____ les doigts d'un gamin inattentif.
3. Elle fut _____ colère et sortit _____ mot dire.
4. M. Hamel me regarda _____ colère et me dit très doucement : « Va vite _____ ta place, mon petit Frantz. »
5. M. Hamel se tourna _____ le tableau, prit un morceau de craie et écrivit : « Vive la France ! »
6. Lisez le texte _____ haute voix, s'il vous plaît !
7. _____ son retour, ma mère me trouva _____ de quatre instituteurs.
8. Faites attention _____ la prononciation et _____ l'intonation.
9. Elle me posait de temps en temps sa main fraîche _____ mon front.
10. Le professeur s'approcha _____ moi et me demanda : « Tu as compris ? »

3 Complétez avec les pronoms relatifs composés manquants.
1. Le fauteuil dans _____ elle est assise est en cuir.
2. Le stylo avec _____ j'écris est un parker.
3. La table sur _____ il mange est en bois précieux.
4. Le lit dans _____ il dort est un grand lit.
5. Les assiettes dans _____ il mange sont en plastique.
6. Voici une piscine au bord de _____ vous aimerez rêver.
7. Voilà la raison pour _____ je suis venu en France.
8. Voilà les employés avec _____ je travaille.

4 Reliez les deux phrases par un pronom relatif composé qui convient.
✦ Nous organisons une fête. Vous êtes invité à cette fête.
   → Nous organisons une fête à laquelle vous êtes invité.
1. Ma grand-mère a un petit chien. Sans ce chien, elle ne se promène jamais.

2. Nous avons un grand jardin. Nous déjeunons souvent dans ce jardin.
3. Maguerite a trois collègues de travail. Elle joue au tennis avec ces trois collègues.
4. Le bureau est en chêne. Sur ce bureau je travaille.
5. La salle est très sombre. Nous travaillons dans cette salle.
6. La conférence était très importante. J'ai assisté hier à cette conférence.

5 Complétez avec les pronoms relatifs composés *auquel, à laquelle, auxquels* ou *auxquelles*.
1. La question _____ j'aimerais répondre est la suivante : où allons-nous ?
2. Le problème _____ nous réfléchissons le plus souvent est le problème majeur de notre époque.
3. C'est une affaire très difficile _____ j'ai déjà consacré beaucoup d'énergie.
4. Cette solution a des avantages _____ vous n'avez pas pensé jusque-là.
5. Isabelle m'a écrit une lettre _____ j'ai répondu tout de suite.

6 Complétez avec les pronoms relatifs composés *duquel, de laquelle, desquels* ou *desquelles*.
1. Ce sera un programme chargé au cours _____ le Président devra rencontrer tous les hommes politiques.
2. Le rocher bleu à côté _____ se dresse l'arbre ressemble à un vieux sage.
3. L'île au centre _____ se trouve la colline est minuscule.
4. Les immeubles en face _____ se trouvait la fenêtre de notre chambre nous cachaient toute la vue.
5. Ce sont des maisons à l'intérieur _____ il y a des équipements ultramodernes.

7 Retrouvez l'infinitif des verbes au passé simple.
1. Au bout d'une heure, nous repartîme.
2. Lénine mourut en 1924.
3. Un beau matin, ma mère me déposa à ma place, et sortit sans mot dire.
4. Mon père se retourna aussitôt.
5. Je lus la phrase à haute voix.
6. Alors, il alla prendre un petit livre.
7. Ma mère devint pâle.
8. Après cet échec, il changea de méthode.
9. Toute la soirée, Alphonse mangea comme quatre, but comme un trou, rit bruyamment et dansa maladroitement. A minuit, il eut sommeil et dormit comme une souche.
10. Quand il vit le portefeuille sur la route, l'automobiliste freina, arrêta son véhicule,

ouvrit la porte, sortit, fit quelques pas et ramassa l'objet.

8 Mettez les verbes soulignés au passé simple.

Le Renard invite un jour la Cigogne à dîner. Il lui présente de la sauce dans une assiette. Naturellement, la Cigogne, à cause de son bec, ne mange rien et s'en retourne chez elle, sans dire un mot. Quelque temps après, elle invite à son tour le Renard qui arrive à l'heure fixé et trouve devant lui une carafe pleine de nourriture. Mais le col étroit de la carafe empêche le Renard de manger. Il retourne chez lui tout honteux.

9 Ecrivez les verbes entre parenthèses au passé simple.
1. Ils (voir) _____, à l'horizon, un voilier qui s'avançait vers eux.
2. Le jour baissait. Le commissaire Maigret (relever) _____ son col, (sortir) _____ sa pipe de la poche, (l'allumer) _____ et (devoir) _____ rebrousser chemin.
3. Molière (naître) _____ en 1622 et (mourir) _____ alors qu'il jouait *Le Malade Imaginaire* en 1673.
4. Il (falloir) _____ se rendre à l'évidence ; la bataille était perdue.
5. Après de longs mois de travail acharné, nous (faire) _____ une escapade au bord de la Méditerranée.
6. Ce (être) _____ un plaisir de converser avec eux.

10 Ecrivez les verbes entre parenthèses au passé simple ou à l'imparfait selon le sens.

L'énigme de l'homme au masque de fer

Un mystérieux prisonnier d'Etat (être interné) _____ de 1679 à 1698 à Pignerol puis au Château d'If et dans l'Ile Sainte-Marguerite (île de la Méditerrannée). Il (être) _____ contraint de porter un masque qui lui (cacher) _____ le visage. On le (transférer) _____ ensuite à la Bastille où il (mourir) _____ en 1703. D'après la légende, on aurait ainsi caché un frère adultérin de Louis XI.

11 Thème.
1. 你可以在词典里找到这个词。
2. 观众觉得这场演出没意思。
3. 这样的一只钻戒是很难买到的。
4. 你可以在每周星期三下午在他的办公室见到总经理。
5. 和你一起工作的那个年轻人是我的侄子。
6. 我昨天参加的那个大会非常重要。
7. 王太太很抠门，她爱钱如命。
8. 别打断他的话，让他说完。

Leçon 31

9. 他手里拿着帽子进屋了。
10. 罗米埃兄弟于1895年在巴黎一家咖啡馆的地下室放映了他们的第一部电影。

12 Lecture.

Un éminent savant

Einstein, en effet, surpassa ses contemporains par son exceptionnelle valeur intellectuelle ; il peut être placé dans la même lignée que Galilée ou Newton.

Né en 1879 à Ulm, petite ville d'Allemagne, il fut un enfant calme et timide, qui n'aimait pas les jeux bruyants ; il préférait observer la nature et faire de longues promenades dans les bois, passion à laquelle il demeura fidèle toute sa vie.

En classe, il ne se distingua pas comme un " élève éveillé " : il parlait peu et, pour être sûr de ne pas se tromper, réfléchissait longtemps avant de répondre à une question.

Agé de 4 ans, il fit une découverte qui ne devait jamais s'effacer de sa mémoire. Un jour qu'il était malade, son père lui avait apporté pour s'amuser une petite boussole de marin. La curiosité s'empara de l'esprit du jeune garçon. Heure après heure, il contempla, immobile, l'énigmatique aiguille qui prenait toujours la même direction. Pourquoi ce petit bout d'acier revenait-il invariablement vers le Nord ? Personne ne pouvait lui répondre, et l'enfant était si excité par ce problème qu'il en inquiéta son père. La boussole fut pour Albert Einstein le premier contact avec le monde mystérieux qu'est la physique.

13 Dictée.

LEÇON 32

Texte

Une mauvaise nouvelle

Ce samedi de novembre vers dix heures, Mme Martin rentrait tranquillement du marché. Son mari qui était de l'équipe de nuit[1], dormait encore. Elle avait largement le temps de préparer le repas.

Pendant qu'elle montait l'escalier, elle pensait à son père, un vieux paysan qui avait travaillé dur toute sa vie pour élever ses enfants. Une fois dans la cuisine[2], elle se mit comme d'habitude à éplucher des pommes de terre. Quand elle fut assise, elle entendit la sonnerie d'entrée. Elle alla ouvrir. Elle reconnut l'uniforme d'un employé des P et T.

— Madame Martin ?
— Oui, c'est moi.
— Bonjour Madame. Un télégramme pour vous.
— Merci beaucoup, Monsieur.
— De rien. A votre service.[3]

Aussitôt que le facteur eut disparu dans l'escalier, elle ouvrit le télégramme.
« PERE GRAVEMENT MALADE VENEZ D'URGENCE PIERRE »
A peine l'eut-elle parcourue qu'elle[4] réveilla son mari. « Jean, lève-toi. Papa est gravement malade. Nous devrons partir pour Vallières cet après-midi. Tu vas courir[5] à la poste envoyer un télégramme à mon frère. Tu téléphoneras[6] à la gare pour l'heure du train. Comme nous n'avons pas assez d'argent à la maison pour faire le voyage, tu vas retirer cinq cents francs de notre compte-chèques. Moi, je vais remplir le chèque, tu n'auras plus qu'à le prendre[7]. Mais dépêche-toi ! Le samedi, la poste ferme à midi, tu le sais bien. »

Pendant que Jean Martin se préparait, sa femme sortit le carnet de chèques, en remplit un et écrivit le brouillon du télégramme. Dès qu'elle eut fini, elle appela :

Leçon 32

« Jean, vite ! Il sera trop tard pour envoyer le télégramme. » ...
On passa tout l'après-midi à faire les préparatifs de départ. A quatre heures vingt, M. et Mme Martin montèrent dans le train de Vallières.

VOCABULAIRE

équipe *n. f.* 班，队，组
  équipe de nuit 夜班
largement *adv.* 宽裕地，充分地
escalier *n. m.* 楼梯
paysan, -ne *n.* 农民
élever *v. t.* 培养，抚育；饲养；建造，树立
une fois (que) *loc. conj.* 一旦，一……就……
mettre (se) à *v. pr.* 开始做某事
d'habitude *loc. adv.* 通常，平时
éplucher *v. t.* 削，剥；清除
sonnerie *n. f.* 铃声
reconnaître *v. t.* 认出，辨认出，承认
uniforme *n. f.* 军服，制服
P.T. (poste télégraphique的缩写) *n. f.* 电报所
télégramme *n. m.* 电报
de rien 没什么，不用谢
à votre service 为您效劳
aussitôt que *loc. conj.* 刚……就，一旦……就
facteur *n. m.* 邮递员

disparaître *v. i.* 消失，不见
gravement *adv.* 严肃地，严重地
urgence *n. f.* 紧急
  d'urgence *loc. adv.* 立即，刻不容缓地
à peine ... que *loc. conj.* 刚……就
parcourir *v. t.* 走遍；浏览，翻阅
réveiller *v. t.* 叫醒，使清醒
courir *v. i.* 跑步，赛跑
poste *n. f.* 邮政局
gare *n. f.* 火车站
voyage *n. m.* 旅行
retirer *v. t.* 领回，取出，赎回
compte-chèques *n. m.* 支票账户
remplir *v. t.* 填满；填写
dépêcher (se) *v. pr.* 赶快，赶紧
pendant que *loc. conj.* 当……的时候
préparer (se) *v. pr.* 准备，预备
brouillon *n. m.* 草稿
préparatifs *n. m. pl.* 准备，准备工作

中文译文

噩 耗

11月的某个星期六，约莫10点钟光景，马丁太太不紧不慢地从菜市场回家。她的丈夫昨天值夜班，现在还在睡觉，因此她有足够的时间准备午饭。

上楼梯时，她想起了她的父亲，一个为抚育子女而操劳了一辈子的老农民。如同往常一样，马丁太太一走进厨房，开始削土豆皮。她刚坐下就听见门铃声。她赶紧去开门，认出是邮政电报所穿制服的职员。

"您是马丁太太吗？"

"对，我是。"
"您好，太太，有您一封电报。"
"谢谢，先生。"
"为您效劳，不用谢。"

邮递员一下楼，她拆开了电报，只见"父病重，请速回。皮埃尔。"几个大字。

她匆匆看完电报，马上叫醒她的丈夫："让，快起来，我爸病重，今天下午我们得回瓦里埃尔去。你快去邮局，给我兄弟发个电报，然后给火车站打电话，问火车发车时间。这么走一趟，家里的现钱不够，你还得从我们银行账户上取出500法郎。我呢，我来填写支票，你只要拿着支票去就行了。快点！你知道，周六邮局中午就关门。"

在让·马丁洗脸时，他妻子拿出支票簿，待填好一张支票又写好电报草稿后，便叫道："让，快点！晚了就发不成电报了……"

整个下午，夫妇俩一直忙于作出发前的准备，4点20分，马丁先生和太太登上了去瓦里埃尔的火车。

NOTES

1. Son mari qui était de l'équipe de nuit... être de l'équipe de nuit, 值夜班。
   être de 是……一部分，参加。
   Il est de mes amis. 他是我朋友。
   "值夜班、夜间工作"，"值白班、白天工作"还可以这样说：travailler de nuit, travailler de jour。

2. Une fois dans la cuisine, 即 une fois qu'elle fut dans la cuisine。 une fois (que) *loc. conj.* 一旦，一……就……。
   Une fois qu'il se met à travailler, il ne pense plus à fumer.
   他一旦干起活来，就不再想抽烟了。
   une fois 可直接跟过去分词或状语。
   Une fois entré dans la salle de conférence, il se mit à prononcer son discours.
   他一走进会议室，就开始作报告。

3. A votre service. 礼貌用语，即 Je suis à votre service. 我为您效劳。

4. A peine l'eut-elle parcourue qu'elle... à peine... que 刚……就，一……就。
   在以 à peine... que, aussi, sans doute, peut-être, au moins 等副词或副词短语开始的句子中，主、谓语须倒装。
   A peine étions-nous sortis qu'il se mit à pleuvoir. 我们刚出门就下起雨来了。

5. Tu vas courir..., 最近将来时可表示委婉的命令语气。

Leçon 32

6. Tu téléphoneras... ，简单将来时可作为命令式来用，表示委婉的命令语气。
   Tu porteras cette bouteille à ton grand-père. 你把这瓶酒给你爷爷送去。
7. ... tu n'auras plus qu'à le prendre 副词短语 ne ... que 与 plus 连用，构成 ne ... plus que 形式，用以加强语气。

MOTS ET EXPRESSIONS

1. d'habitude *loc. adv.* 平时，平常

D'habitude, les Dupont partent à la campagne le samedi.
平时杜邦一家周六都到乡下去。
Demain, je me lèverai plus tôt que d'habitude : je dois aller à l'hôpital.
明天我要去医院，得比平时起得早一点。

2. comme d'habitude *loc. adv.* 和惯常一样

Comme d'habitude, on projette des films le samedi soir. 和往常一样，周六晚上放电影。
Comme d'habitude, mes parents font une petite sieste après le déjeuner.
和往常一样，午饭后我父母要睡一会儿。
Comme d'habitude, ils se promènent bras dessus bras dessous.
和往常一样，他们手挽着手散步。

3. mettre *v. t.*

(sujet qn) **mettre qch quelque part** 把某物放/置/摆/搁在某处；添加
Où est-ce que j'ai mis mes lunettes ? 我把眼镜放在哪儿了？
Mettez le livre dans mon sac, s'il vous plaît ! 请把书放到我的包里。
Vous devriez mettre le collier ailleurs que dans le tiroir du bureau.
你应该把这个项链放在别的地方，不要放在办公桌的抽屉里。
Faut-il mettre beaucoup d'eau dans la farine pour faire une pâte ?
和面要在面粉里加很多水吗？
Tu as mis trop de sel dans la soupe, ce n'est pas bon. 你在汤里放的盐太多，这不好。

(sujet qn) **mettre qch (vêtement, bijou, etc.)** 穿戴
Il fait froid aujourd'hui. Tu mets ton cache-nez ? 今天天冷，你围围巾吗？
Des jeunes gens mettent des vêtements bizarres. 一些年轻人穿稀奇古怪的衣服。
Je n'ai rien à me mettre pour sortir ce soir. 我今晚外出没有衣服可穿了。
Il va falloir que je mette des lunettes, je vois de plus en plus mal.
我的视力越来越不好，我得戴眼镜了。
Marc a mis une nouvelle cravate aujourd'hui. 马克今天系了一条新领带。

(sujet qn) **se mettre quelque part**　*v. pr.*　坐
Je me mets derrière toi. 我坐在你后头。
Oh ! pardon, je me suis mis à votre place. 对不起！我坐了你的位子了。
Madame, voulez-vous vous mettre là ? 夫人，您坐在那儿好吗？

(sujet qn) **se mettre à + inf.**　开始做某事
Dès que nous sommes arrivés, nous nous sommes mis à travailler. 我们一到就开始干活。
Toute la classe s'est mise à rire. 全班哄堂大笑。
Je me suis mis à marcher très vite pour me calmer.
为了使自己平静下来，我开始快步走。

GRAMMAIRE

I. 先过去时 (Le passé antérieur)
 1. 构成：

> 助动词 avoir 或 être 的简单过去时 + 动词过去分词 = 先过去时

Parler 说话，讲

j'eus parlé	nous eûmes parlé
tu eus parlé	vous eûtes parlé
il eut parlé	ils eurent parlé
elle eut parlé	elles eurent parlé

Aller 去，走向

je fus allé(e)	nous fûmes allés(es)
tu fus allé(e)	vous fûtes allé(e)(s)(es)
il fut allé	ils furent allés
elle fut allée	elles furent allées

Se lever 起来，起床

je me fus levé(e)	nous nous fûmes levés(es)
tu te fus levé(e)	vous vous fûtes levé(e)(s)(es)
il se fut levé	ils se furent levés
elle se fut levée	elles se furent levées

Leçon 32

2. 用法:

先过去时主要用在 quand, lorsque, dès que, à peine ... que, aussitôt que, après que 等引导的时间状语从句中,和简单过去时配合使用,表示在另一个过去的动作之前刚结束的动作,只用于书面语。

Dès qu'il fut entré, il entendit un appel. 他一进屋,就听到了电话铃声。

Aussitôt qu'elle eut appris cette nouvelle, elle montra un air surpris en disant : "Mais ce n'est pas vrai !"
她一听到这个消息,立即露出一副惊讶的神态,说:"这不是真的!"

A peine fut-parti que son père arriva. 他刚一走,他父亲就来了。

II. 绝对分词从句 (La proposition participe absolue)

现在分词或过去分词用作状语时,可以有自己的主语,这种独立于主语的结构形式称作绝对分词从句,又称独立分词从句。绝对分词从句主要用作主句谓语的状语,表示时间、原因或条件。

Les leçons finies, les élèves vont au terrain de sport. (= Quand les leçons sont finies, ...)
下课后,学生去操场锻炼。

Le travail terminé, il va à la discothèque. (= Quand le travail est terminé, ...)
工作结束后,他去舞厅了。

La pluie tombant, nous avons dû rester à l'école. (= Comme la pluie tombait ; ...)
因为下雨,我们不得不待在学校里。

Eux sortis, le silence se rétablirait dans la classe. (= S'ils sortaient, ...)
他们一走,教室会立刻安静下来的。

Le contrat signé, ils ont pris du champagne. (= Après avoir signé le contrat, ...)
合同签字后,他们喝香槟酒庆贺。

Eux partis, la soirée recommence. (Dès qu'ils sont partis, ...)
他们走了之后,晚会继续进行。

III. 过去先将来时 (Le futur antérieur dans le passé)

构成:同条件式过去时第一式的形式完全相同。

助动词 avoir 或 être 的条件式现在时 + 动词过去分词 = 过去先将来时

parler	aller
j'aurais parlé	je serais allé
tu aurais parlé	tu serais allé
il aurait parlé	il serait allé
elle aurait parlé	elle serait allée
nous aurions parlé	nous serions allé(es)

vous auriez parlé	vous seriez allé(e)(s)(es)
ils auraient parlé	ils seraient allés
elles auraient parlé	elles seraient allées

过去先将来时表示过去某一时间或某一动作之后将要发生并且完成的事。这种时态只能用在主从复合句的从句中，主句动词用过去时。

Le porte-parole du ministère des Affaires Etrangères a annoncé que les deux présidents recevraient les journalistes après qu'ils auraient signé l'accord de coopération entre les deux pays.

外交部发言人宣布两国总统在签署两国合作协定后将会见记者。

Il a dit qu'il serait revenu le lendemain soir.

他说过第二天傍晚前回来。

Mon petit frère m'a dit qu'il me téléphonerait dès qu'il serait arrivé à Paris.

我弟弟对我说，他一到巴黎就给我打电话。

Elle espérait que son fils viendrait la voir dès qu'il serait retourné au pays.

她希望儿子一回国就去看望她。

EXERCICES

[1] Répondez aux questions suivantes sur le texte.
1. Quand se passe l'histoire ?
2. D'où Madame Martin rentrait-elle ?
3. A qui Madame Martin pensait-elle en montant l'escalier ?
4. Qui est venu quand Mme Martin épluchait des pommes de terre ?
5. Quel est le contenu du télégramme ?
6. Qu'est-ce que M. et Mme Martin doivent faire ?
7. Qu'est-ce qu'ils ont fait tout l'après-midi ?
8. A quelle heure sont-ils montés dans le train ?

[2] Mettez les verbes entre parenthèses au passé simple ou au passé antérieur.
1. Après le petit déjeuner, il prit son sac et (se mettre) _____ en route.
2. M. Leclerc s'arrêta et (demander) _____ son chemin.
3. Einstein naquit en 1885 et (mourir) _____ en 1955.
4. Dès qu'il (finir) _____ de déjeuner, il retourna à l'école.
5. Quand l'orateur (obtenir) _____ le silence, il commença son discours.
6. Quand ils (arriver) _____ au sommet de la montagne, ils s'arrêtèrent pour contempler la vallée.

7. Quand tout le monde (arriver) _____ , la réunion commença.
8. A peine la pluie (cesser) _____ que Jean sortit.
9. Dès qu'ils (dîner) _____ , ils reprirent la discussion.
10. Dès qu'ils (pénétrer) _____ dans cette sombre galerie, ils poussèrent des cris d'admiration.

3 Mettez les infinitifs entre parenthèses au passé simple, au passé antérieur ou à l'imparfait selon le sens.
   1. Lorsque nous (arriver) _____ au village natal, la maison (être) _____ fermée.
   2. A peine Jean (arriver) _____ dans sa maison de vacances, que son directeur lui (demander) _____ de retourner au bureau.
   3. Dès que Malraux (achever) _____ sa dernière œuvre, il (dire) _____ qu'il n'(avoir) _____ plus rien à dire.
   4. Quand le Président (commencer) _____ à prononcer son discours, la population l'(acclamer) _____ .
   5. Après qu'il (se lever) _____ , il (demander) _____ qu'on lui apporte les journaux et un café noir.
   6. Dès qu'il (prononcer) _____ ces mots, il les (regretter) _____ aussitôt, mais il (être) _____ trop tard.
   7. A peine (entrer) _____ qu'il (ôter) _____ ses chaussures.
   8. Quand il (prendre) _____ le médicament, il (se sentir) _____ mieux.

4 Complétez avec des expressions de temps et de lieu la biographie de François Mitterrand.
   François Mitterrand est mort lundi _____ Paris _____ l'âge de 79 ans. Il est né _____ 1916 _____ Jarnac (Charente) _____ une famille aisée et catholique. _____ 1934 il entame _____ Paris des études de droit et de sciences politiques.
   _____ début de la guerre, _____ 1940, François Mitterrand devient fonctionnaire _____ le gouvernement du maréchal Pétain _____ Vichy. _____ 1934, il change de camp et s'engage dans la Résistance. _____ la guerre, _____ 1945, il rejoint la gauche. Il entame alors une longue carrière politique en devenant, _____ l'âge de 30 ans, député de la Nièvre.
   _____ 1981 il est élu président de la République, c'est la première fois _____ la Ve République que la France a un chef d'Etat socialiste. Il est réélu _____ 1988. _____ ses deux septennats, François Mitterrand a beaucoup fait évoluer la politique.

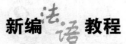

5 Refaites les phrasess suivantes en utilisant le participe absolu.
1. Quand midi sonne, nous nous mettons à table.
2. Comme la pluie tombait sans cesse, nous étions obligés de rester à la maison.
3. Comme le directeur était absent, on n'a pas pris la décision.
4. Comme les examens approchent, les élèves travaillent beaucoup.
5. Comme la nuit tombait, ils s'arrêtèrent dans une auberge.
6. Quand les vacances sont terminées, les élèves rentrent à l'école.
7. Quand les parents sont sortis, les enfant commencèrent à jouer au cache-cache à la maison.
8. Quand le train fut parti, ils rentrèrent chez eux.
9. Après avoir signé le contrat, ils ont pris un toast.
10. Après être arrivé à Shanghai, M. Delon a pris un taxi pour aller à l'Hôtel de la Paix.

6 Transformez les phrases d'après le modèle.
✦ On annonce que les deux présidents recevront les journalistes après qu'ils auront signé l'accord de coopération économique entre les deux pays.
→ On a annoncé que les deux présidents recevraient les journalistes après qu'ils auraient signé l'accord de coopération économique entre les deux pays.
1. Paul me dit qu'il viendra me voir dès qu'il sera arrivé à Nantes.
2. Le directeur répond que nous pourrons visiter l'ancienne résidence de Victor Hugo dès qu'elle sera restaurée.
3. Je sais qu'il aura fini son travail avant la Fête du Printemps.
4. Madame Pérou m'écrit que son mari sera rentré de Paris quand je recevrai sa lettre.
5. Simone annonce qu'elle partira en vacances dès au'elle aura obtenu la permission du directeur.

7 Complétez les phrases par des mots et des expressions du texte.
1. _____ dix heures, Mme Lavigne rentrait tranquillement du marché.
2. _____ son mari était de l'équipe de nuit, il dormait encore.
3. _____ j'écrivais une lettre à mes parents, ma femme lisait un roman.
4. Dès que le facteur a disparu dans l'escalier, elle a _____ la lettre.
5. _____ Mme Lavigne a ouvert la lettre, elle a reconnu l'écriture de son frère.
6. Maman est gravement malade. Nous _____ partir cet après-midi pour Shanghai.
7. _____ nous n'avons pas assez d'argent à la maison, tu vas retirer 1 000 euros à la banque.
8. Dépêche-_____ ! La banque va fermer dans une heure.
9. On a _____ toute la matinée à faire les préparatifs de départ.

Leçon 32

10. Mon mari est parti _____ 7 heures et il est revenu _____ 20 heures.
11. Aujourd'hui, c'est dimanche. _____ je vais à la bibliothèque.
12. En hiver, il fait froid à Beijing, nous _____ des gros manteaux en laine.
13. L'ascenseur est en panne, il faut _____ l'escalier.
14. Nous cherchons une grande maison, notre appartement est _____ petit.
15. Il ne faut pas _____ mon père qui dort.

8 Thème.
1. 和往常一样，我们星期天和父母一起吃晚饭。
2. 首先要在锅里放一小块黄油。
3. 昨天晚上去听歌剧，苏菲穿了新连衣裙，我穿蓝西装。
4. 她一走，我们马上就开始工作。
5. 她昨天值夜班，现在还在睡觉，请不要叫醒她。
6. 现在是上午十点半，火车下午四点一刻才开，我们有充分的时间做准备。
7. 你以后每天六点钟起床，起床后马上整理床铺，洗漱，然后去菜市场买菜。
8. 假如你想见主任，你只要给他打个电话就行了。
9. 他一演讲完，全场起立，人们热烈鼓掌。
10. 火车一停下来，旅客就下车了。

9 Lecture.

Madame Curie

Venue à Paris pour étudier les sciences, une jeune Polonaise, Marie Sklodowska qui devait devenir la grande madame Curie, travaillait avec acharnement, mais elle vivait dans la gêne.

La jeune fille loua une mansarde semblable aux chambres de bonne. Elle garnit ce local de tous les objets qu'elle possédait.

Marie supprima les frais de transport ; par tous les temps, elle gagnait à pied la Sorbonne. Elle montait elle-même, seau par seau un ou deux sacs de boulets de charbon, au sixième étage par un escalier à marches raides, en s'arrrêtant à chaque palier pour reprendre haleine. Dès qu'il faisait nuit, elle se réfugiait pour économiser l'éclairage dans la bibliothèque Sainte-Geneviève, où le gaz était allumé et où il faisait tiède. Assise, la tête dans ses mains, à une des grandes tables rectangulaires, elle pouvait travailler jusqu'à la fermeture des portes à dix heures du soir. Il lui suffisait ensuite d'avoir assez de pétrole pour s'éclairer jusqu'à deux heures du matin.

Marie ne pouvait pas dépenser un franc et perdre une minute pour préparer une soupe !

Elle n'entrait presque jamais chez le boucher, encore moins au restaurant. Pendant des semaines, elle ne mangeait que du pain beurré en buvant du thé. Lorsqu'elle avait envie d'un "festin", elle pénétrait dans un petit restaurant du Quartier latin où on lui servait des œufs, ou bien elle achetait un morceau de chocolat, un fruit.

10 Dictée.

参考答案 CORRIGES

Leçon 3
EX. 4
1. b.　　　　2. a.　　　　3. c.

Leçon 4
EX. 4
1. Qu'est-ce que c'est?　　2. Qu'est-ce que c'est?　　3. Qu'est-ce que c'est?
4. Qui est-ce?　　5. Qui est-ce?　　6. Qui est-ce?

Leçon 5
EX. 3
1. vous – Je m'appelle – Chinoise – étudiante
2. Comment – m'appelle – suis
3. Salut – Ça va

Leçon 6
EX. 4
1. Vous êtes Chinoise
2. Vous êtes Français
3. Monsieur Latour est secrétaire
4. Monsieur Latour est professeur
5. Ce sont des cassettes

EX. 5
B: Bonjour
A: Merci
A: Comment vous appelez-vous
B: Je m'appelle

Leçon 7
EX. 7
1. suis　　2. es　　3. est　　4. est
5. sommes　　6. êtes　　7. sont　　8. sont

EX. 8
1. J'ai   2. as   3. a   4. a
5. avons   6. avez   7. ont   8. ont

EX. 9
a) allons es lisez parlons travaille
b) Il Nous Tu Ils Vous

EX. 10
1. Vous   2. Tu   3. Ils / Elles   4. Tu
5. Nous   6. Tu   7. Je   8. Ils / Elles
9. Elle   10. tu

EX. 11
1. Vous étudiez   2. Vous êtes   3. Vous allez
4. Vous êtes   5. Vous travaillez 6. Vous êtes de Beijing.

EX. 12
1. Nous   2. Tu   3. Tu   4. Nous
5. il   6. Ils   7. Vous   8. vous
9. Ils   10. il / elle

EX. 13
elle – elle – elle   Je – elle – vous – je – je

EX. 14
1. parlez   2. Aimez   3. s'appelle
4. sont – étudiant   5. est – travaille   6. est

EX. 15
1. Excuse-moi   2. tu peux   3. vous voulez   4. vous   5. te

EX. 16
1. as   2. étudiez   3. allez   4. ont
5. parle   6. êtes   7. est – a – a   8. a – est – est – parle

EX. 17
—Où allez-vous?
—Je vais en classe, j'ai trois cours de chinois.
—Votre professeur de chinois, comment s'appelle-t-il?
—Il s'appelle Li, il est très gentil.

Leçon 8

EX. 2
1. le   2. la   3. le
4. l'   5. le   6. les

参考答案

EX. 3
1. des 2. un 3. un 4. un
5. une 6. des 7. une 8. un
9. un – un 10. des – une – une – un – des

EX. 4
1. le 2. la 3. le 4. le
5. les 6. un – une 7. des 8. le
9. la 10. le

EX. 5
a. beau b. vieille c. neuve d. nouvel
e. heureuse f. jeune g. grande h. bleues
i. gentilles j. timides k. intelligentes – souriantes l. petits

EX. 6
1. le 2. le 3. le 4. la 5. la
6. la 7. Les 8. une 9. un 10. un

EX. 7
1. de 2. à 3. du 4. de la 5. à l'
6. de la 7. au 8. du 9. à 10. au

EX. 8
a. 1. s'appelle 2. est 3. ouvrent 4. s'appelle 5. parlez
6. parlons 7. apprennent 8. suis – suis 9. sommes 10. parle

b.
est – connais – est – est – ont – travaille – apprend – C'est

EX. 12
1. Allez-vous à l'université?
2. Parles-tu chinois?
3. Sont-elles étudiantes?
4. Sont-ils professeurs?
5. Madame Delon connaît-elle le chinois?
6. Chen Hong parle-t-elle français?
7. Habitez-vous à Paris?
8. Monsieur Martin est-il marié?

EX. 13
1. Monsieur et Madame Martin n'ont pas d'enfant.
2. Nous n'habitons pas à Hangzhou.
3. Nous ne parlons pas bien français.
4. Elle n'a pas de diplôme. Elle n'a pas de spécialité.
5. Nous ne nous connaissons pas bien.
6. Madame Delon n'est pas professeur d'anglais.
7. Il ne travaille pas pour Air France.
8. Nous n'apprenons pas le français à l'Alliance Française.
9. Ne sont-elles pas heureuses?
10. Je n'ai ni frère ni sœur.

EX. 14
1. vert 2. attentifs 3. amusants 4. petite 5. françaises
6. blondes 7. intelligent 8. gris 9. occupés 10. bel

EX. 15
1. Pourriez 2. présente 3. appelle 4. peux
5. Connaissez 6. appelez 7. peux 8. peut

EX. 16
1. Aujourd'hui, c'est notre premier cours de français.
2. Madame Delon est notre professeur de français.
3. Je suis Chinois, je viens de Shanghai.
4. Nous ouvrons le livre et nous lisons ensemble le texte.
5. Est-ce que c'est votre collègue? Comment s'appelle-t-il?
6. Ton frère aîné travaille-t-il au Canada?
7. Nous aimons beaucoup le thé chinois.
8. Mes parents comprennent le français.
9. Est-ce que tu connais Paul? Il est Français; il étudie maintenant le chinois.
10. Je vais à la bibliothèque. Je ne vais pas à l'agence de voyage.

EX. 17
Je m'appelle Marie Delon. Je suis professeur de français. Dans ma classe, il y a quinze étudiants : trois Chinois et une Chinoise, quatre Américains, cinq Allemands et deux Espagnols. Ils sont tous très gentils.

Leçon 9

EX. 5
1. votre 2. vos 3. nos 4. notre 5. vos – votre

EX. 6
1. leur 2. leurs – leur 3. leurs 4. Ma
5. mes 6. votre 7. Ma 8. Ta / Votre

EX. 7
mon – ma – mon – ma – mon – mes – ma – Mes

EX. 8
1. ses 2. mon 3. son 4. vos 5. leurs

EX. 9
1. Cette 2. ces 3. Ce
4. Ces 5. cette 6. cet – ce – cet – cette

EX. 10
1. Qu'est-ce que nous apprenons?
2. Où apprenons-nous le français?
3. Quel âge a mon père?

4. Qu'est-ce que ma mère fait dans la vie?

5. Qui travaille dans une grande entreprise?

6. D'où vient-elle?

7. Qui nous enseigne le français?

8. Comment est-ce que je m'appelle?

9. En quelle année nous retournons en Chine?

10. Qui est-ce que j'aime?

EX. 11

1. Qui est notre professeur?

2. Où les étudiants apprennent-ils le français?

3. Qu'est-ce que les touristes français visitent à Hangzhou?

4. Comment est sa maison?

5. Combien sommes-nous dans notre classe?

EX. 13

1. souhaite	2. accueillir	3. viennent	4. aimons
5. habite – aime	6. trouver	7. habitez	8. trouve

EX. 14

1. Je suis content de faire votre connaissance.

2. Au nom du maire, je vous souhaite la bienvenue à Hangzhou.

3. Paris a beaucoup de monuments historiques pour les touristes.

4. Qu'est-qu'ils font dans la vie? Ils sont professeurs à l'Université Qinghua?

5. Ses parents habitent-ils maintenant à la campagne? Ils aiment la vie de la campagne?

6. Vous connaissez ce monsieur? C'est notre professeur de français.

7. —Comment trouvez-vous la ville de Shanghai?

—Je la trouve grande et moderne, la vue nocturne à Shanghai est très belle.

8. Nous n'habitons pas à Hangzhou, mais nous connaisons très bien cette ville.

9. Sa sœur aînée est professeur de chinois, elle travaille actuellement en France.

10. Notre festival du film est très connu. Cette année, vous venez participer à notre festival?

EX. 16

Hangzhou est une belle ville. C'est une ville moyenne en Chine. Elle a plus de six millions d'habitants. Il y a beaucoup de belles choses à voir pour les touristes. Nous aimons beaucoup cette ville.

Leçon 10

EX. 4

1. Oui, j'en ai.
2. Oui, il y en a.
3. Oui, j'en ai une.
4. Non, elle n'en a pas.
5. Il y en trente.
6. Nous en avons trois.
7. Oui, j'en connais beaucoup.
8. Il y en a deux.
9. Oui, il y en a beaucoup.
10. Oui, il y en a beaucoup.

EX. 5

1. Oui, j'en veux.
2. Oui, j'en prends.
3. Non, ils n'en mangent pas.
4. Non, ils n'en boivent pas.
5. Oui, j'en mange.
6. Non, je ne mange pas de fruits.

EX. 6

1. Je vais à la campagne; mes parents y habitent.
2. —Tu vas au terrain de sports?
   —Non, je n'y vais pas.
3. —Vous travaillez chez Renault?
   —Oui, j'y travaille.
4. —Elle entre cette année à l'université?
   —Oui, elle y entre.
5. Nous allons à la salle de lecture, nous y lisons des journaux.
6. —Sylvie habite à Paris?
   —Non, elle n'y habite pas.
7. —François fait un voyage à Bordeaux?
   —Oui, il y fait un voyage.
8. —Sylvie et Anne déjeunent à midi au restaurant universitaire?
   —Non, elles n'y déjeunent pas.
9. Les étudiants entrent dans la classe, le professeur y entre aussi.
10. —Ta sœur fait ses études à Nice?
    —Non, elle n'y fait pas ses études.

EX. 8

1. prenons
2. commence
3. cherches
4. font
5. est   apprend
6. fait
7. voudrais / veux
8. sommes
9. enseigne   donne
10. suit
11. attendez
12. apprend

EX. 9

1. parce qu'
2. pour
3. parce qu'
4. parce que
5. parce qu'
6. pour

EX. 11

1. attendez
2. pourriez
3. d'ici?
4. peux
5. demander
6. A qui
7. de combien
8. apprenez
9. de
10. souhaite

EX. 12

1. Tous les matins, je me lève à six heures et j'arrive à l'école à huit heures moins le quart.
2. —Y a-t-il des professeurs français à votre université?
   —Oui, il y en a cinq.

3. Ma chambre se trouve au 28ème étage. Elle est grande et claire.

4. Pardon, Madame, pourriez-vous me dire où est le Carrefour?

5. Vous voulez une grammaire française ou un dictionnaire?

6. Où sont mes lunettes? Je les cherche partout et je ne les trouve pas.

7. Il a besoin d'apprendre le chinois, parce qu'il veut travailler en Chine.

8. —Tu manges des fruits?
   —Oui, j'en mange, j'en mange beaucoup.

9. —Tu prends du café?
   —Non, je ne prends (bois) jamais de café.

10. —Pourquoi allez-vous en France?
    —J'y vais pour étudier.

EX. 14

– Bonjour, que puis-je faire pour vous?

+ Bonjour, Madame, c'est pour un cours de français... Vous avez des cours de français pour les débutants?

– Mais Oui, nous en avons. Pourquoi est-ce que vous apprenez le français, Monsieur?

+ Pour étudier en France.

Leçon 11

EX. 2
1. moi	2. lui	3. nous	4. vous – vous	5. moi – eux
6. lui	7. elle	8. elle	9. moi	10. eux

EX. 5
1. année	2. ans	3. journée	4. année	5. numéro
6. nombre	7. nombre	8. numéro	9. numéro	10. ans année

EX. 6
le – en – le – en – au – en

EX. 8
1. le mars	2. le nouvel an	3. Le 25 décembre	4. Le premier mai
5. au – de	6. le 60ème	7. Le premier octobre	8. Le 14 juillet

EX. 9
1. Oui, j'en suis content.   2. Oui, j'en viens.
3. Oui, elles en sont contentes.   4. Oui, ils en parlent.
5. Non, je n'en reviens pas, je reviens d'Allemagne.   6. Oui, j'en sors.
7. Non, je n'en ai pas besoin.   8. Non, je n'en suis pas sûr.
9. Oui, j'en rentre.   10. Oui, il en est heureux.

EX. 10
1. content	2. au	3. seule – avec	4. mesure
5. ai	6. combiem	7. habitez	8. suivez – tournez

EX. 12

1. très – trop   2. trop   3. très – trop   4. trop
5. trop – pour   6. trop – trop   7. trop – pour   8. trop de
9. trop – pour   10. trop

EX. 14

1. La campagne est calme. Vous voulez y habiter?
2. —Les touristes français sont-ils contents de leur voyage en Chine?
   —Oui, ils en sont très contents.
3. Ils boivent du thé. Et vous? -Moi aussi, je bois du thé.
4. Elle n'a pas de logement, elle habite pour le moment chez ses amis.
5. Tu as besoin d'un ordinateur? Alors, achètes-en un!
6. Il faut finir ce travail avant midi.
7. —Le combien sommes-nous aujourd'hui?
   —Aujourd'hui nous sommes le premier juillet, c'est le 87ème anniversaire du Parti Communiste Chinois.
8. J'ai faim. On va au restaurant pour manger?
9. —Vous venez de Hangzhou ?
   —Oui, j'en viens ; Hangzhou est une belle ville.
10. Le premier jour de l'an, c'est le nouvel an. C'est un jour férié, donc on ne travaille pas ce jour-là.

EX. 16

J'habite dans un immeuble qui n'est pas très moderne mais que je trouve confortable. Je connais tous mes voisins. J'ai une voisine chinoise qui est très sympathique et que j'invite souvent chez moi. C'est une étudiante qui fait ses études de médecine à l'Université Paris V.

Leçon 12

EX. 4

1. Non, je ne prends pas de pain.
2. Non, je ne mange pas de riz.
3. Non, Paul ne boit pas de vin.
4. Non, je ne veux pas de Coca-Cola.
5. Non, je n'ai pas de monnaie.
6. Non, elle n'aime pas le potage.
7. Non, je ne veux pas de soupe.
8. Non, ils ne veulent pas d'escargots.
9. Non, je ne prends pas de fromage.
10. Non, il ne mange pas de poisson.

EX. 5

1. des   2. le   3. de la   4. du   5. du
6. du   7. de   8. le   9. de   10. de

EX. 6
1. des – un
2. de la / une – un – d' – de la
3. le – du – du – des – une /de la
4. d'
5. les – un

EX. 9
1. du – du – du – de la
2. de la – du
3. du – de la
4. du
5. de l'
6. de la
7. du
8. de la
9. le
10. du – de l' – du – le

EX. 11
a. du – du – du – de la – un – des
b. du – des – une
c. une – un – du – de la

EX. 12
1. quelqu'un – personne
2. quelque chose – rien
3. quelque chose
4. quelqu'un
5. quelqu'un – personne
6. rien
7. quelqu'un – personne
8. rien
9. quelque chose
10. quelqu'un

EX. 13
1. ai – On
2. ou
3. manger
4. vous asseoir / vous mettre
5. prenez
6. j'adore
7. prends
8. comme
9. aime – aime
10. est – êtes

EX. 14
1. Quelles villes préférez-vous? Hangzhou ou Shenzhen?
2. Tu ne travailles pas assez. Tu ne fais jamais rien. Puisque c'est comme ça, tu ne vas pas au ski cet hiver!
3. C'est trop cher! Et puis ma femme n'aime pas cet appartement.
4. Les vacances vont arriver. Les écoles vont fermer. Les enfants vont partir en vacances.
5. —Vous connaissez quelqu'un en Algérie?
   —Non, je n'y connais personne.
6. —Tu veux manger quelque chose ?
   —Non, merci, je ne veux rien manger.
7. —Qu'est-ce qu'on boit? Du vin? De la bière ou de l'eau?
   —Je déteste la bière. Je préfère le vin. Je bois aussi de l'eau minérale.
8. Cet appartement est très beau, mais c'est beaucoup trop cher, je n'ai pas assez d'argent pour l'acheter.
9. —Est-ce que tu vas acheter une nouvelle voiture?
   —Non, je ne vais pas acheter de nouvelle voiture.
10. Je vais arriver demain à midi à Strasbourg. Georges va venir me chercher à la gare. Je vais faire une conférence à l'université à 15 heures.

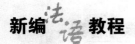

EX. 16

Un samedi matin à sept heures et demie. Paul téléphone à son amie Sophie.

Paul: Qu'est-ce que tu vas faire aujourd'hui?
Sophie: Je vais travailler toute la journée. Je dois finir un projet.
Paul: Et demain, tu vas travailler aussi?
Sophie: Non, je vais passer la journée avec une amie chinoise. Elle s'appelle Chen Hong. Elle va venir chez moi le matin.

Leçon 13

EX. 5

1. Ne ferme pas la porte!
2. Ne partez pas sans moi!
3. Ne m'attendez pas!
4. Ne posez pas la lettre sur le bureau!
5. Ne prends pas le métro!
6. Ne l'invite pas à ta soirée!
7. Ne les invitez pas!
8. Ne vous asseyez pas!

EX. 6

1. t'   2. nous   3. t'   4. vous
5. vous   6. t'   7. vous   8. m'

EX. 7

1. les   2. la   3. le   4. l'
5. les   6. la   7. la – la   8. le

EX. 8

1. Oui, je la connais.
2. Oui, je le connais aussi.
3. Oui, je les invites souvent.
4. Bien sûr, ils m'invitent.
5. Non, je ne la regarde pas tous les soirs.
6. Non, je ne les invite pas.

EX. 9

1. Gille est très sympathique. Nous l'aimons bien.
2. Il lit tes articles. Il n'est pas d'accord avec toi mais il les trouve intéressants.
3. C'est un gourmand. Il aime faire la cuisine. Il la fait très bien.
4. Lucien est journaliste, je le connais bien.
5. Vous écoutez la radio tous les jours? Moi, je ne l'écoute jamais.

EX. 11

1. Je sais que tu aimes la Côte d'Azur.
2. Je vois que tout le monde est en bonne santé.
3. Je comprends bien que ce n'est pas possible pour le moment.
4. Il dit qu'il a enfin trouvé une solution.
5. Je sais que tu es heureuse.
6. J'espère que tout le monde va bien.
7. Je crois qu'on ne peut rien faire pour lui.
8. Elle dit qu'elle a envie de faire un voyage en France.

EX. 12

1. voudrais – quittez – vous le passe
2. parler – désolé – là – peux
3. voudrais – parlez
4. Je suis désolée – prendre – rappeler – a
5. suis – est – peux / pourrais – vient – pouvez – appeler – suis

EX. 13

1. C'est un professeur de notre Section Française. Nous l'admirons beaucoup.
2. Le français est une belle langue. Nous l'aimons beaucoup.
3. Les Duval sont de bons voisins. Nous les invitons souvent.
4. —Vous connaissez Madame Wang ?
   —Bien sûr, je la connais ; elle est notre professeur d'anglais.
5. Nous venons de visiter le Grand Théâtre National.
6. New-York est une ville dangereuse. Soyez prudent.
7. —Tu ne veux pas passer tes vacances à l'étranger au mois d'août?
   —Si, mais je n'ai pas assez d'argent.
8. A midi, le directeur préfère manger dans un restaurant proche de son bureau.
9. Depuis combien de temps êtes-vous à Beijing? Vous aimez cette ville?
10. Je prends le métro pour aller au travail, c'est pratique.

EX. 15

Je vais être correspondant du *Journal des Jeunes* à Paris. Je viens de téléphoner à mes amis parisiens, les Legrand, pour leur annoncer ma prochaine arrivée. Ils sont très contents d'entendre cette bonne nouvelle.

Leçon 14

EX. 4

1. Oui	2. Oui	3. Non	4. Si	5. Si
6. si	7. Si	8. Si	9. Non	10. non

EX. 6

1. ne... plus	2. n'... plus	3. n'... ni... ni	4. ne... pas encore
5. ne... jamais	6. n'... pas encore	7. ne... que	8. n'... jamais
9. ne... jamais	10. n'... plus		

EX. 7

1. vous vous écrivez	2. me réveille – me lève
3. se promènent	4. se voient
5. te souviens	6. adressez-vous
7. s'installer	8. Ne vous moquez pas / Ne te moque pas
9. se couche	10. s'occuper
11. se regardent	12. se trouve

EX. 8

1. Quelle heure est-il?
2. Quelle leçon apprenons-nous cette semaine?
3. A quelle heure finit-elle son travail?
4. Quels livres achète-t-il?
5. Quelle voiture la chanteuse conduit-elle?
6. Quelle est la date de votre naissance?
7. Quel est le lieu de votre naissance?
8. Quelle est la plus belle saison à Beijing?
9. En quelle saison sommes-nous?
10. De quelles courses parlez-vous?
11. Quel est le plus haut mont d'Europe?
12. Quelle est la ville la plus peuplée du monde?

EX. 10

1. Quel – fait
2. il n'y a pas – fait
3. Il – fait
4. y a du – fait
5. fait – il y a – vont – va
6. il
7. il fait
8. température

EX. 11

1. Nous ne nous envoyons pas les courriels, mais nous nous téléphonons souvent.
2. —Quel temps fait-il chez vous à Paris?
   —A Paris? C'est déjà le printemps. Il fait beau. Il ne fait ni froid ni chaud. On a envie de sortir.
3. Quand il neige, je suis joyeux. J'aime la neige.
4. Il ne fait pas froid, mais c'est très humide: on a beaucoup de brouillard, les gens ne sortent pas sans parapluie.
5. —Quel roman lisez-vous?
   —Je suis en train de lire «Les Misérables» de Victor Hugo.
6. —Vous n'avez pas cours aujourd'hui?
   —Si, nous avons cours aujourd'hui.
7. —Quelle est la capitale du Canada?
   —Je le sais. C'est Ottawa.
8. Li Wei compte rester un an en France pour élever son niveau de français.
9. —Dites un grand bonjour à vos parents de ma part.
   —Merci, je n'y manquerai pas.
10. —Est-ce que tout le monde apprend le français?
    —Non, tout le monde n'apprend pas le français.

EX. 13

Madame Bidonnet dit à sa voisine: « Il y a du soleil et du vent aujourd'hui. C'est bien pour le linge: il sèche tout seul. Je vais profiter du beau temps pour faire une lessive et cet après-midi, je sors avec ma fille. On va faire une petite promenade.»

Sa voisine répond: « Tu as raison. Demain, il va peut-être pleuvoir.»

Leçon 15

EX. 2

1. fermé	2. choisi	3. allé	4. demandé	5. eu
6. été	7. fait	8. descendu	9. compris	10. mort
11. pu	12. offert	13. sorti	14. ouvert	15. répondu
16. reçu	17. vendu	18. peint	19. appris	20. écrit

EX. 4

1. n'ont	2. avons	3. n'a	4. a	5. ont
6. avez	7. as	8. ont	9. avons	10. a

EX. 5

1. as fini
2. as appris
3. as visité
4. J'ai voulu – n'ai pas réussi
5. n'avez pas visité
6. avons déjeuné
7. fait
8. avez terminé
9. avons bavardé
10. a été

EX. 6

1. a attendu
2. avons regardé – avons vu
3. dînons – avons dîné
4. J'ai eu – j'ai commencé – j'ai fini
5. a mis – j'ai mis
6. avez bien dormi
7. a commencé
8. ont eu
9. avez passé
10. ont vu
11. ai oublié
12. ai oublié

EX. 7

avons vu – a pris – avons mangé – avons assisté – avons eu – avons pris – avons visité – ai acheté

EX. 9

1. Nous allons lui remettre nos cahiers.
2. Elle leur parle de son voyage en Chine.
3. Donnez-lui le livre!
4. Passez-lui le sel!
5. Ton père travaille. Ne lui parle pas!
6. As-tu le temps de leur écrire avant ton départ?
7. Chen Hong lui demande des renseignements.
8. Ma mère fait la cuisine, je vais lui donner un coup de main.

EX. 10

1. a dansé	2. ont joué	3. a trouvé – a garé
4. avons choisi	5. avons attendu	6. ont su

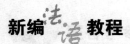

    7. avons voulu   8. ont reçu   9. as vraiment beaucoup trop bu
    10. J'ai regardé   11. a préparé   12. j'ai entendu

EX. 11

1. du	2. pour	3. au	4. en	5. à
6. aux / des	7. en – à	8. de – à	9. En – au	10. aux – à

EX. 12

1. Est-ce que tu as rangé ta chambre?
2. Est-ce que tu as téléphoné à Pierre?
3. Est-ce que vous avez fait vos devoirs?
4. Est-ce que tu as mis la lettre à la poste?
5. Est-ce que Paul a acheté le journal?

EX. 13

1. Yang Liwei a fait un voyage inoubliable dans l'espace spatial.
2. Hier, au moment de partir, elle a reçu un coup de téléphone.
3. Comment avez-vous pu trouver ma nouvelle adresse?
4. Je suis un peu fatigué. Je n'ai pas envie d'aller au théâtre ce soir. Vas-y tout seul.
5. Vous ne mangez pas de poisson d'eau douce? Vous avez tort! Le poisson d'eau douce est délicieux.
6. Vos amis sont modestes. Je les ai rencontrés avec plaisir.
7. Elles ont étudié à l'Ecole Supérieure de Commerce de Lyon pendant quatre ans et ont obtenu le diplôme de licence.
8. J'ai oublié mon chapeau au théâtre. Je dois y retourner pour le chercher.
9. Le voyage en Chine a été très agréable. Nous avons envie d'y retourner en l'an 2010.
10. Les étudiants ont repeint les murs, ont changé la moquette, et ont mis des posters aux couleurs vives sur les murs.

EX. 15

    Pendant leur séjour en Chine, nos amis français ont visité de magnifiques réalisations culturelles telles que la Bibliothèque nationale de Chine, l'Ecole du Cinéma de Beijing, le Grand Théâtre de Shanghai etc.... Ils ont été beaucoup impressionnés par les grands progrès réalisés par la Chine.

Leçon 16

EX. 4

1. est	2. est	3. sommes	4. es	5. sont
6. sont	7. sont	8. sont	9. s'est	10. suis

EX. 5

1. est arrivé	2. sont partis.
3. est née	4. est mort
5. sont venus	6. sont revenues

7. sont devenus
8. sont partis
9. sont arrivés
10. nous sommes promenés
11. nous sommes réveillés
12. nous sommes couchés
13. nous sommes rencontrés
14. est descendue – est entrée
15. sont sorties

EX. 6

1. est	2. ai	3. est	4. avez	5. sont
6. sont	7. suis	8. est	9. es	10. ont
11. es	12. suis	13. a	14. ai – suis	15. avons

EX. 7

1. a eu – n'est pas allée
2. n'avez pas pensé
3. est arrivé
4. sont allés
5. a ouvert
6. s'est fâchée
7. n'a rien mangé
8. n' a pas pu

EX. 8

1. Où un étudiant a-t-il trouvé une montre?
2. A qui Antoinette a-t-elle écrit?
3. A qui est-ce que Li Wei a proposé de faire un voyage en Chine?
4. Qu'est-ce que votre femme a voulu acheter?
5. Qu'est-ce qu'il préfère?
6. Où est-ce que vous êtes allés?
7. Chez qui avez-vous pris le dîner?
8. En combien de minutes vous vous êtes préparés?
9. Par où est-ce qu'on est passé?
10. Qu'est-ce que vous avez aimé surtout?

EX. 9

sommes arrivés – avons visité – avons loué – sommes partis – sommes allés – sommes promenés – avons vu – s'est levé – suis resté – me suis reposé – ai écrit

EX. 11

1. à – avec	2. pour	3. des	4. de
5. de – entre	6. à – en	7. au	8. à
9. à – en	10. à	11. dans	12. à
13. sur – devant – à gauche – à droite – derrière		14. à	15. au
16. en	17. dans	18. sur	19. chez	20. par

EX. 12

1. Pas mal de jeunes diplômés universitaires veulent bien travailler à l'Ouest du pays.
2. J'ai eu tort. Je vous demande de m'excuser.
3. Il est gravement malade. Le médecin lui demande de cesser tout de suite de fumer et de boire.

4. Je vais faire une petite fête. J'espère que tu pourras y assister.
5. Nous espérons vivement pouvoir nous revoir un jour à Beijing.
6. Le train est entré en gare à 18h 40. Il a eu 20 minutes de retard.
7. Le spectacle va commencer dans une demi-heure. Comment? Les chanteurs ne sont pas encore arrivés?
8. Sophie et moi, nous ne nous sommes pas vus depuis longtemps. J'espère que tout va bien chez elle.
9. Vous êtes fatigué? Alors, asseyez-vous sur le banc!
10. A partir des années 90, la Chine est entrée dans la période de plein développement.

EX. 14

Aujourd'hui, Philippe s'est levé tôt. Il s'est rasé et il s'est habillé vite. Après, il a téléphoné à Suzanne. Ils se sont donné rendez-vous au café de l'université pour trois heures. Philippe est arrivé un peu en retard, mais Suzanne ne s'est pas impatientée. Philippe et Suzanne se sont promenés jusqu'à sept heures. Est-ce qu'ils s'aiment? C'est possible.

Leçon 17

EX. 3

a. franc → franche → franchement
b. doux → douce → doucement
c. parfait → parfaite → parfaitement
d. joyeux → joyeuse → joyeusement
e. simple → simple → simplement
f. vif → vive → vivement
g. sûr → sûre → sûrement
h. normal → normale → normalement
i. mensuel → mensuelle → mensuellement
j. entier → entière → entièrement
k. évident → évidente → évidemment
l. récent → récente → récemment
m. prudent → prudente → prudemment
n. absolu → absolue → absolument
o. joli → jolie → joliement

EX. 4

1. doucement
2. joliment
3. rapidement
4. franchement
5. sérieusement
6. poliment

EX. 5

1. bien
2. tard
3. lentement
4. en avance
5. loin
6. beaucoup
7. déjà
8. tard
9. peu
10. difficilement

EX. 7

elle m'en a parlé   elle ne me l'a pas montrée   elle m'en a demandé
je le lui ai prêté   elle ne me l'a pas dit

EX. 8

les – les – vous – leur – nous – me – les – les – leur – leur – eux

EX. 9

1. Oui, vous pouvez le lui offrir.

参考答案

2. Oui, vous pouvez le leur envoyer.
3. Oui, montrez-le-moi. / Non, ne me le montrez pas.
4. Oui, je la lui ai donnée.
5. Oui, je peux te la prêter.
6. Oui, je veux bien vous les montrer.
7. Non, il ne peux pas me l'expliquer.
8. Oui, je veux la lui vendre.
9. Non, je ne veux pas la leur vendre.
10. Oui, je veux bien la leur ouvrir.

EX. 10
1. me   2. vous   3. la – l'   4. le – l'   5. la – moi

EX. 11
1. La vie est si chère que nous ne partons plus aussi souvent en vacances.
2. Il crie si fort qu'on l'entend à l'autre bout de la rue.
3. Paul travaille si vite qu'il a toujours terminé avant les autres.
4. Elle mange si peu qu'elle a maigri de cing kilos.
5. Danielle est si timide qu'elle rougit dès qu'on lui adresse la parole.

EX. 12
1. présente   2. Comme   3. aimez   4. restez
5. boire   6. est – enseigne – bon   7. ont – tel   8. Comme – a

EX. 13
1. Excusez-moi, je n'ai pas le temps de déjeuner avec vous aujourd'hui. Je suis pressé.
2. Je suis en retraite. J'ai suffisament le temps de lire.
3. J'ai déjà pris la décision. Il ne faut pas essayer de me convaincre.
4. Je crois que nous avons eu raison de ne pas participer à cette réunion.
5. —Tu connais la nouvelle directrice?
   —Non, je ne la connais pas, mais je crois que je l'ai vue quelque part.
6. —Monsieur Li Wei, voulez-vous nous raconter l'histoire du *Rêve dans le Pavillon rouge*?
   —Oui, je vous la raconte tout de suite.
7. —Je vous donne ma nouvelle adresse?
   —Oui, donnez-la-moi!
8. —Tu as vu ces actrices?
   —Non, je ne les ai pas encore vues.
9. Le 20 mai 1940, hommes, femmes, enfants et vieillards, tous ont été tués dans ce village par les soldats japonais.
10. —Je vous remets nos cahiers maintenant?
    —Non, ne me les remettez pas maintenant. Remettez-les-moi demain.

EX. 15
Ma chère Sophie,

Je t'écris pour te parler de mes difficultés avec Paul. Tu peux peut-être me donner des conseils car tu nous connais bien tous les deux et je sais que Paul vous aime bien, toi et Michel!

Leçon 18

EX. 3
1. que sa sœur
2. les meilleures
3. mieux
4. meilleur
5. meilleure

EX. 4
1. plus ... que
2. plus ... que
3. moins ... que
4. plus ... que
5. moins ... que
6. plus ... que
7. moins ... que
8. aussi ... que
9. plus ... que
10. moins ... que
11. aussi ... que
12. meilleure

EX. 5
1. les plus
2. les plus
3. le plus
4. le plus
5. le plus
6. le plus
7. la plus
8. la
9. le plus
10. le plus
11. le plus
12. le moins
13. la plus
14. le plus
15. le plus

EX. 7
1. la meilleure
2. mieux
3. le plus âgé
4. meilleur
5. le plus agréable
6. le mieux
7. le plus moderne
8. les plus jeunes
9. le mieux
10. le mieux

EX. 8
1. De nouveaux bancs ont été installés.
2. 500 arbres ont été plantés par les habitants du quartier.
3. Les trottoirs ont été élargis par les ouvriers.
4. Un parking souterrain a été creusé.
5. La salle de conférence de l'université a été rénovée.
6. Une centaine d'arbres ont été déracinés par la tempête.
7. Les portes ont été fermées par le gardien du parc.
8. La Sorbonne a été fondée en 1257 par Robert Sorbon.
9. Autrefois, cette maison était habitée par une famille d'une vingtaine de personnes.
10. Un formulaire de recencement de la population vient de nous être envoyé par la mairie de Beijing.

EX. 10
1. suis sur le point de
2. est sur le point de

3. viennent de
4. est en train de
5. est en train de
6. sont en train de
7. viens de
8. est en train de
9. est en train de
10. sommes en train d'

EX. 11

se trouve – appelé – couvre – le plus grand – compte – a quitté – est devenue – a été

EX. 12

1. —Où sont les deux garçons?
  —Regarde dehors. Ils sont en train de jouer dans le jardin.
2. Je crois que je suis en train de réaliser mon rêve de jeunesse.
3. Depuis son opération, M. Martin n'est plus le même. Il se sent toujours fatigué et il n'a pas d'appétit.
4. Le vaisseau spatial Shenzhou V a été lancé le 15 octobre 2003 au Centre de Lancement des satellites de Jiuquan.
5. Toranto est la plus grande ville du Canada. Tu le sais?
6. L'année dernière, il a beaucoup plu, mais cette année, il pleut beaucoup moins.
7. Nous pensons vraiment que Chen Hong est la meilleure étudiante de l'école.
8. Le journal télévisé de 19h30 de la CCTV est regardé par des millions de téléspectateurs.
9. A mon avis, la cuisine chinoise est meilleure que la cuisine européenne. Je préfère notre cuisine.
10. Le Stade olympique national a été nouvellement construit pour les 29ème Jeux Olympiques.

EX. 14

Il pleut depuis plusieurs jours sans discontinuer. De nombreuses maisons ont été inondées par les rivières en crue. Les cultures sont dévastées par des pluies violentes. L'aide va être distribuée par les autorités locales.

Leçon 19

EX. 4

avait – pique-niquaient – jouaient – lisait – dormait – jouait – marchions – brillait
volaient – avaient – étions – se baignaient – regardions – étaient

EX. 5

1. avons voyagé – était
2. étions
3. n'étaient pas – est arrivé
4. regardait – s'est arrêtée
5. faisait – nous sommes installés – s'est mise
6. n'avait pas l'air – l'ai rencontré
7. travaillais – se rencontrait
8. j'étais – travaillais

EX. 6

faisais – n'allions – lisions – m'écrivaient – fumait – buvait – savait – prenais – allais – conduisions – devions – avait – était – pouvait – voulait – était – étions – êtes

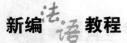

EX. 7
1. grâce à 2. à cause d' 3. Grâce à 4. A cause de – A cause de
5. Grâce à 6. grâce à 7. à cause de 8. à cause de
9. à cause du 10. à cause des

EX. 8
1. Ils ne veulent pas habiter à Nantes où ils ne connaissent personne.
2. Hier après-midi, je suis allé à l'Université de Nanjing où ma mère enseigne les mathématiques.
3. La petite ville où j'ai vécu il y a 20 ans a beaucoup changé.
4. Je reviens de Yangsuo où la vie est très agréable.
5. Ce restaurant où lls ont mangé est très connu dans le quartier.
6. Vous partez pour la France où vous avez des amis.
7. Je vais à Kunming où mon frère habite.
8. Il est heureux de retourner à l'Ile de la Réunion où il a passé son enfance.
9. Hangzhou où nous avons passé nos vacances l'été dernier est une ville moyenne.
10. Il aime l'Ile Maurice où il va chaque année.

EX. 9
1. c'est... que 2. C'est... que 3. C'est... qui – c'est... qui – c'est...qu'
4. c'est... que 5. C'est... que 6. C'est... que

EX. 10
1. C'est à mes camarades de l'école primaire que je pense.
2. C'est à Alegr que nous allons.
3. C'est en 1789 que la révolution française a eu lieu.
4. C'est une pièce de cinq centimes que l'enfant a avalée.
5. C'est le Docteur Zhang qui l'a soigné.
6. C'est grâce au stage qu'il a fait en France que Li Wei a réussi à améliorer son français.
7. C'est juste au moment où j'allais commencer le cours que Olivier est arrivé.
8. C'est hier qu'elle est partie.

EX. 11
1. Le jour où nous sommes arrivés à Beijing, il faisait très froid.
2. Quand je travaillais à Paris, j'habitais dans cet immeuble. Je dînais souvent dans ce restaurant à côté.
3. Grâce à cette fameuse Route de la Soie, les échanges culturels et commerciaux entre la Chine et les pays de l'Ouest ont été prospères pendant plus de 1000 ans.
4. On a fait un voyage en Thaïlande il y a deux mois.
5. Il y a dix ans, on voyait encore des champs ici, mais maintenant, ce sont des grands buildings qui s'y dressent.
6. Bernard était en train de lire une BD, quand le directeur est entré dans le bureau.

7. —Pourquoi est-ce que tu n'as pas parlé de tes difficultés à la réunion?
—Parce que j'avais peur.

8. Le village où je suis né était très pauvre avant l'an 1949.

9. Je vous souhaite de passer une excellente soirée.

10. Il n'y a ni de poissons ni de crevettes dans cette rivière à cause de la pollution.

EX. 14

Quand j'avais douze ans, j'habitais dans un petit village. Je passais tous mes week-ends avec Henri, le fils des voisins. C'était mon meilleur ami. Nous allions souvent à la plage et parfois nous faisions des promenades à bicyclette.

Leçon 20

EX. 3

Lettre corrigée:

Marseille, le 20 mai 2007

Chère Madame,

J'ai lu votre annonce dans le magazine *Femme actuelle* du 30 avril dernier. Je comprends votre problème et je vous propose mon aide. Moi non plus je n'ai pas beaucoup d'amis ici. Comme j'ai une voiture, je veux bien aller me promener et parler avec vous, chez vous, deux ou trois fois par semaine. J'étudie le français à l'université et j'ai besoin de parler beaucoup en français. Alors, si vous voulez, nous pouvons parler ensemble: vous en anglais ou en espagnol et moi en français. Ma mère est Espagnole et mon père Anglais et je parle très bien ces deux langues.

J'attends votre réponse.

Recevez, chère Madame, mes meilleures salutations.

Carlos Johson

EX. 4

a.
1. rentrera 2. serons 3. partirons 4. voyagerons 5. ira
6. J'achèterai 7. essayeras 8. visitera 9. apporterez 10. pourrez

b.
1. seront – arriveront
2. partirons – voyagerons
3. fera
4. serez – ira
5. recevrons
6. expliquera
7. prendras
8. coûteront
9. quittera
10. téléphonerai

EX. 5

a.
viendra – arrivera – ira – rencontrera – commencera – fera – déjeunera – regagnera

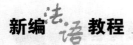

b.

fera – aura – passeront – pourront – soufflera – sera – augmenteront – resteront – gagnera – pourrez

EX. 6

vivrons – disparaîtront – sera – pourrai – retrouvera – montera – deviendrons – parlerons – C'est / Ce sera

EX. 7

suis – prépare – se passe – demande – permettre – regrette

EX. 8

pourras – donnerai – seras – mangeras – ferons – présenterai – rencontreras – verras – plaira

EX. 9

1. Selon la prévision météo, demain, il fera très beau comme aujourd'hui.
2. Comme j'ai trop couru ce matin, j'ai mal aux jambes maintenant.
3. —Vous nous permettez de camper ici?
   —Normalement, ce n'est pas permis.
4. Hier, c'était le Noël. J'ai permis aux enfants de rentrer à minuit.
5. —Toutes les étudiantes de notre classe sont parties à la campagne?
   —Oui, toutes sont parties.
6. La moissonneuse-batteuse permet de récolter (rentrer) le blé en deux jours.
7. La réunion ne se terminera pas avant 7 heures et demie. Soyez patient.
8. Mon chef de service vous expliquera pourquoi nous n'avons pas participé à la réunion de la semaine dernière.
9. Il y aura une pique-nique demain. Tu apporteras du champagne, n'est-ce pas?
10. Qu'est-ce que vous prenez comme boissons? Du Coca-Cola, de la bière ou de l'eau minérale?

EX. 11

Si j'ai de l'argent cet été, je ferai un voyage en Chine avec mon ami Paul. Nous irons d'abord à Beijing. Quand nous serons là-bas, nous verrons mes cousins. Ils font leurs études à l'Université des Langues. J'espère qu'ils pourront nous trouver un hôtel bon marché. Je leur enverrai un fax quand je saurai la date de notre départ.

Leçon 21

EX. 3

1. celui – celui	2. celle	3. Celle	4. ceux	5. celles
6. Celle	7. ceux	8. ceux	9. celle	10. celui

EX. 5

1. celui	2. celui	3. celles	4. ceux
5. celui-ci – celui-là	6. Celui	7. Ceux	8. celle-ci – celle-là
9. celle	10. Celui	11. celle	12. celle
13. Celui	14. ceux		

参考答案

EX. 6

1. à 2. qu' 3. de 4. en
5. J'y 6. qu'

EX. 7

1. toute – tous 2. Tous 3. tous 4. Toute
5. Tous – tout 6. Tous 7. Toute 8. Toutes – toutes
9. Tous 10. tous – toutes 11. Tout 12. Tous

EX. 8 a.

1. tout 2. Tout 3. tout
4. Tout 5. Tout 6. Tout

b.

1. tous – tous 2. toutes – toutes 3. tous – tous
4. toutes – toutes 5. tous – tous

EX. 9

désirez – voudrais – Quelle – mesure – préférez / aimez – plaît – Essayez – être – coûte – convient / va – prenez

EX. 10

1. L'opéra de Pékin *Adieu ma concubine* a beaucoup plu à nos amis français.
2. J'ai perdu mes clés, heureusement il y a celles de ma sœur.
3. Je pense beaucoup à mes camarades de l'école secondaire.
4. Il espère que ces roses plairont (plaisent) à sa femme.
5. Cette robe chinoise est très jolie, elle me convient très bien, je la prends.
6. Que pensez-vous de la situation internationale?
7. Je connais son numéro de téléphone, mais j'ai oublié celui de sa chambre.
8. —Quelle robe est-ce que tu mets ce soir?
   —Je mets celle que j'ai achetée avant hier.
9. C'est ma veste, j'en suis sûr; celle de Paul est un peu plus longue.
10. —C'est ta chambre à coucher?
    —Non, c'est celle de mes parents.

EX. 12

– Bonjour, Mademoiselle, je voudrais essayer des pantalons. Ceux-là ne sont pas mal.

+ Oui, en voilà un rose... Est-ce qu'il vous plaît? Essayez-le!

– Ils doivent être chers!

+ Non, pas du tout! Il coûte seulement 100 yuans.

Leçon 22

EX. 2

1. souhaiterions 2. voudrais 3. Aurais
4. Pourriez 5. pourriez 6. Prendrais

　　　　7. Pourrais　　　　8. voudrais　　　　9. aimerions
　　　10. Voudriez　　　11. pourrais　　　12. Sauriez

EX. 3
　　　　1. Pourriez　　　　2. Connaîtrais　　　　3. Aimeriez
　　　　4. Sauriez　　　　5. préférerait　　　　6. m'intéresserait
　　　　7. préféreriez　　　8. pourriez　　　　9. Voudriez
　　　10. n'auriez pas　　　11. Pourriez　　　12. ne pourriez pas

EX. 4
　　　　1. apprendras – suis　　　2. repeindront – ont　　　3. paasera – fait
　　　　4. est – louerons　　　　5. J'achèterai – n'as　　　6. êtes – sortira
　　　　7. connaît – rendra visite　8. neige – feront　　　　9. rentre – appellera
　　　10. jouera – permet

EX. 5
　　　　1. serait　　　2. se rencontreraient　　　3. aurait　　　4. aurait
　　　　5. devrait　　　6. devrait　　　　　　　7. pourrait　　8. j'achèterais

EX. 6
　　　　1. partira – l'enverra　　2. réveiller　　　3. avoir　　　　4. prendre
　　　　5. faie　　　　　　　　6. marcher　　　　7. comprendre　8. d'acheter
　　　　9. fermer　　　　　　10. nettoyer

EX. 8
　　　　1. un autre　　　2. un autre　　　3. d'autres　　　4. L'autre
　　　　5. les autres　　　6. une autre.　　7. autre　　　　8. d'autres

EX. 9

peux – posez – choisi – être – regarder – être – sait – aime – demande – dis – êtes – suis – permet – me consacrer à

EX. 10

1. La plupart des matchs ont été annulés à cause de la pluie.
2. Plusieurs romans de Maguerite Duras ont été traduits en langue chinoise.
3. Le réalisateur est en train de choisir des acteurs pour tourner le film Le Rêve dans le Pavillon rouge.
4. Ce touriste étranger vient d'arriver, et il a besoin d'une carte de Chine.
5. L'entraîneur a annoncé que Liu Xiang ne participerait pas à ce match.
6. Ils pensaient qu'il faudrait deux ans pour construire le «Nid d'oiseau».
7. Si on vous proposait un poste à l'étranger, l'accepteriez-vous?
8. Les enfants aiment jouer en plein air.
9. J'ai un peu froid; pourriez-vous fermer la fenêtre?
10. Je n'ai jamais rencontré votre amie Marie. J'aimerais bien la connaître.

EX. 12

　　Le travail, c'est la vie. On passe plus de temps avec ses collègues qu'avec sa famille, on a les mêmes problèmes et les mêmes joies, et on participe aux mêmes projets. Le travail est le secret des gens heureux qui ont pu réaliser de belles choses.

Leçon 23

EX. 2
1. Catherine me dit qu'elle se sent un peu souffrante.
2. Paul me dit qu'il a fait un voyage en Chine.
3. Caroline m'a dit qu'elle était allée en Afrique avec sa cousine le mois dernier.
4. La secrétaire m'a demandé si j'avais fait l'inscription.
5. Elle me demande pourquoi je veux partir si tôt.
6. Philippe me demande qui m'accompagnera à l'aéroport.
7. Alice m'a demandé ce que je ferais le lendemain.
8. Elle nous a demandé ce qui s'était passé la veille.
9. Le professeur nous demande si nous entendons bien.
10. Ma mère me demande combien de temps je resterai à Paris.
11. Mon père entre dans ma chambre et me demande ce que je fais.
12. Le médecin demande au malade quel âge il a.
13. Ma sœur me demande où j'irai ensuite.
14. Il me demande qui est venu.
15. Mon voisin me demande avec qui je parle.

EX. 3
1. Aimez-vous Manet?
2. Quelle est votre profession?
3. Qu'est-ce que tu feras ce soir?
4. Vous voulez du café?
5. Où travaillez-vous?
6. Qui êtes-vous?
7. Qu'est-ce qu'elle fait?
8. Pouvez-vous la remercier?
9. Est-ce que vous comprenez?
10. Est-ce qu'on a fait la réservation?

EX. 4
1. décidé
2. demande
3. demandé
4. Demandez
5. Demandez
6. répondu
7. décidé
8. intéresse
9. connaître
10. semble
11. décider
12. sommes
13. s'intéressent
14. intéresse
15. demander

EX. 5
1. ce que
2. si
3. ce qui
4. qui
5. ce qu'
6. ce que
7. quel
8. qu'
9. de
10. de

EX. 6
1. étaient – partis
2. avaient fini
3. avions passé
4. avait – pu
5. avais décidé
6. avais – compris

EX. 7

    1. j'avais bu   2. avait préparé   3. avait fait
    4. avait cassé   5. avait gagné   6. avait mangé
    7. avait travaillé   8. avait révisé   9. j'avais commandé
   10. avais offert

EX. 8

    1. avait mis   2. aviez – rencontré   3. avais oublié
    4. n'aviez pas dit   5. avaient prévenus   6. avais – envoyé
    7. étaient partis   8. était partie   9. j'avais vu – l'avait acheté
   10. avions envoyé

EX. 9

1. Les étudiants chinois ont appris beaucoup de chansons françaises auprès de leur professeur français.
2. Mon père me demande ce que je suis en train de faire.
3. Le ski? Il ne m'intéresse pas du tout. Je n'ai pas envie de me casser la jambe.
4. Comme nous avons décidé d'immigrer au Québec, nous vendrons notre appartement.
5. Tu sais qu'il y aura un cyclone après-demain?
6. Il me demande pourquoi je ne suis pas venu participer à la réunion hier.
7. Ce médecin français qui s'intéresse beaucoup à la civilisation chinoise a acheté beaucoup de livres sur la peinture chinoise.
8. Le fils de Daudet est fort non seulemnt en mathématiques, mais encore en lettres.
9. Monsieur Xu écrit à ses parents qu'il vient d'obtenir la carte de séjour aux Etats-Unis.
10. Elle m'a demandé où j'avais acheté cette robe.

EX. 11

    L'autre jour, je ne trouvais plus ma carte d'identité, je ne savais plus où je l'avais mise. Alors, j'ai ouvert tous mes tiroirs, j'ai tout mis par terre, mais il ne se trouvait nulle part. J'étais désespéré. Où est-ce que je l'ai rangée?

Leçon 24

EX. 2

1. Les gens qui fument dérangent les autres.
2. La fille qui sourit est ma fille.
3. Le garçon qui pleure a mal au ventre.
4. Les voitures qui circulent polluent l'atmosphère.
5. L'acteur qui est sur la scène joue très bien.

EX. 3

   a.

    1. que vous avez achetées
    2. que tu es en train d'écrire

3. que nous venons de rencontrer
   4. que je lis maintenant
   5. que j'ai oubliés dans le bus
  b.
   1. Félix ne rend jamais les livres qu'on lui prête.
   2. Beijing est une belle ville que j'aime beaucoup.
   3. Shanghai que je ne connais pas encore très bien est la plus grande ville de Chine.
   4. Nous avons enfin eu la réponse que nous attendions longtemps.
   5. Le porte-parole ne répond pas aux questions qu'on lui pose.
EX. 4
   1. qui   2. que   3. qui   4. que   5. que
   6. que   7. que   8. qui   9. qui   10. qui
EX. 5
   1. ce que   2. ce qui   3. ce que   4. ce qui   5. ce que
   6. ce que   7. ce qui   8. ce que   9. ce qui   10. ce qu'
   11. c'   12. ceci, cela 13. cela   14. ce qu'   15. ce qu'
EX. 6
   1. Le village que nous avions visité a beaucoup changé depuis ces dernières années.
   2. Marie m'a offert un livre qui contient un tas de renseignements utiles pour moi.
   3. L'homme que nous avons rencontré hier à l'entrée de l'université vous a téléphoné.
   4. Le facteur que tu connais est très gentil et il parle à tout le monde.
   5. Le roman qu'elle est en train de lire est long et n'est pas facile.
   6. Regardez ce garçon qui porte un tee-shirt rouge et qui joue au volley-ball.
   7. Mon fils que vous connaissez peut-être est professeur à l'Université de Postes et Télécommunications.
   8. L'avion que nous devons prendre a du retard.
   9. Ma sœur qui habite à Chengdu va se marier.
   10. Pendant les vacances d'été, je vais aller à Nanning où mes deux frères travaillent.
   11. Hier, je suis allé à l'Université des Langues étrangères où ma mère enseigne l'espagnol.
   12. J'aime me reposer en Provence où le climat est doux.
EX. 7
   1. qui   2. que   3. qui   4. qui
   5. qui   6. qui   7. qui   8. qui
   9. qui   10. qui   11. que   12. qu'
EX. 8
   1. On ne l'a pas vu.
   2. On devrait signaler l'accident à la police.
   3. Si on allait à la plage?
   4. On se voit tout le temps.

5. Je crois qu'on s'est rencontré(s) avant.
6. On arrive enfin!
7. On pourra aller au cinéma si tu veux.
8. On s'amuse ici.
9. J'espère qu'on pourra trouver une belle maison.
10. On y va?

EX. 9
1. Une ville sans parcs, sans arbres, sans cinémas serait impensable.
2. Tu veux apprendre le français? Il suffit de t'inscrire.
3. Monsieur Li est Américain d'origine chinoise, il vit aux Etats-Unis depuis plus de 60 ans.
4. Hier soir, nous avons vu un spectacle qui m'a énormément plu.
5. La plupart des étudiants que nous avons rencontrés à l'Université Fudan parlent couramment anglais.
6. Marie est furieuse. La peinture qu'elle a achetée est fausse.
7. Vous connaissez l'architecte Peï qui a conçu le projet du Grand Louvre?
8. Raconte-moi ce que tu as fait hier.
9. Nous faisons toujours ce qui nous plaît.
10. Je te présente Charlotte avec qui je suis allée ensemble en Chine.

EX. 11
J'habite dans un immeuble qui n'est pas très moderne mais que je trouve confortable. Je connais toutes mes voisines. J'ai une voisine qui est très sympathique et que j'invite souvent chez moi. C'est une étudiante qui a passé plusieurs années dans une université chinoise.

Leçon 25

EX. 3
1. aura   2. vienne   3. fasse   4. ait – soit   5. pleuve – puissions

EX. 4
1. soit   2. ait   3. téléphones
4. restions   5. boivent   6. conduise
7. rapportes   8. fasses   9. parte
10. acceptiez   11. vous reposiez   12. écrive
13. craigne   14. te mettes   15. aillent

EX. 5
accueillir – vous plaisez – prenne – puissiez – arriviez – fasse – se passera

EX. 6
1. Oui, ce sont les miens.   2. Oui, ce sont les nôtres.
3. Si, c'est la mienne.   4. Si, c'est la mienne.
5. Oui, c'est la sienne.   6. Oui, c'est le leur.
7. Oui, ce sont les siennes.   8. Oui, c'est la mienne, j'en suis sûr.

9. Ce sont les miennes. 10. Oui, ce sont les miens.

EX. 7

1. Non, ce n'est pas son stylo, ce n'est pas le sien.
2. Non, ce n'est pas sa jupe, ce n'est la la sienne.
3. Non, ce n'est pas sa maison, ce n'est pas la sienne.
4. Non, ce n'est pas son pantalon, ce n'est pas le sien.
5. Non, ce n'est pas ma voiture, ce n'est pas la mienne.
6. Non, ce ne sont pas mes disques, ce ne sont pas les miens.
7. Non, ce n'est pas ma carte d'identite, ce n'est pas la mienne.
8. Non, ce ne sont pas nos professeurs, ce ne sont pas les nôtres.
9. Non, ce n'est pas mon écharpe, ce n'est pas la mienne.
10. Non, ce n'est pas leur chien, ce n'est pas le leur.

EX. 8

ces – les tiennes – les miennes – les siennes – cette – la sienne – ce – le tien – le sien – le mien – ces

EX. 9

1. brisé – celle
2. tu veux – pense
3. étions – travaillant
4. vendait
5. avait
6. gagnions
7. a – envie
8. souhaiterais
9. faire
10. voudrais – devienne

EX. 10

1. —Mes parents sont jeunes; mon père a trente-cinq ans et ma mère en a trente.
   —Les miens sont beaucoup plus âgés; ils ont tous les deux cinquante-cinq ans cette année.
2. —Je peux travailler sur votre ordinateur?
   —Non, désolé, le mien a un problème.
3. J'ai oublié mon téléphone portable. Tu peux me prêter le tien?
4. Le père veut que ses deux filles aillent en Chine apprendre le chinois.
5. Pour surfer sur Internet, il faut que vous ayez un bon ordinateur.
6. Puisque cet appartement est confortable et qu'il ne coûte pas cher, nous voulons l'acheter.
7. Vous n'avez qu'à présenter votre passeport aux douaniers.
8. Combien nous sommes heureux de nous revoir à Beijing.
9. C'est une réunion extrêmement importante. Dites-leur d'y participer absolument.
10. Il ne dit jamais la vérité, nous ne pouvons pas avoir confiance en lui.

EX. 11

Après l'université

Qu'est-ce que je ferais si je n'étais pas étudiant? Je ne serais pas ici. Si j'avais de l'argent, je ferais un grand voyage. Je verrais de nouveaux pays. J'irais au Japon ou en Chine. Je reviendrais en France après deux ou trois ans.

Leçon 26

EX. 2

1. profitant
2. proposé
3. ouvrir
4. m'a laissé
5. surfer – discuter – trouver – se détendre
6. ouvre
7. ouvert
8. propose

EX. 3

1. fasse
2. (ne) soit
3. fassent
4. soit
5. soyons
6. (ne) soit
7. dise
8. soit
9. pleuve
10. soit
11. revienne
12. fasse   prennent

EX. 4.

a.
1. Qui que vous soyez, le sport est bon pour vous.
2. Qui que vous rencontriez, il vous donnera toujours la même réponse à votre question.

b.
1. Quoi que dise le capitaine, il doit être obéi.
2. Quoi que je fasse, je n'y arriverai pas.

c.
1. Où que les Jeux Olympiques aient lieu, j'irai les voir.
2. Où que tu travailles, tu auras toujours les mêmes problèmes.

d.
1. Quel que soit le temps, la course aura lieu.
2. Quelles que soient ses craintes, elle doit accepter le changement.

EX. 5

1. dont – que
2. dont – que
3. dont – que
4. que – dont
5. que – dont
6. que – dont

EX. 6

1. qui
2. dont
3. qui
4. où

EX. 7

1. Finalement ils ont acheté l'appartement dont je vous ai parlé.
2. Chen Hong a trouvé une chambre dont elle est très contente.
3. C'est la maison de mon enfance dont je me souviens parfaitement.
4. Les fiancés préparent le grand mariage dont ils rêvent.
5. La vieille dame raconte à son petit-fils sa jeunesse dont elle se souvient.
6. J'ai présenté un projet dont je suis satisfait.
7. Le photographe achète un nouvel appareil digital dont il a besoin.
8. J'ai acheté un manteau dont la couleur est très originale.
9. Alain a publié son premier roman dont il est très fier.
10. Elle a beaucoup de problèmes dont elle parle à tout le monde.

EX. 8
1. qui – où 2. qui – que 3. dont – où
4. que – qui 5. que – dont 6. dont – que – qui

EX. 9
1. Le guide nous propose de visiter les châteaux qui sont très célèbres dans la région.
2. Vous devez être fatigué. Je vous laisse vous reposer.
3. Avez-vous lu ce reportage dont on parle beaucoup maintenant?
4. C'est un voyage dont nous nous souviendrons toujours.
5. Bien qu'il soit malade, il est venu au travail.
6. Le guide portait un petit chapeau jaune pour que tout le monde le reconnaisse.
7. Parlez plus fort S.V.P. pour que tout le monde puisse vous entendre.
8. Les bagages doivent être arrivés. Laissez-moi les chercher.
9. Nous ne connaissons pas l'agence dont tu nous parles.
10. Y a-t-il parmi vous quelqu'un qui sache parler couramment le français?

EX. 11
　　Tina a 25 ans, elle a arrêté ses études, il y a un an. Elle n'a pas de travail; alors elle vient au cybercafé et surfe sur le web pour consulter les offres d'emplois et proposer ses services à des entreprises. Le reste du temps, elle s'intéresse un peu aux jeux vidéo, mais elle préfère discuter avec les habitués ou le patron du cybercafé.

Leçon 27

EX. 2
1. e. 2. c. 3. d. 4. b. 5. a. 6. f.

EX. 3
1. dans 2. à côté 3. Devant / Derrière
4. sur 5. sur 6. à – au
7. dans 8. par 9. en
10. Devant – derrière

EX. 5
1. La pluie tombant sans cesse...
2. Ce stage de formation commençant dans...
3. Le Festival International du Film se tenant à...
4. Le Palais d'été étant actuellement en travaux...
5. Les jeunes, n'ayant pas beaucoup d'argent de poche, consacrent...
6. Paul travaillant samedi prochain ne nous accompagnera...
7. La grève de la S.N.C.F. étant prévue pour...
8. Aimant la mer, nous cherchons...

EX. 6
1. partir 2. se sont réveillés 3. avoir 4. prendre 5. faire

      6. prendre   7. comprendre   8. acheter   9. fermer   10. marcher

EX. 8
      1. faites   2. Venez   3. asseyez-vous
      4. Trouver   5. soyez   prenez

EX. 9
      1. avoir fait   2. avoir fait   3. ne pas être resté   4. avoir déjà rencontré

EX. 10
      1. le   2. ont   3. mis   4. porte   5. envie
      6. reviens   7. Les   8. Le   9. connais   10. restez

EX. 11
1. Après avoir terminé mes études universitaires, je suis allé travailler au ministère des Affaires Etrangères.
2. Ils faisaient leurs études en France tout en travaillant.
3. Vous connaissez un interprète sachant parler couramment l'arabe?
4. L'homme qui porte le costume bleu est l'interprète de français de la délégation.
5. Un vieillard aux cheveux blancs regarde à gauche et à droite dans le parc. Il a l'air d'attendre quelqu'un.
6. Suivez-moi, s'il vous plaît! La bibliothèque n'est pas loin d'ici.
7. «Regarde, Petit Chaperon Rouge, voilà un morceau de gâteau et une bouteille de vin; porte-les à ta grand-mère.»
8. Vivre à la campagne me plairait. / J'aimerais habiter à la campagne.
9. En profitant de cet après-midi libre, je voudrais voir mon ancien professeur qui m'a enseigné le chinois pendant deux ans.
10. J'ai oublié le rendez-vous de cet après-midi, je vous prie de m'excuser.

EX. 13
    Je vais aller au supermarché. Il faut que j'achète de la bière. Ensuite, je veux passer à la bibliothèque. Il faut que je prenne un livre. Non, il n'est pas nécessaire que vous veniez avec moi. Mais j'aimerais bien que vous me prêtiez votre voiture.

Leçon 28

EX. 3
1. J'allais prendre le train quand un ami d'enfance est arrivé.
2. Je lui ai dit que j'allais acheter...
3. Nous avons appris que notre tante allait bientôt...
4. Rose allait quitter son bureau quand le directeur est entré.
5. Les étudiants allaient sortir de la classe quand le professeur est arrivé.
6. Les Chen nous ont écrit qu'ils allaient déménager...
7. M. Blanc m'a dit qu'il allait faire...
8. J'ai appris que Bernard allait se marier.

9. Ils allaient monter dans le train lorsque quelqu'un les a appelés.

10. La météo a prévu qu'il allait pleuvoir...

EX. 4

1. pourrai – (j')aurai fini
2. irai – (m')auras donné
3. commencera – seront arrivés
4. téléphoneras – auras fait
5. partirons – aurons passé
6. téléphonerai – serai arrivé
7. enverrons – serons arrivés
8. commencera – sera arrivé
9. sera arrivé – avertirez
10. (j')aurai terminé
11. récoltera – aura semé
12. arrivera – serai déjà parti
13. aurons repassé
14. oublierai – serai arrivé
15. serai retourné
16. (j')aurai fait – partirai
17. cherchera – aura réussi
18. (j')aurai terminé

EX. 5

1. Quand tous les employés seront arrivés, nous commencerons la réunion.
2. Quand nous aurons dîné, nous irons au théâtre.
3. Quand mes parents se seront bien reposés, ils visiteront la ville.
4. Quand ils seront allés au bord de la mer, ils mangeront des huitres.
5. J'enverrai la lettre quand j'aurai écrit le nom et l'adresse du destinataire.
6. Mon fils s'achètera une voiture quand il aura gagné assez d'argent et qu'il aura obtenu le permis.
7. Tu regarderas la télévision seulement quand tu auras rangé ta chambre et que tu auras fait tes devoirs.
8. Vous signerez le contrat quand vous l'aurez lu et que vous aurez consulté un avocat.

EX. 6

1. passerez – avec
2. réussisse
3. chercherai
4. demande
5. approuve – conteste
6. L'essentiel
7. s'entendent
8. s'agit-il
9. rien
10. Rien
11. sert
12. pour

EX. 7

1. Cet étranger a des cheveux noirs et des yeux noirs. On le prend souvent pour un Chinois.
2. Il s'agit d'un article sur l'économie chinoise.
3. Je servirai mon pays d'une autre manière.
4. J'aurai fini le rapport d'enquête à la fin de la semaine.
5. Monsieur Wang viendra me voir quand il sera revenu de son voyage en France.
6. Reste sans bouger. Le médecin va venir tout de suite.
7. J'irai en France pour un temps assez long. Je ne rentrerai pas avant le premier mai.
8. Le ministère des Affaires Etrangères a annoncé que le Président de la République Française allait faire une visite officielle en Chine.

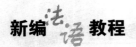

9. Quand nous sommes monté au sommet du mont Huangshan, le soleil allait se lever.
10. Nous allions nous coucher lorsque nous entendîmes des bruits bizarres.

EX. 9

Genève est une très belle ville. Elle compte plus de 379 000 habitants. Je suis contente que tu y ailles cet été, mais je crains que tu ne puisses pas rencontrer mon mari. Je sais qu'il voyage beaucoup et je doute qu'il soit chez lui en juillet.

Leçon 29

EX. 2

1. venait	2. venait	3. venions	4. venait
5. venais	6. venait	7. venait	8. venait

EX. 3

1. Vous auriez dû remplir ces formulaires.
2. Les deux jeunes hommes auraient dû prévenir leurs parents.
3. Elle aurait dû réserver les places dans le train.
4. Il aurait dû accepter ce poste.
5. Ils auraient dû me prévenir.

EX. 4

1. J'aurais joué	2. J'aurais donné	3. J'aurais eu
4. m'aurait applaudi	5. aurait parlé	6. serais allé
7. m'aurait reçu	8. J'aurais été	

EX. 5

1. aurait causé	2. aurait réussi	3. auraient volé
4. serait tombé	5. serait parti	

EX. 6

1. Je n'aurais pas raté	2. j'aurais acheté	3. j'aurais regardé
4. j'aurais pris	5. j'aurais mangé	6. serais allé

EX. 7

1. aurais dû	2. aurait fallu	3. aurais eu
4. serais pas adapté	5. J'aurais été	

EX. 8

1. Ayant passé mon examen, je pourrai partir en vacances.
2. Ayant fini ses devoirs, ma petite sœur est sortie.
3. Ayant joué au football, nous avons pris une douche.
4. Ayant obtenu une bourse, Li Hong est allée en France.
5. Nous étant trompés de route, nous sommes arrivés en retard.
6. Ne s'étant pas vues depuis plusieurs années, elles sont ravies de se retrouver.
7. (Etant) sorti du théâtre, il a vu son ami d'enfance.
8. (Etant) retournés à la maison, ils ont aperçu qu'un cambrioleur était venu.

9. (Etant) descendu du train, Li Wei a pris un taxi pour aller directement à l'Hôtel du Nord.

10. Madame Le Blanc, ayant bavardé longuement avec moi, est rentrée chez elle pour préparer le dîner.

11. Les jeunes gens, s'étant bien reposés, se sont remis à travailler.

12. André et Paul, ayant travaillé de nuit la semaine dernière, ont deux jours de congés.

EX. 9

1. renoncé – résignés à – consenti

2. cédé – sacrifié

3. quitté – laissé

EX. 10

1. Anne Frank vivait depuis des mois dans la peur d'être découverte.

2. J'aurais voulu être journaliste.

3. Aucune maison ne se ressemble dans ce quartier.

4. Voilà 20 ans que je ne suis pas retourné à mon village natal.

5. Le cambrioleur aurait volé des bijoux pendant l'absence du propriétaire.

6. Vous auriez dû me le dire plus tôt: maintenant c'est trop tard.

7. Si j'avais su que tu dormais, je ne t'aurais pas téléphoné.

8. Le spectacle venait de commencer quand M. et Mme Daval sont arrivés au théâtre.

9. La Bretagne vit surtout de la pêche et de l'agriculture.

10. Voilà plus d'une heure que je t'attends.

EX. 12

Bien que leur fils ait terminé ses études et qu'il ait trouvé un travail, nos amis Leblanc préfèrent continuer à vivre à Paris, près de lui. Ils attendent qu'il ait fait des économies pour acheter une maison.

Leçon 30

EX. 3

| 1. aille | 2. n'ait pas encore fini | 3. soient déjà rentrés | 4. prenions |
| 5. ayez terminé | 6. soit déjà partie | 7. preniez | 8. emportions |

EX. 4

1. Nous sommes très heureux que tu aies décidé de te marier.

2. Je suis furieux que mon patron m'ait refusé une augmentation.

3. Nous sommes fiers que vous ayez gagné ce concours.

4. Finalement j'aime mieux qu'ils ne ne soient pas venus.

5. Le patron n'était pas content qu'elle soit arrivée en retard.

6. Je me rejouis que la France vous ait accordé une bourse.

EX. 5

1. Madame Martin est ravie que son mari ait obtenu une promotion.

2. Le directeur est très fâché que les dossiers ne soient pas prêts.

3. Ils sont désespérés que leur fils ait disparu.
4. Je suis surpris que Madame Wang veuille venir avec nous.
5. Nos parents sont satisfaits que nous ayons réussi notre bac.
6. C'est dommage que Pierre ne puisse pas prendre de vacances.

EX. 6
1. Laquelle	2. Laquelle	3. Lequel	4. Lequel
5. Lesquels	6. Lequel	7. lequel	8. Lequel

EX. 7
1. il vaux mieux	2. Au lieu	3. quitter	4. présenter
5. te souviens	6. ont trouvé	7. es	8. ait décerné
9. touchent	10. a	11. aussi	12. ce qui

EX. 8
1. Il faut que tu sois arrivé à Paris avant le 2 octobre.
2. Il vaudrait mieux que nous acceptions cette invitation.
3. Au lieu de me donner un coup de main, il reste là sans rien faire.
4. Le médecin conseille à M. Dupont de se reposer un mois dans les Pyrénées.
5. Il vaux mieux aller manger au restaurant universitaire: c'est moins cher.
6. L'éditeur lui a conseillé d'écrire une suite à ce roman.
7. Il va toucher 100 000 yuans pour son roman qui a obtenu le Prix littéraire Mao Dun.
8. Je ne crois pas qu'il se soit trompé de numéro, il n'a pas voulu m'appeler peut-être.
9. —Je voudrais un dictionnaire.
   —Lequel? Celui qui est sur mon bureau?
10. Les Français regrettent que leur équipe de football ait perdu.

EX. 10
   Moi, je suis étudiant en français à l'université. Le *Petit Robert* est le dictionnaire que je préfère. C'est celui dont j'ai besoin. C'est un dictionnaire qui me donne tous les emplois des mots et dont je trouve beaucoup d'exemplaires.

Leçon 31

EX. 2
1. à – à – à	2. à – à – au – à – sur	3. en – sans	4. sans – à	5. vers
6. à	7. A – au milieu	8. à – à	9. sur	10. de

EX. 3
1. lequel	2. lequel	3. laquelle	4. lequel
5. lesquelles	6. laquelle	7. laquelle	8. lesquels

EX. 4
1. Ma grand-mère a un petit chien sans lequel elle ne se promène jamais.
2. Nous avons un grand jardin dans lequel nous déjeunons souvent.
3. Maguerite a trois collègues de travail avec lesquel(le)s / (qui) elle joue au tennis.

4. Le bureau sur lequel je travaille est en chêne.

5. La salle dans laquelle nous travaillons est très sombre.

6. La conférence à laquelle j'ai assisté était très ennuyeuse.

EX. 5

1. à laquelle   2. auquel   3. à laquelle   4. auxquels   5. à laquelle

EX. 6

1. duquel   2. duquel   3. de laquelle   4. desquels   5. desquelles

EX. 7

1. repartir   2. mourir   3. déposer – sortir   4. se retourner

5. lire   6. aller   7. devenir   8. changer

9. manger – boire – rire – danser – avoir – dormir

10. voir – freiner – arrêter – ouvrir – sortir – faire – ramasser

EX. 8

invita – présenta – mangea – s'en retourna – invita – arriva – trouva – empêcha – retourna

EX. 9

1. virent   2. releva – sortit – l'alluma – dut   3. naquit – mourut

4. fallut   5. fîmes   6. fut

EX. 10

fut interné – fut (ou était) – cachait – transféra – mourut

EX. 11

1. Vous pouvez trouver ce mot dans le dictionnaire.

2. Les spectateurs ont trouvé que la représentation était ennuyeuse.

3. Une bague de diamant comme ça, c'est difficile de trouver.

4. Vous pouvez trouver le PDG les après-midis du mercredi à son bureau.

5. Le jeune homme avec qui vous travaillez ensemble est mon neveu.

6. La conférence à laquelle j'ai assisté hier était très importante.

7. Madame Wang est avare, elle tient beaucoup à l'argent.

8. Ne lui coupez pas la parole. Laissez-le terminer.

9. Il entra en tenant son chapeau à la main.

10. En 1895, les frères Lumière présentèrent dans le sous-sol d'un café de Paris leur premier film.

EX. 13

M. Delon aimerait que sa fille fasse des études d'ingénieur, mais Marie a une autre idée: elle rêve de devenir actrice. Elle n'accepte pas que son père choisisse une carrière pour elle. Elle voudrait qu'il ait confiance en elle et qu'il la laisse s'inscrire dans une école de théâtre.

Leçon 32

EX. 2

1. se mit   2. demanda

3. mourut
4. eut fini
5. eut obtenu
6. furent arrivés
7. fut arrivé
8. eut-elle cessé
9. eurent dîné
10. eurent pénétré

EX. 3
1. arrivâmes – était
2. fut-il arrivé (arriva) – demanda
3. eut achevé (acheva) – dit – avait
4. eut commencé (commença) – acclama
5. se fut levé – demanda
6. eut prononcé – regretta – était
7. fut-il entré – ôta
8. eut pris – se sentit

EX. 4
à – à – en – à – dans – En – à – Au – en – dans – à – En – Après – en – à – En – sous – en – Pendant (Au cours de)

EX. 5
1. Midi sonnant, nous nous mettons à table.
2. La pluie tombant sans cesse, nous étions obligés de rester à la maison.
3. Le directeur étant absent, on n'a pas pris la décision.
4. Les examens approchant, les élèves travaillent beaucoup.
5. La nuit tombant, ils s'arrêtèrent dans une auberge.
6. Les vacances terminées, les élèves rentrent à l'école.
7. Les parents sortis, les enfant commencèrent à jouer au cache-cache à la maison.
8. Le train parti, ils rentrèrent chez eux.
9. Le contrat signé, ils ont pris un toast.
10. Arrivé à Shanghai, M. Delon a pris un taxi pour aller à l'Hôtel de la Paix.

EX. 7
1. Vers
2. Comme
3. Pendant que
4. ouvert
5. Aussitôt que
6. devrons
7. Comme
8. toi
9. passé
10. Vers – vers
11. Comme d'habitude
12. mettons
13. monter
14. trop
15. réveiller

EX. 8
1. Comme d'habitude, nous dînons avec nos parents le dimanche.
2. Il faut d'abord mettre un morceau de beurre dans la poêle.
3. Hier soir, pour aller à l'opéra, Sophie a mis une nouvelle robe, moi, j'ai mis mon costume bleu.
4. Dès qu'elle fut partie, nous nous mîmes au travail.
5. Comme elle était de l'équipe de nuit hier, elle dort encore. Ne la réveillez pas.
6. Maintenant il est dix heures du matin. Le train part à trois heures et quart de l'après-midi, et nous avons largement le temps de nous préparer.

参考答案

7. Tu te lèveras tous les matins à six heures. Tu feras aussitôt ton lit, tu te laveras, puis tu iras au marché pour acheter des légumes.
8. Si vous désirez voir le directeur, vous n'avez qu'à lui téléphoner.
9. Quand il eut terminé son discours, toute la salle se leva et l'applaudit chaleureusement.
10. Dès que le train se fut arrêté, les voyageurs en descendirent.

EX. 10

  Jules Vernes, écrivain français du siècle dernier, est né à Nantes. Pendant sa jeunesse, il se passionna pour les grands voyages et les découvertes scientifiques qui lui faisaient entrevoir les temps futurs. C'est lui qui a créé le roman scientifique d'anticipation.

词汇总表　GLOSSAIRE

A

à	*prép.*	（表示方向、位置）到……；去……在……	7
		（表示归属）属于……	23
accepter	*v. t.*	接受，领受	20
acquérir	*v. t.*	获得，得到	20
administratif, -ve	*a.*	行政的	20
ainsi	*adv.*	这样，如此	20
à la bonne heure	*loc. adv.*	及时，恰好	30
ambition	*n. f.*	野心；抱负，雄心	20
à partir de ...	*loc. prép.*	从……起，从……开始	16
à peine ... que	*loc. conj.*	刚……就	32
à propos	*loc. adv.*	适宜，恰当；对啦，想起来啦	14
à propos de	*loc. prép.*	关于，对于	22
aboli	*a.*	被废除的，被取消的	17
absent, -e	*a.*	缺席的，不在场的	13
absolu, -e	*a.*	绝对的	29
absolument	*adv.*	绝对地，完全地	15
accès	*n. m.*	进入，通向	18
avoir accès (à)	*loc. verb.*	有权进入	18
accorder	*v. t.*	给予	22
accueillant, -e	*a.*	热情的，好客的	9
accueillir	*v. t.*	接待，迎接	9
acheter	*v. t.*	买，购买	15
actuel, -le	*a.*	当前的，目前的	24
adapter (s') (à)	*v. pr.*	适应，适合	20
addition	*n. f.*	加法；账单	12
adieu	*n. m.*	永别，再见	18
Adieu ma concubine		《霸王别姬》	18
admirable	*a.*	令人赞美的，奇妙的	31
admiration	*n. f.*	赞赏，钦佩，崇拜	15

admirer	v. t.	赞赏，赞美，钦佩		17
adorer	v. t.	喜爱，酷爱		11
adresser (s') (à)	v. pr.	向……请教；对……说		10
adulte	n.	成人		10
aéroport	n. m.	机场		17
affaire	n. f.	交易，买卖；（pl.）商业，生意		10
homme d'affaires		商人		10
affaires	n. f. pl.	个人衣物		11
affirmer	v. t.	断言，宣告		31
âge	n. m.	年龄		25
âgé, -e	a.	年龄为……的，上了年纪的		22
personne âgée		老年人		22
agence	n. f.	代办处，代理行，事务所		16
agglomération	n. f.	市郊及其郊区的总称，全市		24
agir	v. i.	行动，做事		28
il s'agit de	loc. impers.	涉及，关系到		28
agréable	a.	愉快的，惬意的		9
agréer	v. t.	赞成；接受		20
Ah !	interj.	啊		5
ailleurs	adv.	在别处，在别的地方		12
aimable	a.	可爱的，和蔼可亲的		9
aimer	v. t.	爱，热爱		7
air	n. m.	空气		23
alarme	n. f.	警报		29
signal d'alarme		警报信号		29
tirer le signal d'alarme		拉警报		29
allemand, -e	a. et n. m.	德国的；德语		8
Allemand, -e	n.	德国人		8
aller	v. i.	去；合适，相配，合意	3	21
alors	adv.	那么，于是；当时，那时		8
Alpes (les)	n. f. pl.	阿尔卑斯山脉		14
américain, -e	a.	美国的		8
Américain, -e	n.	美洲人；美国人		8
ami, -e	n.	朋友		7
amusant, -e	a.	有趣的，好玩儿的		26
ancien, -ne	a.	古代的，古老的，从前的		15
anglais, -se	a. et n. m.	英国的；英语		7
Anglais, -e	n.	英国人		7
anniversaire	n. m.	周年纪念日，生日		26

annonce	n. f.	告示，布告，启事	20
annoncer	v. t.	宣布，公布，预报	14
anticipé, -e	a.	提前的，预先的	29
août	n. m.	8月	14
apercevoir (s')	v. pr.	发觉，意识到；被发现	31
appareil	n. m.	仪器，器具	13
Qui est à l'appreil?		您是谁？	13
appelé	a.	被叫作，被称为；被召唤的	18
appeler	v. t.	叫，呼喊；号召	5
appeler (s')	v. pr.	名叫	5
appétit	n. m.	食欲，胃口	12
Bon appétit!		祝你胃口好！	12
apporter	v. t.	带来；提供，给予	19
apprécié, -e	a.	受到好评的，受器重的	21
apprécier	v. t.	评价；看重，赏识	9
apprendre	v. t.	学，学习；获悉，得知；教	8
apprentissage	n. m.	学手艺，当学徒；学习	22
approuver	v.t.	赞同	28
après	prép.	在……之后，在……后面	20
après-midi	n. m. ou f. inv.	午后，下午	19
argent	n. m.	钱；银，银子	22
arme	n. f.	武器	29
armée	n. f.	部队，军队	15
article	n. m.	文章；条文；冠词	23
asseoir (s')	v. pr.	坐，坐下	12
assez	adv.	相当地，足够	10
en avoir assez (de)	loc. verb.	对……感到厌烦	25
assister (à)	v. t. ind.	参加，出席，列席	9
attendre	v. t.	等待	10
attention	n. f.	注意，专心	9
attitude	n. f.	姿势；态度	22
au bord de	loc. prép.	在……边上，在……边缘上	16
au lieu de	loc. prép.	不…… 而……	23
au milieu de	loc. prép.	在……的中间，在……的中部	19
au moins	loc. adv.	至少，起码	24
au nom de	loc. prép.	以……的名义，代表	9
aucun, -e	a. indéf.	没有一个的，没有任何的	10
au-dessus	loc. adv.	在上面	29
aujourd'hui	adv.	今天	7

aussi	adv.	也，同样	3
aussitôt que	loc. conj.	刚……就，一旦……就	32
authentique	a.	真正的，真实的；真本的	22
automne	n. m.	秋季，秋天	14
autoroute	n. f.	高速公路	23
autoroute de l'information		信息高速公路	23
autour de	loc. prép.	在……周围	22
autre	a.	其他的，别的	22
	pron. indéf.	另外一个人，其他事	22
autre chose	pron. indéf.	其他的东西，其他的事情	22
autrefois	adv.	从前	18
avancer (s')	v. pr.	前进；朝……走去	31
avant de	loc. prép.	在……以前	22
avec	prép.	和……一起；跟，同；用；随着	10
avenir	n. m.	将来，未来，前途	23
avenue	n. f.	大街；林荫大道	18
avis	n. m.	见解，意见；通知，通告	10
à votre avis	loc. adv.	根据您（你们）的看法	10
avoir besoin de	loc. verb.	需要	10
avoir l'air	loc. verb.	好像	27
avoir mal (à)	loc. verb.	疼，疼痛	31

B

Bach	n. pr.	巴赫	28
baguette	n. f.	小棍，棒；筷子；棍面包	31
bain	n. m.	洗澡，洗浴	11
salle de bains		浴室	11
balai	n. m.	扫帚	22
balayer	v. t.	打扫，扫地；清除	22
balayeur, se	n.	马路清洁工，环卫工人	22
Balzac (Honoré de)	n. pr.	巴尔扎克	10
banc	n. m.	长椅，长凳	27
banlieue	n. f.	郊区，市郊	24
bâton	n. m.	小棍	27
beau (bel, belle, beaux)	a.	美丽的	9
Il fait beau.		天气晴朗。	9
beaucoup	adv.	多，很多；很，非常	7
beaucoup de	loc. adv.	很多，许多	23

217

	beaucoup	n.	许多人；许多东西；许多事情	26
beauté		n. f.	美，美丽	9
belge		a.	比利时的	5
	Belge	n.	比利时人	5
berceau		n. m.	摇篮	31
Berlin		n. pr.	柏林	8
besoin		n. m.	需要	10
bien		adv.	好	3
		n. m.	好处；善行；福利	17
	dire du bien de qn		说某人好话，称赞	17
bien entendu		loc. adv.	一定，当然	20
bien sûr		adv.	当然	8
bientôt		adv.	不久，马上	3
	A bientôt!	loc. adv.	回头见！	3
bienvenu		a. et n.	受欢迎的；受欢迎的人	14
bienvenue		n. f.	欢迎	9
bière		n. f.	啤酒	12
bilingue		a. et n.	双语的；会讲两种语言的人	20
billard		n. m.	台球；弹子游戏	26
biologie		n. f.	生物学	23
bise		n. f.	吻，接吻	16
	faire la bise	loc. verb.	亲吻	16
bleu, -e		a.	蓝色的，天蓝的	14
	le bleu	n. m.	蓝色	21
boisson		n. f.	饮料	12
bon		interj.	对啦！好吧！	22
bon, -ne		a.	好的，良好的	6
bonjour		n. m.	早安，日安，您/你/你们好	1
Bordeaux		n.pr.	波尔多	16
bouger		v. i.	动，移动，走动	13
boulot		n. m.	（俗）活计，工作	24
bouquiner		v. i.	选购或收集旧书；（俗）读书，啃书本	26
bousculé, e		a.	受到推撞的，受到挤压的	24
bras		n. m.	胳膊	31
brasserie		n. f.	啤酒店，饭馆	12
bref, -ve		a.	短促的，短暂的；简短的	15
Bretagne		n. pr.	（法国旧省名）布列塔尼	14
brièvement		adv.	简短地，简要地	15
briser		v. t.	打碎，打破	25

brouillon	*n. m.*	草稿	32
bruit	*n. m.*	声音，噪音	13
Bruxelles	*n. pr.*	布鲁塞尔	6
bruyant, -e	*a.*	喧闹的，吵闹的	24
bulletin	*n. m.*	公报，通报	14
Bund	*n. m.*	(英)上海外滩	15
bureau	*n. m.*	办公室	10

C

c'est (ce sont) ...		这是……	2
c'est-à-dire	*loc. adv.*	也就是说，即	13
ça	*pron. dém.*	这，这个，那个	4
Ça y est.		这就行了。	13
cabine	*n. f.*	室，房，小间	21
cabine d'essayage		试衣间	21
cadeau *(pl. ~x)*	*n. m.*	礼物	16
café	*n. m.*	咖啡；咖啡馆	12
cafétaria (cafeteria)	*n. f.*	咖啡厅（馆）；企业食堂	19
cahier	*n. m.*	练习本，本子	4
canal	*n. m.*	水渠，运河；渠道	9
le Grand Canal	*n. pr.*	（京杭）大运河	9
canard	*n. m.*	鸭，鸭子	12
cancer	*n. m.*	巨蟹（星）座；癌症	23
candidat, e	*n.*	候选人，谋求者	20
cantine	*n. f.*	食堂，饭厅	12
car	*conj.*	因为	18
caractère	*n. m.*	性格，特征	20
carnet	*n. m.*	记事本，小本子	25
carré, -e	*a.*	方的；平方的	18
cas	*n. m.*	情况，场合	26
en tout cas	*loc. adv.*	不管怎样，无论怎样	26
casser	*v. t.*	打碎，弄断	25
cause	*n. m.*	起因，原因	23
ce (c')	*pron. dém.*	这个，那个	2
célèbre	*a.*	著名的	9
celui	*pron. dém.*	这个	13
celui (celle, ceux, celles)	*pron. dém.*	那个（那些）	21
centaine	*n. f.*	上百个，一百来个	20
centre	*n. m.*	中心，中央；中部	14

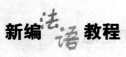

certain, -e	a.	肯定的，确定的	29
chambre	n. f	房间，卧室	11
champagne	n. m.	香槟酒	26
chance	n. f.	运气，好运，机会	16
avoir de la chance	loc. verb.	有运气，走运	16
changement	n. m.	变化	20
changer	v. t. dir. et v. t. ind.	换，调换；改变，变更	14
chant	n. m.	歌，歌曲	24
chapitre	n. m.	篇，章；主题，话题	28
avoir voix au chapitre	loc. verb.	有发言权	28
charge	n. f.	负荷；负担；杂费	11
charme	n. m.	魅力	9
chat, -te	n.	猫	25
chaud, -e	a.	热的	14
Il fait chaud.		天气热。	14
chef	n. m.	首脑，首长，长官，主任	20
chef adjoint de la publicité		广告部副主任	20
chef de service		处长	29
chef-lieu (pl. ~x)	n. m.	首府，省会	9
chemin	n. m.	道路，小道	22
cher, chère	a.	亲爱的；珍贵的；昂贵的，价钱高的	9
cher	adv	昂贵地	9
chercher	v. t.	找，寻找	10
chercheur, -se	n.	寻找者；研究员	10
chéri, -e	a. et n.	心爱的，珍爱的；心爱的人	21
cheveu (pl. ~x)	n. m.	头发	26
chez	prép	在……家里，在……那里	11
Chine	n. f.	中国	9
chinois, -e	a. et n. m.	中国的；中文	5
Chinois, -e	n.	中国人	5
choisir	v. t.	选择	19
choix	n. m.	选择	12
chômage	n. m.	失业	23
chose	n. f.	事情，东西，事物	19
ciel	n. m.	天空	14
cigare	n. m.	雪茄烟	26
cinéma	n. m.	电影；电影院	24
cinématographique	a.	电影的	30
Cinquième (la)	n. pr.	法国电视五台	19

circuler	*v. i.*	循环，流动；往来，通行	23
citadin, -e	*a. et n.*	城市的；城里人	24
cité	*n. f.*	城；居住区	11
cité universitaire		大学城	11
civilisation	*n. f.*	文明，文化	18
clair, -e	*a.*	明亮的；清楚的，明确的	11
classé	*a.*	归类的，被定级的	18
classique	*a.*	古典的，经典的	21
clé (clef)	*n. f.*	钥匙	27
client, -e	*n.*	顾客，买主，客户	26
cœur	*n. m.*	心脏；良心	19
par cœur	*loc. adv.*	牢记，用心	19
coin	*n. m.*	角，角落	9
col	*n. m.*	衣领	21
col blanc		白领阶层	21
collègue	*n.*	同事	8
combien	*adv.*	多少	25
combien de	*loc. adv.*	多少	25
commander	*v. t.*	指挥，统帅；订购	26
comme	*conj.*	作为，正如	10
	conj.	如同，好像	16
	adv.	多么	24
comment	*adv.*	怎样，如何	4
commerçant, -e	*n.*	商人	22
commerce	*n. m.*	商业	10
commercialisation	*n. f.*	商业化，商品化	20
communication	*n. f.*	通信，联络，交流	20
communiquer	*v. t.*	联系，来往；通话	16
compagnie	*n. f.*	公司；做伴，陪同	10 25
rester en compagnie avec	*loc. verb.*	与……做伴	25
compétence	*v. f.*	权限，管辖权；能力	20
complètement	*adv.*	完全地	19
compliment	*n. m.*	恭维话，赞扬的话；问候，致意	17
comprendre	*v. t.*	懂得，明白，理解	8
compte-chèque	*n. m.*	支票账户	32
compter	*v. t.*	计划，打算，想	14
concert	*n. m.*	音乐会	24
concorde	*n. f.*	和谐，融洽	18
la place de la Concorde	*n. pr.*	（巴黎）协和广场	18

concubin, -e	*a. et n.*	姘居的，同居的；同居者	18
concurrence	*n. f.*	竞争	30
condition	*n. f.*	条件	20
conducteur, -trice	*n.*	司机，驾驶员	29
conflit	*n. m.*	冲突	25
conflit de génération		代沟	
confort	*n. m.*	舒适，安逸	23
confortable	*a.*	舒适的	24
connaissance	*n. f.*	认识，了解；学识；熟人，	20
connaître	*v. t.*	认识，了解，熟悉	8
faire connaissance	*loc. verb.*	相识，结识	8
connaître (se)	*v. pr.*	互相认识	8
connu, -e	*a.*	众所周知的，熟悉的，赫赫有名的	18
consacrer (se) (à)	*v. pr.*	致力于，献身于	22
conseiller	*v. t.*	建议	30
conseiller, -ère	*n.*	顾问，参事	29
considération	*n. f.*	考虑，尊重	20
prendre en considération	*loc. verb.*	加以考虑	20
construire	*v. t*	建筑，建造	29
construit, -e	*a.*	被建造的，被制造的	18
contact	*n. m.*	接触，来往，联系	24
content, -e	*a.*	满意的，高兴的	11
contester	*v. t.*	争议，提出异议，怀疑	28
continuer	*v. t. et v. i.*	继续	29
convaincre	*v. t.*	说服，使信服	30
convaincu, -e	*a.*	确信的，坚信的	31
convenir (à)	*v. t. ind.*	合适，适宜	21
convoquer	*v. t.*	召唤，召见，召集	20
coordonnées	*n. f. pl.*	联系地址、电话	13
copain, copine	*n.*	伙伴，同伴，哥们儿	16
copie	*n. f.*	抄本，副本，复本	15
corbeille	*n. f.*	篮子，筐，篓	12
correctement	*adv.*	正确地，合适地	17
costume	*n. m.*	服装；男式西服	21
couleur	*n. f.*	颜色	21
coup	*n. m.*	打，敲，击	29
coupe	*n. f.*	高脚酒杯；奖杯；锦标赛；裁剪，式样	21
couper	*v. t.*	切，割，砍，剪	31

courant, -te	a.	当前的，现时的	20
courber (se)	v. pr.	弯腰，躬身，屈服	29
courir	v. i.	跑步，赛跑	32
cours	n. m.	课，课程	7
course	n. f.	跑，奔跑	11
aller faire ses (des) courses	loc. verb.	购物	11
courtisan, -e	a et n. m.	阿谀奉承的；奉承者；朝臣	29
courtoisie	n. f.	礼貌，谦恭	17
la visite de courtoisie		礼节性拜访	17
couvrir	v. t.	覆盖，涵盖	18
cradingue (crado, cradot)	a.	很脏，肮脏的	25
créer	v. t	创造，创建	26
crier	v. t. et v. i.	喊叫，大声说；叫，喊	31
criminalité	n. m.	犯罪行为	24
croire	v. t.	认为，以为；相信	17
croisière	n. f.	巡航；（海，空）旅行	15
croûte	n. f.	面包皮	25
gagner sa croûte	loc. verb.	谋生	25
crudités	n. f. pl.	生食，生菜	12
cuisine	n. f.	菜肴；厨房；烹调	11
culture	n. f.	文化；作物；种植	10
curieux, -se	a.	好奇的	10
CV (curriculum vitae)	n. m.	履历	20
cybercafé	n. m.	网吧	26
cyclone	n. m.	旋风，飓风，龙卷风	23

D

d'abord	loc. adv.	首先	20
d'accord	loc. adv.	同意，赞同	15
d'ailleurs	loc. adv.	此外，况且	14
d'après	loc. prép.	根据，依照	28
d'autant plus que	loc. conj.	何况，因为……更加	30
d'habitude	loc. adv.	通常，平时	32
dans	prép.	在……内；在……里；过（多长时间）之后	9
danser	v. i.	跳舞	25
davantage	adv.	更多地	17
de	prép.	属于……的	4
		从，自	6

		从……到	10
		用……（材料、方式、工具）	
début	n. m.	开始，开头	19
décidément	adv.	明显地，坚决地	28
décider	v. t.	决定	16
déclarer	v. t.	宣布，申报	31
décoration	n. f.	装饰	12
découverte	n. f.	发现	12
défaut	n. m.	缺点	20
degré	n. m.	等级，摄氏（华氏）度	14
dehors	adv.	在外面，在外边	22
de la part de	loc. prép.	以……名义，受……委托	17
de plus en plus de	loc. adv.	越来越（多），日益	23
de près	loc. adv.	靠近，贴近	16
délégation	n. f.	代表团	15
délibéré, -e	a.	坚定的，深思熟虑的	22
demain	adv.	明天	13
A demain!	loc. adv.	明天见！	13
demander	v. t.	问，询问；要求，请求	10
déménager	v. t. et v. i.	搬运（家具等）；搬家，迁居	11
dépêcher (se)	v. pr.	赶快，赶紧	32
dépendre (de)	v. t. ind.	从属于，依附于	22
cela (ça) dépend		这要看情况	22
déplacer (se)	v. pr.	移动，挪动，走动	23
déposer	v. t.	放下，存放	31
depuis	prép.	自……以来；自……起	13
de rien		没什么，不用谢	32
de temps à autre	loc. adv.	时而，不时地，有时	31
de temps en temps	loc. adv.	有时，不时地	17
déranger	v. t.	打扰，妨碍，弄乱，打乱	11
dernier, -ère	a.	最后的，最近的，最新的	9
derrière	prép.	在……后面，在……背后	21
	adv.	在后面，在背后	21
dès	prép.	从……起，一……就	25
désir	n. m.	愿望，欲望	20
dès que	loc. conj.	一……就，刚……就	25
désagréable	a.	令人不愉快的	24
désirer	v. t.	希望，期盼	21

désolé, e	a.	抱歉的，遗憾的	13
désordre	n. m.	混乱，杂乱无章	25
dessert	n. m.	饭后甜点，尾食	12
dessin	n. m.	画，图画，素描	19
détective	n. m.	侦探；私家侦探	27
détendre (se)	v. pr.	松开，放松	26
détester	v. t.	厌恶，憎恶，讨厌	19
(deuxième) 2ème	a. num.	第二	10
devant	prép.	在……前面（面前），当着……面	18
développé, -e	a.	展开的，发展的，发达的	17
développement	n. m.	摊开；发展	23
devenir	v. i.	变成，成为	22
dialogue	n. m.	对话	9
dieu	n. m.	神	31
Dieu		上帝	31
difficulté	n. f.	困难	31
diminuer	v. t. et v. i.	减少，缩小，降低	23
diplomatie	n. f.	外交	10
dire	v. t.	说，讲	10
dis (dites) donc		喂！嗨，哟	21
diriger	v. t.	指引，指向；领导	31
discours	n. m.	演说，演讲	9
discussion	n. f.	讨论，争辩	29
discuter	v. t. et v. i.	讨论	23
disparaître	v. i.	消失，不见	32
distance	n. f.	距离	17
distrait, -e	a.	不专心的，走神的	31
diversité	n. f.	多样性；分歧，不同	15
dizaine	n. f.	十，十来个	23
document	n. m.	资料，文件	23
documentation	n. f.	资料，文选	26
dodo	n. m.	（儿）睡眠	24
doigt	n. m.	手指	31
domaine	n. m.	领域，范围	23
donc	conj.	因此，所以，因而	14
donner	v. t.	给，给予，送给；举办，上演	18
donner le spectacle		演戏	18
douter	v. t. dir. et v. t. ind.	怀疑，不相信	23
droit	adv.	笔直地	10

225

aller tout droit		直走	10
droit	n. m.	法律；权利；税，费	10
droit d'inscription		注册费，报名费	10
droits	n. m. pl.	税费，版税	30
drôle	a.	好笑的，古怪的	16

E

écrivain	n. f.	作家	29
éditeur, -trice	n.	出版商	30
édition	n. f.	版，版本；出版	30
éducation	n. f.	教育	20
efficace	a.	有效的，能胜任的，有能力的	20
effort	n. m.	用力，努力，尽力	31
également	adv.	同样	9
égoïste	a.	自私自利的	25
électronique	a.	电子的	26
élégant, -e	a.	优雅的，优美的	21
élever	v. t.	培养，抚育；饲养	32
éloquent, -e	a.	有口才的，雄辩的	18
e-mail (pl. ~x)	n. m.	电子邮件	16
embouteillage	n. m.	装瓶；交通拥堵，堵塞	23
émission	n. f.	播送，传播；广播、电视节目	19
empereur	n. m.	皇帝	15
emploi	n. m.	职位；雇用	20
employé, -e	n.	职员，雇员	22
emporter	v. t.	拿走，带走，运走	31
en	pron. adv.	副代词	10
	prép.	在……；在……时候；在……方面；用……材料；呈……状态	
en avance	loc. adv.	提前	30
en plus	loc. adv.	而且，此外	29
enchanté, -e	a.	非常高兴的	5
encore	adv.	还，尚，仍	8
encore une fois	loc. adv.	又，再；再来一次，又一次	1
engagement	n. m.	承诺，抵押	20
énormément	adv.	巨大地，极大地	16
enseignant, -e	n.	教员，教师	15
enseigner	v. t.	教授，授课，任教	17

entendre	v. t.	听见，听明白	13
entendre (s')	v. pr.	互相了解，意见一致	25
s'entendre avec	loc. verb.	和某人相处	25
enthousiaste	a.	热情的，热烈的	17
entier, -ère	a.	整个的，全部的	25
entre	prép.	在……之间，在……中间	9
entrée	n. f.	（西餐）第一道菜；入口；进入	12
entreprise	n. f.	企业	20
entretien	n. m.	交谈，对话；维修，保养	15
envie	n. f.	想，渴望	13
avoir envie de	loc. verb.	想，渴望	13
entrevue	n. f.	会见，会晤，面试	20
éplucher	v. t.	削，剥；清除	32
époux, -se	n.	丈夫，妻子，配偶	17
éprouver	v. t.	感受到，感觉到，意识到	15
équipe	n. f.	班，队，组	32
équipe de nuit		夜班	32
escalier	n. m.	楼梯	32
espagnol, -e	a. et n. m.	西班牙的；西班牙语	8
Espagnol, -e	n.	西班牙人	
espérer	v. t.	希望，盼望	9
espoir	n. m.	希望，期望，指望	20
esprit	n. m.	精神，智力，头脑，思想	31
essayer	v. t.	试，尝试，试验	17
essentiel	n. m.	要点，主要部分	28
est	n. m.	东，东面	14
Est	n. m.	东方，东部地区	14
est-ce que...?	loc. interrg.	是……吗？	4
et	conj.	和，以及；而	2
et bien	loc. interj.	怎么！好吧！	8
étage	n. m.	层	10
étranger, -ère	a. et n.	外国的；外国人	26
être	v. i.	是	2
(être) en train de	loc. verb.	正在做……	18
étude	n. f.	学习	10
Euh!	interj.	噢，嗯	21
euro	n. m.	欧元	10
évaluer	v. t.	（准确）估价，估算，评价	20
éveil	n. m.	觉醒，唤醒	30

évidemment	adv.	显然，肯定地	22
exactement	adv.	准确地	11
excellent, -e	a.	极好的，杰出的	12
exception	n. f.	例外，特殊	26
excuse	n. f.	辩解，借口；抱歉	29
excuser	v. t.	原谅，宽恕	10
excuser (s')	v. pr.	表示歉意，请求原谅	27
exemple	n. m.	榜样，典范	23
par exemple	loc. adv.	例如，比如	23
prendre l'exemple	loc. verb.	举例	28
exercer	v. t.	练习，训练，锻练	20
exercice	n. m.	练习	26
expérience	n. f.	经历，经验	20
exploit	n. m.	战绩，功勋，光辉业绩	31
expression	n. f.	表达，表示	20
extérieur, -e	a. et n. m.	外部的，外面的；外面，外部；外国	10
extrait	n. m.	节录，摘要，摘抄	19
extraordinaire	a.	新奇的，卓越的，杰出的	18

F

fac (faculté的缩写)	n. f.	（大学的）学院，系	11
facile	a.	容易的；易懂的；随和的	10 20
facilemnt	adv.	容易地，轻易地	20
facteur	n. m.	邮递员	32
faim	n. f.	饿，饥饿	12
faire	v. t.	做	10
falloir	v. impers.	需要，必须	11
il faut		必需，应该	11
fameux, -se	a.	著名的，出色的，不一般的	18
famille	n. f.	家庭	25
fantastique	a.	神奇的，幻想的，非同寻常的	15
faute	n. f.	错误	17
faux, -sse	a.	假的，虚假的	23
favorable	a.	好意的，有利的，适时的	20
favori, -te	a.	特别喜欢的	19
fax	n. m.	传真通信，传真机；传真件	15
faxer	v. t.	用传真机发（文件、信件）	15
féminin, -e	a.	女性的，富有女人味的	21

fenêtre	n. f.	窗户	24
fermer	v. t. et v. i.	关，关门，关闭；停业	26
festival	n. m.	音乐节，艺术节，联欢节	9
fête	n. f.	节，节日	25
feuilleton	n. m.	报纸连载小说；电视连续剧	19
fierté	n. f.	自豪	31
Figaro (le)	n. pr.	《费加罗报》	20
fille	n. f.	女孩，姑娘；女儿	9
film	n. m.	胶片，影片	19
film policier		侦探片	19
fin	n. f.	结束，终，末	18
final, -e *(pl. ~s)*	a.	最后的，最终的	31
finalement	adv.	最后，最终，终于	22
fini, -e	a.	已结束的，完成的	16
finir	v. t.	结束，完成	14
fleur	n. f.	花	16
fleuve	n. m.	大河	9
fois	n. f.	回，次	9
foncé, -e	a.	深色的	21
bleu foncé		深蓝色的	21
fond	n. m.	底，底部	25
dans le fond	loc. adv.	其实，实际上；归根结底	25
fondation	n. f.	成立，创建；基金会	18
formation	n. f.	培养，培训，训练	22
former	v. t.	培养	28
fort	adv.	用力，使劲地	13
foyer	n. m.	火炉；家，家庭	24
femme au foyer		家庭主妇	24
français, -e	a. et n.	法国的；法语	2
Français, -e	n.	法国人	2
francophone	a. et n.	讲法语的；讲法语的人	10
frapper	v. t.	拍，打，敲，击	31
froid, -e	a.	冷的，寒冷的；冷淡的	14
froid	n. m.	寒冷	14
front	n. m.	额，前额	31
fruit	n. m.	水果	12
fumer	v. t.	吸烟	26

G

gagner	v. t.	赢，赢得；挣（钱）	23
gagner sa vie	loc. verb.	谋生	25
gaieté	n. f.	快乐	28
gamin, -e	n.	顽童，儿童，小孩	19
garanti, -e	a.	确保的，保用的	2
gare	n. f.	火车站	32
gastronomie	n. f.	美食，烹饪	9
gâteau	n. m.	蛋糕，点心，糕点	12
gauche	n. f.	左面	10
à gauche	loc. adv.	在左边	10
gazeux, se	a.	气体的，充气的	12
l'eau gazeuse		苏打水	12
général, -e (pl. ~aux)	a.	一般的，普通的	19
général	n. m.	将军	29
génération	n. f.	世代，一代，一代人	25
genre	n. m.	种类，类型	10
gens	n. m. pl. et n. f. pl.	人，人们	22
gentil, -le	a.	和蔼可亲的	7
gigantesque	a.	巨大的，巨人般的	15
glace	n. f.	冰；冰淇淋；镜子	12
gloire	n. f.	光荣	29
goût	n. m.	味道，滋味；口味，品味；鉴赏力	12
gouverner	v. t.	统治，管理	29
grâce à	loc. prép.	多亏，幸亏	19
grammaire	n. f.	语法	17
grand, -e	a.	大的，高大的；重大的；伟大的	9
grand-chose	pron. indéf.	（用于否定句中）有价值的东西，重要的事儿	17
pas grand-chose		不多的东西，无价值的东西	17
grandeur	n. f.	伟大，高大，崇高	18
gravement	adv.	严肃地，严重地	32
gris, -e	a.	灰色的	21
grisonnant, -e	a.	头发变花白的	26
gros, se	a.	大的，粗的；重要的	21
groupe	n. m.	群（指人），班，组；集团	10
guide	n. m.	向导，导游；指南，入门书	9

词汇总表

H

habitant, -e	*n.*	居民	9
habiter	*v. i.* et *v. t.*	居住	9
habituel, -le	*a.*	惯常的，习惯性的，通常的	26
harmonie	*n. f.*	和谐	9
harmonieux, -se	*a.*	和谐的	15
hasard	*n. m.*	机遇，巧合，偶然	26
haut, -e	*a.*	高的	18
hélas	*interj.*	哎！哎	24
heureux, -se	*a.*	幸福的	9
hiver	*n. m.*	冬天，冬季	25
honnête	*a.*	诚实的	22
honneur	*n. m.*	荣誉，名誉，尊严	13
A qui ai-je l'honneur?		请问尊姓大名？	13
horaire	*a.* et *n. m.*	时间的；时刻表，作息时间表	22
horreur	*n. m.*	恐怖，厌恶，反感	18
avoir horreur (de)	*loc. verb.*	厌恶，不喜欢	18
horrible	*a.*	可怕的，极坏的，丑的	21
hôtel	*n. m.*	旅馆，酒店	4
Hugo	*n. pr.*	雨果	10

I

ici	*adv.*	这儿，这里	9
idée	*n. f.*	主意，想法，思想	12
idiot, -e	*a.* et *n.*	白痴的，傻的；白痴，傻瓜	19
ignorer	*v. t.*	不知道	30
il	*pron. pers*	他，它（用作主语）	6
illusion	*n. f.*	幻觉，错觉	23
il y a	*loc. impers.*	有	9
imagination	*n. f.*	想象，想象力	29
imaginer (s')	*v. pr.*	想象	29
immédiatement	*adv.*	紧接地，立即	22
immeuble	*n. m.*	房屋，大楼	24
impatient, -e	*a.*	焦急的，不耐烦的	27
impeccable	*a.*	无缺点的，完美无缺的	21
impérial, -e	*a.*	皇帝的	18
important, -e	*a.*	重要的	10

231

impression	n. f.	印象	18
impressionner	v. t.	给人印象深刻；使感动	15
inconscient, -e	a.	无意识的，失去判断力的	29
indépendant, -e	a.	独立的，自主的，不依赖他人的	11
indifférent, -e	a.	冷漠的，无动于衷的	24
industrie	n. f.	工业	10
infiniment	adv.	无限地，非常	20
informaticien, -ne	n.	信息论专家，信息技术员，电脑软件工程师	26
informé, e	a.	熟悉情况的，消息灵通的	19
ingénieur	n. m.	工程师	24
initiative	n. f.	首创，首创精神，主动性	20
inondation	n. f.	水灾	23
inoubliable	a.	难忘的，难以忘却的	18
inquiet, -ète	a.	担心的，不安的	23
inscrire (s') (à)	v. pr.	注册，登记，报名	10
instant	n. m.	片刻，一瞬间	13
instituteur, -trice	n.	小学教员	31
instructif, -ve	a.	有教育意义的，有教益的	19
intelligent, -e	a. et n.	聪明的；聪明人	29
intensif, -ve	a.	强化的，密集的	10
interdit, e	a.	被禁止的	18
la Cité interdite	n. pr.	（北京）紫禁城	18
intéressant, -e	a.	有趣的，有意思的	9
intéressé, -e	a.	有关的；当事的；对……感兴趣	23
intéresser	v. t.	使感兴趣，引起注意	19
intéresser (s') (à)	v. pr.	关心，对……感兴趣	23
international, -e (pl.~aux)	a.	国际的	26
interprète	n.	译员，翻译	10
interrogé, -e	a.	受到审问的，受到讯问的	24
invisible	a.	看不见的，隐避的	19

J

japonais, -e	a. et n. m.	日本的；日语	8
Japonais, -e	n.	日本人	8
jardin	n. m.	花园，公园	11
jardinier, -ère	n.	花工，园林工人	22
je	pron. pers.	我	3
jeu (pl. ~x)	n. m.	游戏；娱乐；体育比赛	14

jeune	*a.* et *n.*	年轻的；青年人	23
jeunesse	*n. f.*	青年时代，青少年	18
joli, -e	*a.*	漂亮的	17
jouer	*v. t.* et *v. i.*	演出，演奏；玩耍	18
jouer (se)	*v. pr.*	比赛，演出	18
journal *(pl. ~aux)*	*n. m.*	报纸；日报	25
journaliste	*n.*	记者	22
journée	*n. f.*	白天，一整天	6
Bonne journée!		白天好！	6
juge	*n. m.*	评判者；法官	30
juger	*v. t.*	识别，评价，判断	22
Jules César	*n. pr.*	朱尔·凯撒	29
jupe	*n. f.*	裙子	27
jury	*n. m.*	评审委员会	30
jusqu'à ce que	*loc. conj.*	直至……	29
jusque	*prép.*	直到，直至	18
juste	*adv.*	正好，刚好，恰巧	13
justement	*adv.*	正好，恰好；正确地	7

K

kilomètre	*n. m.*	公里	16

L

là	*adv.*	那儿，这儿		13
là-bàs	*loc. adv.*	在那儿		18
lac	*n. m.*	湖泊		9
laisser	*v. t.*	让，留下，离开；遗留；遗赠	13	31
Landes	*n. pr.*	（法国西南部森林地区）朗德		16
langue	*n. f.*	语言；舌头		10
largement	*adv.*	宽裕地，充分地		32
le (la, les)	*art. déf.*	（定冠词）		4
	pron. pers.	（直接宾语人称代词）		13
	pron. neut.	这个，这事		10
leçon	*n. f.*	课，功课，课程		1
lentement	*adv.*	慢慢地		24
lettre	*n. f.*	字母；书信，函件		15
lever (se)	*v. pr.*	起身，起床；站起来		24
licence	*n. f.*	学士学位，学士文凭		28

lieu	*n. m.*	地点，地方，场所	30
au lieu de	*loc. prép.*	不……而	30
ligne	*n. f.*	线，界线，标志线	26
être en ligne	*loc. verb.*	正在通话；在线	26
Lille	*n. pr.*	里尔	24
lit	*n. m.*	床	24
aller au lit	*loc. verb.*	就寝	24
littérature	*n. f.*	文学	26
livre	*n. m.*	书	4
location	*n. f.*	租赁，租	16
loin	*adv.*	远	24
loin de	*loc. prép.*	远离，离……远；差得远	24
loisir	*n. m.*	空闲时间，闲暇；(*pl.*)消遣，休闲时的活动	23
longtemps	*adv.*	很久，长时间地	13
lorsque	*conj.*	当……时候；每当；在……情况下	25
Louis XIV	*n. pr.*	路易十四	29
loup	*n. m.*	狼	12
Louvre (le)	*n. pr.*	卢浮宫	29
loyer	*n. m.*	租金，房租	11
lui-même	*pron.*	他本人	13
lune	*n. f.*	月亮	20
Lyon		里昂	24

M

madame (mesdames)	*n. f*	女士，夫人，太太	1
mademoiselle (mesdemoiselles)	*n. f*	小姐	1
magique	*a.*	魔法的，魔术的	29
magnifique	*a.*	豪华的，壮丽的，优美的	9
maintenant	*adv.*	现在	8
maire	*n. m.*	市长	9
maison	*n. f.*	房屋，住宅，家；商行，商店	9 20
maître, -sse	*n.*	主人	29
majorité	*n. f.*	大多数，大部分	24
mal	*adv.*	坏，不好；不舒服地	5
pas mal	*loc. adv.*	不坏，还行	5
mal	*n. m.*	疼痛，疾病；邪恶，罪恶	19
maladie	*n. f.*	疾病	23
manière	*n. f.*	方式，方法	22
manière d'être		作风，习惯	22

manquer	*v. t. dir*	缺少；未出席，未赶上，错过；使失败	14
	v. t. ind	未出席，未赶上	14
	v. i	缺少，缺乏	14
manuscrit	*n. m.*	手稿	30
marche	*n. f.*	走路，行走，步行	31
marcher	*v. i.*	走，步行；运转，运行	26
mari	*n. m.*	丈夫	24
marre	*adv.*	腻了，厌烦了	25
en avoir marre(de)	*loc. verb.*	对……感到厌烦	25
marron	*n. m.*	栗子；栗色	21
	a. inv.	栗色的	21
mastère	*n. m.*	硕士学位，硕士学位证书	20
maths (mathématiques)	*n. f. pl.*	数学	25
matin	*n. m.*	早晨，上午	7
matinée	*n. f.*	上午	13
maturité	*n. f.*	成熟	31
médecine	*n. f.*	医学	8
étudiant en médecine		医学院学生	24
médias	*n. m. pl.*	宣传工具，大众传媒	20
meilleur, -e	*a.*	更好的，较好的	12
même	*adv.*	甚至，即使	11
	pron. indéf.	同样的人，同样的事物	14
	a.	同样的，相同的	14
ménage	*n. m.*	家务	11
menu	*n. m.*	菜单	12
mer	*n. f.*	海，海洋	16
merci	*interj.* et *n. m.*	谢谢；道谢的话	3
mériter	*v. t.*	应得，值得	25
merveilleux, -se	*a.*	令人赞叹的，卓越的，出色的	24
mes	*pron. poss.*	我的	8
message	*n. m.*	信息，消息；留言	13
météo (météorologique的缩写)	*a. inv.*	气象的	14
(météorologie的缩写)	*n. f.*	气象台（局）；气象学；气象预报	14
métier	*n. m.*	手艺；职业，行业	20
mètre	*n. m.*	米（公尺）	18
métro	*n. m.*	地铁	24
prendre le métro	*loc. verb.*	乘地铁	24
mettre (se) (à)	*v. pr.*	开始做某事	32
Midi	*n. m.*	法国南方	24

mien (le), -ne (la)	*pron. poss.*	我的	25
mieux	*adv.*	更好地，更加	18
milieu	*n. m.*	中间，中央	31
au milieu de	*loc. prép.*	在……中间	31
million	*n. m.*	百万	9
millionnaire	*a. et n.*	家财万贯的；百万富翁	25
minéral, -e *(pl. ~aux)*	*a.*	矿物的	12
ministère	*n.m.*	（政府的）部，内阁	30
minute	*n. f.*	分（钟）	10
mode	*n. f.*	时髦，时兴，时装式样	21
moderne	*a.*	现代的	18
moi	*pron. pers.*	我	3
moment	*n. m.*	时刻，片刻；时候；时机	13
pour le moment	*loc. adv.*	目前	13
en ce moment	*loc. adv.*	此时，此刻，现在	18
monde	*n. m.*	世界；人	9
mondial, -e	*a.*	世界的	18
mondialement	*adv.*	世界上	18
monsieur (messieurs)	*n. m.*	先生	1
montagne	*n. f.*	山，山岳	16
monter	*v. t. et v. i.*	往上搬运；登上，爬上，上车	25
Montréal	*n. pr.*	蒙特利尔	7
montrer	*v. t.*	出示；表明，证明	20
moquer (se) (de)	*v. pr.*	嘲笑，戏弄	26
mot	*n. m.*	字，词	31
mourir	*v. i.*	死，死亡	26
moyen, -ne	*a.*	中等的；中间的；普通的	9
Mozart	*n. pr.*	莫扎特	28
multiplier	*v. t.*	增多，增加	23
multiplier (se)	*v. pr.*	增多，增加	23
municipalité	*n. f.*	市政府，市政当局	9
muraille	*n. f.*	城墙，高墙，（城堡）围墙	15
la Grande Muraille	*n. pr.*	（中国）长城	
musée	*n. m.*	博物馆	9
musique	*n. f.*	音乐	26

N

naître	*v. i.*	出生	24
national, -e *(pl. ~aux)*	*a.*	民族的，国家的，全国的	15

naviguer	v. i.	航海，航行；经常旅行	16
ne	adv.	不	4
ne ... pas	adv.	不，没有	4
ne ... ni ... ni	loc. conj.	既不……也不……	14
ne ... pas que	loc. adv.	不仅仅，不止	26
ne ... plus	loc. adv.	不再	14
né, -e	a.	出生的	24
nécessaire	a.	必要的	20
neiger	v. impers.	下雪	14
Il neige.		下雪。	14
Net (Internet)	n. m.	国际互联网，因特网	16
niveau	n. m.	水平	18
nocturne	a.	夜间的	15
la vue nocturne		夜景	15
nom	n. m.	姓名；名字；名词	8
nom de famille		姓	8
nombreux, -se	a.	许多，为数众多的	24
non	adv.	不，不是	4
non seulement... mais aussi	loc. conj.	不仅……而且……	23
nord	n. m.	北，北面，北方	13
Nord	n. m.	北方，北方地区	14
normal, -e (pl. ~aux)	a.	正常的，普通的；标准的	16
Normandie (la)		（法国旧省名）诺曼底	14
noté	a.	记下的，写下的	13
nouvelle	n. f.	新闻，新消息，情况	19
numéro	n. m.	号码	13

O

objectif, -ve	a.	客观的	19
observer	v. t.	遵守；观测，监视	26
obtenir	v. t.	获得，获取	20
occasion	n. f.	机会	17
occuper	v. t.	占领，占据，占有	18
oh	interj.	哎呀	12
Oh là là!		哎呀呀	12
oiseau (pl. ~aux)	n. m.	鸟	24
olympique	a.	奥林匹克运动会的	14
les jeux Olympiques		奥林匹克运动会	14
opéra	n. m.	歌剧	15

opéra de Pékin		京剧	15
opinion	n. f.	意见，看法	24
optimiste	a. et n.	乐观的；乐观者	23
ordinateur	n. m.	计算机，电脑	11
ordre	n. m.	命令，吩咐；秩序，次序；	
		等级，种类	20
organiser	v. t.	组织	29
originaire	a.	原产于……的；出生于……的	24
origine	n. f.	出身，起源	8
être d'origine	loc. verb.	出身，原籍	8
oser	v. t.	敢，敢于，胆敢	20
où	adv.	哪儿，哪里	4
ou	conj.	或者	10
ou bien	loc. conj.	或者	10
ou (bien)... ou bien	loc. conj.	不是……就是，或者……或者	19
oublier	v. t.	忘却，忘记	15
ouest	n. m.	西，西面	9
Ouest	n. m.	西方，西部地区	14
oui	adv.	是，是的	4
ouragan	n. m.	飓风，暴风雨	23
ouvert, -e	a.	开着的，张开的；开放的；开朗的	9
ouverture	n. f.	开，打开；开放	10
ouvrir	v. t. et v. i.	开，打开；开办	8
	v. i.	开门，营业	26

P

P.T. (Poste télégraphique)	n. f.	电报所	32
page	n. f.	页，版面	8
pagode	n. f.	塔	9
pain	n. m.	面包	12
palais	n. m.	宫殿	15
Ancien Palais impérial	n. pr.	（北京）故宫	15
pâlir	v. i.	脸色变苍白	31
pantalon	n. m.	长裤	21
par	prép.	通过，从……经过	18
parc	n. m.	公园	27
parce que	conj.	因为	10
parcourir	v. t.	走遍；浏览，翻阅	32
pareil, -le	a.	相同的，同样的	24

parents	n. m. pl.	父母	6
parfait, -e	a.	完美的，理想的	10
parfaitement	adv.	完善地，极好地	20
parlé, -e	a.	口头的	10
le français parlé		口头法语	
le français écrit		书面法语	10
parler	v. t.	说话，讲	7
	v. t.	说，讲（某种语言）	7
parler de	v. t. ind.	谈及	7
parmi	prép.	在……中间	29
parole	n. f.	话，发言	31
couper la parole	loc. verb.	打断发言	31
partager	v. t.	分，分割，分享	11
partie	n. f.	（缔约）一方，当事人；	
		一局，一盘；部分，局部	15
partie d'accueil		接待方	15
partout	adv.	到处，处处	14
paru	a.	已发表的，已刊登的	20
pas	adv.	不，没有	5
pas du tout	loc. adv.	一点儿也不	21
pas mal de	loc. adv.	很多，不少	16
passé	n. m.	过去，以往	19
dans le passé	loc. adv.	过去，从前	19
passer	v. t.	递，传递，转；通过；超越；度过	13
passer (se)	v. pr.	（时间）流逝，过去；发生	22
passionner (se)	v. pr.	热衷于，醉心于	18
paté	n. f.	肉糜	12
paté de canard		鸭肉糜	12
patience	n. f.	耐心	20
patrimoine	n. m.	遗产，家产	18
patron	n. m.	老板	12
pauvre	a. et n.	贫穷的，可怜的；穷人；可怜的人	28
pays	n. m.	国家，家乡	13
paysage	n. m.	风景	9
paysan, -ne	n.	农民	32
peine	n. f.	辛苦，辛劳	16
ce n'est pas la peine		不必，不值得	16
pendant	prép.	在……期间	17
pendant que	loc. conj.	当……的时候	32

239

penser (à)	v. t. ind.	想念，想着，想到	21
	v. t.	认为，觉得，想	21
perfectionner	v. t.	改善，改进，使完善	10
permettre	v. t.	允许，准许	20
permis	a.	容许的	31
perroquet	n. m.	鹦鹉	31
personne	n. f.	人	26
personne (ne...)	pron. indéf.	没有人，没有一个人	12
petit, -e	a.	小的，年幼的，娇小的	16
peu	adv.	少，不多	22
peuple	n. m.	人民	18
peut-être	adv.	可能	10
photo	n. f.	照片	4
photocopie	n. f.	照相复制，复印件，影印	2
photocopier	v. t.	照相复制，影印，复印	23
pièce	n. f.	房间；硬币；剧本	18
pied	n. m.	脚	10
à pied	loc. adv.	步行，徒步	10
pilotage	n. m.	驾驶（飞机、轮船、火车等）	29
cabine de pilotage		驾驶舱（室）	29
place	n. f.	座位，位置；广场	18
placer (se)	v. pr.	就坐，就业，就职	20
plaindre	v. t.	同情，怜悯	22
être à plaindre	loc. verb.	值得同情	22
plaire (à)	v. t. ind.	使喜欢，使高兴	21
s'il vous (te) plaît		请（您，你）……	8
plaisanterie	n. f.	玩笑	30
plaisir	n. m.	愉快，高兴，快乐	10
plan	n. m.	平面图；计划，方案	26
sur le plan de...	loc. prép.	在……方面	26
sur tous les plans	loc. adv.	在各方面	28
planétaire	a.	行星的，全球的	23
plat	n. m.	一盘菜，一道菜；餐盘	12
le plat du jour		当日特价菜	12
plein, -e	a.	满的，装满的，完全的	9 18
pleuvoir	v. impers.	下雨	14
plupart	n. f.	大多数，大部分	22
la plupart de		大多数的，大部分的	22
plus	adv.	更，更加	11

plus de	loc. adv.	更，更多	18
plusieurs	a. indéf. pl.	几个，好几个	22
plutôt	adv.	宁可，与其……倒不如	23
point	n. m.	句号；点	31
policier, -ère	n.	警察	27
pollution	n. f.	污染	14
pomme	n. f.	苹果	12
pomme de terre		土豆	12
populaire	a.	人民的	18
La République Populaire de Chine		中华人民共和国	18
portée	n. f.	射程，能及的范围	17
à la portée de...	loc. prép.	在……能及范围内	17
poser	v. t.	放置，摆；提出	9
posséder	v. t.	拥有，具有	28
possible	a.	可能的，有可能的	11
il est possible que		可能……	26
poste	n. m.	岗位，哨所；职位	20
	n. f.	邮政局	32
poulet	n. m.	鸡，童子鸡；鸡肉	12
pour	prép.	为了；向，往	9
pourquoi	adv.	为什么	10
pourquoi pas	loc. adv. interr.	为什么不	21
pourtant	adv.	然而，但是	24
poussiéreux, -se	a.	积满尘土的，积满灰尘的	14
Il fait un vent poussiéreux.		扬沙天气	14
pouvoir	v. t.	能，能够，会	8
pratique	a.	实用的，方便的	11
préférer	v. t.	更喜欢，宁愿，宁可	12
premier, -ère	a.	第一的，最前面的	8
prendre	v. t.	拿；吃；喝；买	12
prendre (se) à	v. pr.	迷恋，感兴趣	26
prénom	n. m.	名，名字	8
préparatifs	n. m. pl.	准备，准备工作	32
préparer (se)	v. pr.	准备，预备	32
près de	loc. prép.	靠近，临近，接近	10
présenter (se)	v. pr.	来临，来到，出现；自我介绍	17
président	n. m.	总统，主席；大学校长	15
pressé, -e	a.	仓促的，匆忙的	17
prier	v. t.	请求，恳求	20

printemps	n. m.	春季，春天	14
prix	n. m.	价格，价钱；奖	12
problème	n. m.	问题	10
prochain, -e	a.	下一个的，即将到来的	26
proclamer	v. t.	宣布，宣告，公布	18
prodige	n. m.	奇迹，奇事，奇才	31
enfant prodige		神童	31
produit	n. m.	产品	19
profession	n. f.	职业	22
professionnel, -le	a.	职业的，专业的	17
profiter (de)	v. t. ind.	利用，自……得益	26
programme	n. m.	日程，程序表；节目单	18
progrès	n. m.	进步；进展，发展	15
progresser	v. i.	前进，推进；进步，进展	23
prononciation	n. f.	发音，读音	17
propos	n. m.	话，说话	14
proposer	v. t.	建议，提议，提出	26
propre	a.	自身的，自己的；干净整洁的	23
prospérité	n. f.	繁荣，兴旺发达	23
province	n. f.	省	9
public, -que	a.	公众的；公共的；公立的	26
	n. m.	民众，大众；公众	23
publicité	n. f.	广告	19
publier	v. t.	出版，发表	30
puis	adv.	然后，接着	10
et puis	loc. adv.	而且，此外	11
puisque	conj.	既然	25
punir	v. t.	惩罚	31
pur, -e	a.	纯净的，洁净的	23

Q

quai	n. m.	码头；站台		29
qualité	n. f.	质量，品质，优点	20	21
qualité de (la) vie		生活质量		23
quand	adv.	什么时候，何时		13
quand même	loc. adv.	仍然，还是		16
quartier	n. m.	居民区		9
Quartier latin	n. pr.	（巴黎）拉丁区		11

242

词汇总表

que	*pron. interr.*	什么	4
	pron. rel.	（代替人或物）	24
	conj.	（引出从句）	13
Québec (le)	*n. pr.*	魁北克省	7
Québec/la ville de Québec		魁北克市	7
québécois, -se	*a.*	魁北克的	7
Québécois, -e	*n.*	魁北克人	7
quel (quelle, quels, quelles)	*a. exclam.*	多么，何等	13
qui que	*pron. rel. indéf.*	不管是谁，不论是谁	26
quelqu'un	*pron. indéf.*	某人，有人	10
quelque	*a. indéf.*	某一个；某些，少许	18
quelque chose	*pron. indéf.*	某物，某事，有些东西	9
quelquefois	*adv.*	有时候	31
querelle	*n. f.*	争吵，吵架	28
question	*n. f.*	问题	9
qui	*pron. interr.*	谁	2
	pron. rel.	（代替人或物）	10
quitter	*v. t.*	放弃，丢下；离开	13
Ne quittez pas !		请不要挂断电话！	13
quoi	*pron.*	什么	19

R

Racine	*n. pr.*	拉辛	29
raconter	*v. t.*	讲述，叙述	15
radio	*n. f.*	收音机	11
raison	*n. f.*	道理；理由	15
avoir raison	*loc. verb.*	有道理，对了	15
en raison de	*loc. prép.*	因为，由于	20
raisonnable	*a.*	合理的；公道的；理智的	12
rappeler	*v. t.*	叫回，召回；再打电话	13
rappeler (se)	*v. pr.*	回忆起；互相打电话	15
rassuré	*a.*	放心的，安心的	31
rattraper	*v. t.*	重新抓住，重新逮住；赶上，追上	29
ravissant, -e	*a.*	迷人的，极可爱的	21
réagir (à)	*v. t. ind.*	对……起反应；反应	22
réalisé	*a.*	实现的，取得的，完成的	15
réaliser	*v. t.*	实现	18
réchauffement	*n. m.*	重新变暖，回暖	23
récompense	*n. f.*	奖赏，报酬	25

reconnaissant, -e	a.	感激的，感恩的	20
reconnaître	v. t.	认出，承认	32
refermer	v. t.	重新合上，再关闭	31
refusé	a.	被拒绝的	20
regarder	v. t.	瞧，看	21
regarder (se)	v. pr.	看自己，照镜子	21
règlement	n. m.	规章制度	29
régulier, -ère	a.	有规律的，固定的	22
réjouir	v. t.	使喜欢，使高兴	25
réjouir (se)	v. pr.	喜悦，高兴	25
relation	n. f.	关系；联系	20
relax(e)	a. inv.	放松的，令人轻松的	16
relire	v. t.	再读，重读；审校	23
remercier	v. t.	感谢	9
remettre	v. t.	放回；递交，交给	16
remonter	v. i.	再上，重新登上	29
remplir	v. t.	填满；填写	32
rendez-vous	n. m.	约会	17
rendre	v. t.	还，归还，退还	23
rendre un service	loc. verb.	帮某人忙	23
rendre (se)	v. pr.	到……去，赴	16
renoncer (à)	v. t. ind.	放弃，抛弃	29
renseignement	n. m.	消息，情况	10
rentrée	n. f.	开学	28
repartir	v. i.	再出发，再出行	27
repasser	v. i. et v. t.	再来；重播	1
répéter	v. t.	重读；重复；跟着念	8
répondre (à)	v. t. ind.	回答，答复；符合；响应	26
réponse	n. f.	回答，答复	20
représenter	v. t.	代表，表示；演出，上演	18
réprimande	n. f.	谴责	29
reproche	n. f.	指责，责备	29
république	n. f.	共和国	18
réservé, -e	a.	保留的，留作专用的	15
réserver	v. t.	保留；预订	26
résidence	n. f.	寓所，公寓	20
résigner (se)	v. pr.	顺从，听任	29
résolu, -e	a.	果断的，坚决的	23
respectueux, -se	a.	恭敬的，尊敬的	20

respirer	v. t. et v. i.	吸（气）；呼吸	23
responsabilité	n. f.	责任；职责，职务	24
responsable	a. et n.	负责任的；负责人	20
ressembler (à)	v. t. ind.	和……相像	29
restaurant	n. m.	饭馆，饭店	9
restau (resto)	n. m.	饭馆	25
rester	v. i.	留下来，待，停留	13
résultat	n. m.	结果；成绩	25
retard	n. m.	迟到	14
retenir	v. t.	挽留，留住；引起，吸引	17 20
retirer	v. t.	领回，取出，赎回	32
retirer (se)	v. pr.	离开，走开	17
retour	n. m.	返回，回程	31
retourner	v. i.	返回，回去	15
retourner (se)	v. pr.	转身，回头	31
retraite	n. f.	退休	16
être en retraite	loc. verb.	退休	16
retraité, -e	a. et n.	退休的；退休者	24
retrouver	v. t.	重新找到，找回	14
réussir	v. t. et v i.	使成功，做成功；获得成功	28
rêve	n. m.	梦，梦想	18
réveiller	v. t.	叫醒，使清醒	32
revenir	v. i.	回来，再来	13
rêver	v. t. et v. i.	梦见；梦到；做梦，渴望	13
revoir	n. m.	再见，再会	1
	v. t.	重新见到，再次看到	13
au revoir	interj.	再见，再会	1
riche	a. et n.	有钱的；有钱人	29
richesse	n. f.	财富，宝库	18
rien	pron. indéf.	什么都没有，什么都不	25
ne ... rien	loc. adv.	没什么，什么都没有，什么都不	25
tu n'es bon à rien		你什么都不行	25
rien que		仅仅，只是	28
rire	v. i.	笑	27
rivière	n. f.	江，河	15
robe	n. f.	长袍，连衣裙	21
roi	n. m.	国王	29
romain, -e	a.	罗马的	29
romantique	a.	浪漫的	9

rompu, -e	a.	折断的，打破的	20
être nompu à	loc. verb.	对……熟悉的，精通	20
rose	n. f.	玫瑰花	16
rouler	v. i.	行驶，驾车	16
route	n. f.	路，公路，道路	16
faire bonne route	loc. verb.	一路平安，顺畅	16
Royaume-Uni	n. m.	联合王国，英国	30
rue	n. f.	街道，马路	9
rythme	n. m.	节奏	28

S

sage	a.	乖的，听话的	31
saison	n. f.	季，季节	14
salade	n. f.	沙拉，生菜，凉拌菜	12
salaire	n. m.	工资	22
sale	a.	肮脏的；令人不快的	14
sale temps		坏天气	14
salle	n. f.	厅，室	11
salle à manger		餐厅	11
salon	n. m.	客厅	11
salut	n. m.	你好；再见	5
sans	prép.	没有，无，不	24
sans ... ni ...	loc. conj.	既无……又无……，既不……又不……	24
satisfait, -e	a.	满意的，高兴的	22
sauf	prép.	除了，除……之外	14
savoir	v. t.	知道，会	7
scolaire	a.	学校的	25
sculpteur	n. m.	雕塑家	29
sec, sèche	a.	干燥的，干的	14
Il fait sec.		天气干燥。	14
second, -e	a.	第二的，次要的	30
secrétaire	n.	秘书	6
secrétariat	n. m.	秘书处	10
seigneur	n. m.	领主，贵族	29
séjour	n. m.	逗留，旅居	9
sembler	v. i.	好像，似乎	23
sensationnel, -le	a.	引起轰动的，了不起的；耸人听闻的	15
sentiment	n. m.	感情	20

sentir	v. t. et v. i.	闻，嗅；闻到；散发气味		16
sentir (se)	v. pr	感觉，觉得		18
séparément	adv.	分开地，单独地		12
servi, -e	a.	受到侍候的，受到接待的		12
service	n. m.	服务；帮忙		12
A votre service!		为您效劳		32
servir (à)	v. t. ind.	用作，用于		28
servir (de)	v. t. ind.	作为，充当		31
seul, -e	a.	单独的，孤独的		11
seulement	adv.	只，仅仅		12
sévère	a.	严厉的，严格的		21
si	conj.	假如，如果；只要		17
	adv.	如此地，多么地		17
	adv.	不，怎么不，怎么没有，怎么不是		13
	adv. interr.	是否		23
sida	n. m.	艾滋病		23
siècle	n. m.	世纪		28
signal	n. m.	信号		13
simple	a.	简单的，简朴的		29
sinon	adv.	否则，要不然；甚至		14
site	n. m.	风景，景色，景点；网站		26
site touristique		旅游景点		26
situation	n. f.	处境，状况；形势		24
situé, -e	a.	位于……的		18
ski	n. m.	滑雪运动		25
aller au ski	loc. verb.	去滑雪		25
société	n. f.	公司；社会		20
soie	n. f.	丝绸，丝绸织品		9
soigner	v. t.	照料，照顾；治疗		23
soit... soit	conj.	或者……或者		29
soleil	n. m.	太阳；阳光		14
Il fait du soleil.		晴天		14
solitude	n. f.	孤独，寂寞		24
solliciter	v. t.	恳求，央求，申请		20
somptueux, -se	a.	奢侈的，豪华的		29
son (sa, ses)	a. poss.	他的，她的，它的		6
sonner	v. i.	按（门铃）；（钟、铃）响		18
sonmerie	n. f.	小铃，铃声		32
sonore	a.	声音的，响亮的		1

247

sortir	*v. i.*	出去，外出	13
souci	*n. m.*	忧虑	15
soudain	*adv.*	突然，立即	31
souhaiter	*v. t.*	祝，祝愿，希望	9
soumettre	*v.t.*	提交，呈报；使服从，制服	20
souriant, -e	*a.*	微笑的	
souris	*n. f.*	小老鼠；鼠标	25
sous	*prép.*	在……下面	20
souvenir	*n. m.*	回忆；纪念品	30
souvenir (se) (de)	*v. pr.*	记得，忆及，想起来	13
spacieux, -se	*a.*	宽敞的，宽广的	11
spécialement	*adv.*	专门，特地	21
spectacle	*n. m.*	文艺演出，表演	15
sport	*n. m.*	体育	16
faire du sport	*loc. verb.*	从事体育运动	16
station	*n. f.*	地铁站	29
statue	*n. f.*	雕像，雕塑	25
Strasbourg	*n. pr.*	斯特拉斯堡	24
studio	*n. m.*	工作室；单间公寓	11
style	*n. m.*	风格	9
subir	*v. t.*	经受，遭受	29
succès	*n. m.*	成功，成就	10
sud	*n. m.*	南，南面	14
Sud	*n. m.*	南方，南部地区	14
suffire	*v. i.*	只需要	22
il suffit de	*loc. impers.*	只要	22
Suisse	*n. f.*	瑞士	25
suite	*n. f.*	续篇，下文	30
suivre	*v. t.*	跟随，沿着……走	10
sujet	*n. m.*	题目，主题	20
renseignements à mon sujet		有关我的情况	20
superbe	*a.*	美好的，绝妙的	21
superficie	*n. f.*	面积	18
supposer	*v. t.*	假设，猜想	22
sur	*prép.*	在……上面	4
	prép.	朝向……	11
	prép.	关于	23
sûr, -e	*a.*	肯定的，有把握的	22

sûrement	*adv.*	一定，肯定地	9
surfer	*v. i.*	冲浪运动；上网	26
surprise	*n. f.*	惊奇，惊喜，意想不到的事情	13
surtout	*adv.*	尤其，特别	24
sympathie	*n. f.*	同情，好感	22
sympathique	*a.*	可爱的，讨人喜欢的	7

T

table	*n. f.*	桌子	4
(passer) à table	*loc. verb.*	请入席	16
tableau	*n. m.*	告示牌；表格；画	31
tableau noir		黑板	31
taille	*n. f.*	身高，身材，腰身；（成衣）号码	21
tailleur	*n. m.*	男裁缝；女式套装	21
taire (se)	*v. pr.*	沉默	29
tandis que	*loc conj.*	当……时候；而，然而	31
tant mieux	*loc. adv.*	好极了，太好了	18
tante	*n. f.*	姑母，姨母，伯母，舅母	26
tard	*adv.*	晚，迟	10
tasse	*n. f.*	杯子	17
une tasse de thé		一杯茶	17
technicien, -ne	*n.*	技师，技术员	10
technique	*a.*	技术的，技巧的	23
	n. f.	技术；技巧；工艺	23
technologique	*a.*	工艺学的，科技的	23
tel, -le	*a. indéf.*	这样的，如此的	17
tel que	*loc. conj.*	如同，像	17
télécharger	*v. t.*	（信息）装入，加载，网络下载	26
télécommunication	*n. f.*	电信	23
télégramme	*n. m.*	电报	32
téléphone	*n. m.*	电话	11
télévision (la télé)	*n. f.*	电视；电视机	11
tellement	*adv.*	如此地，这样地	15
témoignage	*n. m.*	证据，证明，见证	18
température	*n. f.*	温度，气温	14
tempête	*n. f.*	风暴，暴风雨	23
temple	*n. m.*	庙宇，寺院	9
temps	*n. m.*	天气，气候，时间，时候	14
tendre	*v. t.*	伸出，递	30

tenir	v. t.	拿着，举着，握着	31
terminé, -e	a.	结束的，完成的	9
terminer	v. t.	结束，完成	20
terminus	n. m.	终点站	9
terre	n. f.	土地，田地，泥土	15
en terre cuite		焙烧粘土，陶土	15
TF1 (Télévision Française 1)		法国电视一台	19
thé	n. m.	茶，茶叶	9
le thé du Puits du Dragon		龙井茶	9
théâtre	n. m.	剧场	18
le Théâtre national de l'opéra de Pékin		中国京剧院	18
timide	a.	腼腆的	9
tirer	v. t.	拉，拉动，拉紧	29
toilettes	n. f.	梳洗；（pl.）盥洗室，卫生间，厕所	11
tomate	n. f.	西红柿	12
tôt	adv.	早	14
toucher	v. t.	领取	30
toujours	adv.	总是，始终，一贯	16
comme toujours	loc. adv.	像往常一样，一如既往	16
tourisme	n. m.	旅游，观光	9
touriste	n.	游客，旅游者	9
tourner	v. i.	转弯	10
tous	a. indéf.	全部的，整个的；	
		任何，每一个，所有的	9
tout	pron. indéf.	一切，一切事物	11
tous (toutes)	pron. indéf. pl.	大家，所有的人	8
tout	adv.	很，非常，十分	10
tout à fait	loc. adv.	完全	16
traditonnel, -le	a.	传统的	9
traduction	n. f.	翻译，译文	30
train	n. m.	火车	4
trajet	n. m.	路程，旅途	29
tranquillement	adv.	平静地，安心地	24
transmettre	v. t.	传达，转交	13
transport	n. m.	运输，交通	11
transporté, -e	a.	被输送的，被运输的；心荡神驰的	29
traverser	v. t.	穿过，穿越	29
très	adv.	很，非常	3
tribune	n. f.	观礼台，看台	18

trilingue	*a.* et *n.*	懂三国语言的；懂三国语言者	28
trop	*adv.*	太，过分地	11
trop ... pour	*loc. adv.*	太……以致不……	14
troupe	*n. f*	群，队，文艺团体	18
trouver	*v. t.*	找到；觉得，认为	9
truc	*n. m.*	（俗）窍门；东西，玩意儿	21
truite	*n. f.*	鳟鱼	12
tsunami	*n. m.*	（日）海啸	23
tu	*pron. pers.*	你	
tuer	*v. t.*	杀死	30

U

un (une, des)	*art. indéf.* et *art. num.*	一，一个；一些（人或物）	4
un (une)		一个人，一样东西.	4
un peu	*loc. adv.*	一点儿，少许，稍微	9
une fois (que)	*loc. conj.*	一旦，一……就……	32
UNESCO		联合国教育科学和文化组织	18
uniforme	*n. f.*	军服，制服	32
uniquement	*adv.*	仅仅，唯一地	28
université	*n. f.*	大学	7
urbanisation	*n. f.*	城市化	24
urgence	*n. f.*	紧急	32
d'urgence	*loc. adv.*	立即，刻不容缓地	32
utiliser	*v. t.*	使用，运用	26

V

vacances	*n. f. pl.*	假期，休假	15
vacant, -e	*a.*	空缺的，空的	20
vaisselle	*n. f.*	餐具	25
faire la vaisselle	*loc. verb.*	洗碗碟	25
valoir	*v. i.*	值，有价值	30
il vaut mieux	*loc. impers.*	最好，宁可，还是……好	30
vase	*n. m.*	花瓶；坛，罐	17
vase en cloisonné		景泰蓝	17
vendeur, -se	*n.*	售货员	21
vendre	*v. t.*	卖，出售	25
venir (de)	*v. i.*	来，来到；来自；出身于	6
vent	*n. m.*	风	14
vente	*n. f.*	卖，出售，销售	20

véritable	*a.*	真正的	12
vérité	*n. f.*	真理，真话	22
vers	*prép.*	将近，大约；朝，向	10
Versailles	*n. pr.*	凡尔赛宫	29
vert, -e	*a.*	绿色的	21
viande	*n. f.*	肉，肉类	12
vidéo	*a. inv.*	影像的，录像的	26
	n. f.	录像	26
vie	*n. f.*	生活，生命	9
vieux (vieil, vieille)	*a. et n.*	老的，年老的；旧的；老人	9
		老爸，老妈	25
ville	*n. f.*	城市	9
vin	*n. m.*	葡萄酒	12
visite	*n. f.*	访问，拜访	9
vitalité	*n. f.*	生机，生命力	15
vivre	*v. t. et v. i.*	经历；生活，生存	23
vocation	*n. f.*	天职，使命；志向	2
voici	*prép.*	这是，这儿是	8
voilà	*prép.*	这儿是，那儿是	12
voir (se)	*v. pr.*	见面，会面	13
voisin, -e	*a. et n.*	相邻的；邻居	24
voiture	*n. f.*	汽车	4
voix	*n. f.*	票，选票；声音	30
votre	*a. poss.*	你们的，您的	8
vous	*pron. pers.*	您，你们	3
voyage	*n. m.*	旅行	32
voyager	*v. i.*	旅行	10
Voyons!	*interj.*	哦，喂，瞧瞧	16
vrai, -e	*a.*	真的，确实的	24
vue	*n. f.*	视力；视野，景色	11

Y

y	*pron. adv.*	这儿，那儿	10

Z

Zola	*n. pr.*	左拉	30